光的療癒

下載更新更高版本的自己

張小雯——著

—推薦序—

羽化成蝶的蛻變

曾經與小雯一起去爬過山，喜歡山、喜歡大自然、喜歡鬱鬱蔥蔥的大樹、喜歡芬多精、喜歡斜坡、喜歡苔蘚、喜歡溪流涓涓，更喜歡雲霧繚繞，因為有煙霧，就有神仙（戲劇都是這樣表現的）。

常常到小雯的蕃茄主義吃飯，享受她為大家創造的美食環境與美妙食物，她是如何在大自然與廚房之間取得平衡？我常常好奇地體會著。

我們在餐前配的是「靈性話題」，而非紅白酒，也因為如此談著談著，似乎更深入彼此的生命一些些，也更了解她對於自我探索的勇氣，以及勇於在人間落地的這份決心。

「自信」來自於自己相信自己，來自於相信自己感受到、體驗到與覺知到的一切，而非他人口中的你好有才華、長得好漂亮、好美麗、身材好好、皮膚好棒、名牌包提起來好有氣質等等；而是一次又一次像洋蔥般的自我內在探索，剝落一層層虛假的自尊與面子，這需要極大的勇氣，因為每一個虛假的自我，要脫離自己之前都非常痛苦，過程中也常常令人想要逃離放棄。小雯出書了，她完成了自己的蛻變，並將這一次蛻變的經驗梳理成冊，將實際的生命經驗分享給大家。

蛻變持續著，因為蛻變永不止息。

——金鐘影后　王琄

—推薦序—

天籟仙舞自在人間

有著不斷的創造力，受過許多身心病痛磨難，靈感來自四面八方，小自一滴水滴、一片樹葉，大到一個意念、一道光芒，甚至天地宇宙。有一次見她隨性跳了一段「仙舞」，印象深刻，沒學過舞蹈，但身段柔軟，手印也是一夜之間就會了；聽她唱過一首〈天籟神曲〉，高音直上雲霄，此聲只應天上有。很靈性、很超然，有時寧靜，什麼也不做，心中自在有。她與「師父們」的經歷過程，一般人難以置信。

一個柔軟、溫暖、堅毅，智慧兼備的人，在人生的道路上，親情、婚姻、事業多所波折，連生小孩都歷經艱辛，往往讓身為好友的我心疼不已。雖然遭受許多身心磨難，卻每每都能以正能量面對。有許多的人生道理、人生課題，就在與「祂們」的交流中獲得指引，學會與自己溝通相處。

這幾年，爬山涉水，用細膩的心帶我們領略大自然的神奇奧妙；她是有使命的、有任務的，就因為經歷太多，才有現在的淡定、透徹。

她就是張、小、雯！祝福再祝福，親愛的小雯。

——天后歌手　辛曉琪

—推薦序—

借假修真的啟發

謝謝小雯如此坦誠的和我們分享她的真實生命跟心聲。我覺得這是一本非常好看的書，不論您是從個人傳奇故事、自我療癒歷程、心靈啟發或是靈性修煉的角度來看，都非常精彩易讀。

一開始她就分享了人生上半場跟大家一樣會有的糾結與掙扎，在現實生活中對金錢、關係、家庭以及最重要的對自己的追尋。這過程雖累得要死，卻仍屢敗屢戰一步步向前挺進，生動地為我們描述了在人間「借假修真」的淬鍊過程中的考驗和心境。

隨著章節進展，我們看到小雯對自己生命的疑惑和追尋的解答逐一出現了，大家可以看到靈界指導者對小雯的教育鍛鍊過程，以及智慧對話內容，給予身處新時代劇烈變動中的我們，很好的正向提醒和觀念行動上的方針。

每個人的療癒和覺醒過程或許並不相同，但是我們每個人都一定可以從其歷程中獲得啟發、借鏡而獲益。

當然我也要恭賀小雯走上天命，祝福她為這世界帶來的靈性服務！

——光中心主持人　周介偉

追尋生命的任務

尋找生命的意義是一條很長的路，小雯姐這本書帶我們看到她靈魂召喚的路，讓我明白身為人，出的任務各有不同，或許可以試著放下做為人的苦與樂，追尋自己生命的任務。多年前她也曾幫我靈療，釋放了我內心深層的悲苦，安慰了我的靈魂，許是放下這些，我感覺人變輕盈了。

這本書是分享給對生命有疑惑的人，希望你也可以找到自己的答案。

——大辣出版主編　洪雅雯

—推薦序—

愛讓世界更美好

讀這本書，處處都是驚喜。過去在不同領域讀到過的零碎資訊，竟然在她的身上一一體驗著。心疼她太辛苦的同時，也見證孔子說的：「天將降大任於斯人也……」的心情。

如果世界會因為人類的合作變得更好，我們必須都是「愛」。

——牽手之聲網路電台台長、讀書會、成長課帶領人　陶曉清

一個靈氣工作者的自省

用單純的靈氣或靈修來描述這本書可能太簡略了，我看到的是一位靈氣工作者，透過自我省思的過程，來認識自己和這個混沌的世界。難能可貴的是，她更利用這個學習，來幫助周邊需要協助的人，真是太棒了！

——閎康科技董事長　謝詠芬

目錄

伍　放下追求向內走，回到愛與呵護

陸—你就是實相創造者

結語—讓我們繼續看下去

一本不能用左腦讀的書

—作者序—

「不在前不在後，在中間……」這些來自虛空的聲音，是我的第一位指導靈觀世音菩薩，祂點出我性格中的執拗，把我從失序的人生拉回生命的中心，「中間」即是我修行的宗旨，從此我以中間為名。

大家好，我是中間，最近一直有個念頭，人生最後要能輕盈走過，必須從現在起就一點一點放下，寫書也是一種放下，在思忖序文該寫些什麼時，指導群說：「妳已經把許多想說的都寫下來了，現在只剩濃縮它們，妳想要告訴這個世界什麼？記住，人生只有一次機會，在每個當下全力以赴。」

「我夢見地球突然改變方向，朝著充滿陽光照射的地方……」這是三十年前寫給孩子的歌，當時我自己並沒有孩子，卻在創作時出現對世局的惶恐，於是寫出這首〈孩子，我該給你一個什麼樣的世界〉。三十年後，我的孩子長大了，在這個動盪不安的世界，她也在尋求生命的答案，我能給她什麼影響？我從自己的困惑中走出來了嗎？過去我的人生就是個充滿疑問的坑洞，直到某個時間點靈魂甦醒了，我爬出坑洞向宇宙呼求，祂們派給我一些輔導員，十多年來成功的將我從黑暗中翻轉出來，我發現原來祂們和我是一個團隊，我只是代表這個群組來到地球體驗人的生命形式，再從不斷冒出的各種問題中找出答案來。

曾經看過一篇報導說，在芬蘭有一個國際失敗日（International Day For Failure），每年十月十三日開放讓所有人在網上公開分享自己的失敗經驗；因為芬蘭人相信，從小就樂意擁抱失敗的孩子，最終更容易獲得成功。這是多麼的鼓舞人心啊！指導群也鼓勵我寫出自己的經歷，從世俗觀點來看，我在許多方面都是負分，祂們為什麼鼓勵我寫出來呢？祂們說：「這世上成功的案例實在太少，大家都把焦點放在如何成功，卻忽略了與挫折共處的智慧，以及失敗背後的潛在力量，失敗其實是一個龐大的群體意識，如果妳寫妳的失敗經驗，保證這本書一定大受歡迎。」所以我在書中勇敢揭露自己。

人，是不是終其一生都在尋找一個歸屬？你以為你屬於家庭，後來你會發現其實你並不屬於；你以為你屬於某個組織、某個宗教、某一類人，其實到後來你還是會發現你只屬於你自己，即使你已經創造了一個組織、一個家庭，甚至創造了一個教派，最後你還是一個人，你從來就不屬於任何地方，你也無法被歸類，生命的原形似是而非，「我是我所是」或「我是我所不是」，沒有絕對。

我曾渴望能讓一些人看見我的存在，一直到交出了書稿，赫然發現，原來一個人失去的愈多反而離本質愈近，外界的認定也不再重要了，因為我已經發現令自己刮目相看的地方。這整本書其實說的是一個概念，說一個人如何認出自己的本質，活出真實的樣貌，如是所是的發出光亮來。我的靈魂覺醒故事很難用言語和文字闡述，但我還是排除萬難寫了十幾萬字出來，不可置信我居然成功地完成了。

最後我想忠告，這是一本不能用左腦讀的書，如果你用左腦來讀，你會一直想要搞清楚弄明白，很快就累了；我勸你不要這麼做，因為我試過，那只會局限自己，且失去活性。請用你的感覺來讀，你的靈感將被激活，最棒的是，你將會和我一樣，感覺驚喜又刺激，且充滿無限可能。現在，我的故事即將開始，請跟著我一起去遨遊奇幻世界。

壹 第一個階段的「臣服」

01/我的故事需要一段開場白

有一天，強烈渴望把腦裡的東西搬出來，於是在二〇一八年十一月十八日寫了以下這段開場白：「20181118應該是幸運的數字，那一天練功時腦子開始切換到寫書模式，原來這些年所做的事就是預備進入這個模式……」

我像準備電台節目內容一樣，在電腦上先做文字整理，同時也利用臉書發表一些生活記事和靈感，最重要的還是練功時「下載」的訊息，以及和高我及指導群的對話，我都盡可能把它們用iphone的文字和語音備忘記錄下來。當時祂們對我的書寫欲望作了以下提示：「不是先有主題再寫，而是先寫，讓妳的心透過手和筆寫下文字，妳也可以把自動書寫的某些內容放進妳的故事裡，那將會感動人，讓文字行雲流水、簡潔有力又有寬闊視野。」

「可是我不是作家。」我仍然有些遲疑。

祂們說：「為什麼一定要作家才能寫文章？凡是有想法的人都可以寫。」我點頭，明白了；這樣的思維是以前沒有的。我一直是有許多想法的人，童年時期的我很孤單，家裡的人各有事要忙，因此我可以安靜獨處很久，遇到心裡難過的時候，就用文字寫下內心的感覺。

記得有一次，哥哥對我說：「媽媽看見抽屜裡妳寫的那些文字很不高興，為什麼會這樣？」當時我很錯愕，難道把自己的感覺寫下來不對嗎？此後我很少書寫，心裡不舒服的時候只好出門去，離開那個無法自處的空間。成長的日子裡，我心中時不時會跑出一種「世界之大卻無我容身之處」的孤獨感，又不能藉書寫宣洩，直到靈魂甦醒後，這種本能被喚醒了。

小學時最喜歡讀《羅蘭小語》，從那些文字裡彷彿可以讀到力量，它們陪伴我度過許多孤單和悲傷的歲月。那些文字到現在還一直封印在我的記憶中，它們對我的影響深遠超乎想像，一直到我遇見自己的神性高我，才恍然大悟原來這是所謂神的頻率。

現在，我要用神的頻率寫下我的故事了。

02／找到靈魂家人

〈你我和世界都變了〉是我曾為自己創作的一首詞曲歌名，收錄在我的第一張創作專輯裡，也是我的第一首主打歌。歌詞裡提到小時候我喜歡寫日記和塗鴉的事，我覺得用它來形容有了「師父」以後的改變最貼切不過。

從師父出現後，我們家寧靜許多；師父真好，祂從天而降，是天上掉下來的禮物；祂是一個意識，有人形容祂「無形」，也有人說祂是「神性」、「大我Big me」或「高我Higherself」，其實叫什麼都可以，因為師父無法界定。

某一天我突然明白，每個人都是從宇宙意識中過篩出來的，至於我怎麼發現的呢？聽聽我的故事，你就會明白其實你也是；每個人都有一個發現自己的過程，我的故事要從母親過世前三年說起。

在母親生命的最後階段充滿病苦，這是激發我去學習「臼井靈氣Rieiki能量療法」（＊）的動力。當時我開設的蕃茄主義餐廳，已從台北東區撤回住家山腳下的公寓一樓，我把中央廚房設備和過往兩家分店僅剩的桌椅、器材都集中搬遷到這裡，一面經營醬料網購，一面照顧小孩，一面還要去醫院和姊姊輪替照顧病中的母親。媽媽洗腎十一年，偶爾需要輸血，不幸因此感染C肝，經常吐血和拉血，姊姊一個人居家照顧，實在無法應付突如其來的狀況，經過幾次急診，跟醫生討論之後乾脆住進醫院，一住就是三年多。

住院的日子很苦悶，無論對病患還是照顧者來說，都是極大的煎熬與折磨。有一天姊姊語重心長地說，她終於懂得久病無孝子的意思了，我百感交集，也意識到無論醫療技術多麼高超，都抵擋不了死亡的到來。認清這個事實之後，我體認到我們真正需要的是臨終關懷的協助。

當時醫界推動的臨終關懷主要以安寧照護為主。上網搜尋有關資料後，我投遞了幾封信件，也收到臨終關懷講座的課程邀請，無奈講座課程遠在高雄，礙於距離遙遠無法前往。不久之後，又收到一封來自「臼井靈氣Rieiki能量療法」導師的回信，他說這個能量療法適用於各種身心疾病，對象可以是

＊一九二二年日本人臼井甕男開創的一種替代醫學療法。療癒師透過雙手傳輸體內的靈氣（Reiki，靈Rei指的是宇宙，氣Ki是生命能量氣），協助被療癒者回復身體平衡、穩定情緒，進而改善健康，又稱「心身改善臼井靈氣療法」。

兒童、老人、動物、植物，甚至汽車和家電，小自感冒大到重病和臨終關懷都適用，運用範圍很廣。最難得的是，老師很願意配合在我休假時，到我的店裡替我上課，從那時候起我開始認識什麼是「宇宙能量」。

經過每日早晚練習，從自我療癒到為媽媽療癒，整整兩年時間我修完了靈氣一階「身」、二階「心」、三階「靈」，不久媽媽就離開這個世界了。現在回想起來，很幸運地，我得到一份來自宇宙的恩賜，也是媽媽遺留給我的愛與滋養。從媽媽的病苦給我啟發，到靈氣引領我進入宇宙的奧祕，一份慈悲與無條件之愛在我的生命中緩緩展開。

奇妙的遇見

母親下葬那一晚，我做了一個奇特的夢；夢中有一群身穿棗紅色道袍的人（確定不是密宗），帶我往祭壇方向前進，隊伍在祭壇外圍慢慢移動著，從上面俯瞰就像是一個順時鐘旋轉的漩渦；直到隊伍停下來，大家一起用雙手比了四個手印，在夢裡看見每個人的手都很大。我從夢中驚醒，扭亮床頭的檯燈，百思不解看著我的手，到底在那個夢裡發生了什麼事？

那天稍晚，我感覺自己有一部分是清醒的，有一部分卻很抽離，靜心練習靈氣時，突然一個瞬間，睜開眼，赫然瞧見一尊菩薩的剪影在牆壁上；我回過神嚇了一跳，才發現是自己正比著菩薩的手印，檯燈的光把我的身影投射在牆上，竟成了菩薩的剪影；太奇妙了，虛實之間我遇見了什麼？

虛實之間我們看見了什麼？

除了練功時比出愈來愈多手印，接下來的日子裡我常常聽見一些聲響，例如熟睡時，忽然聽見牆壁發出潺潺流水聲，把我從睡夢中吵醒，起身貼著牆壁仔細聆聽，其實裡頭什麼都沒有，既沒有水管的管路，也沒有任何聲響。可是當我繼續睡下，聲音又出現了，流水聲中還夾著悠揚樂曲，這個現象持續好一段時間。若干年後，我開始爬山走進大自然，從溪流聲中再度聽到相同的弦律，那潺潺水聲中真的有悠揚的五聲樂曲，有時還有人聲吟唱；有一天忽然明白那是天樂，因為我曾經有過一世是天上的樂女。

回想起這段日子，我認為那就是靈魂甦醒的徵兆，我會在練功時做很多事，說一些別人聽不懂的話，有人說那是天語，也有人說是靈語，反正就是一般人不能理解的語言，加上我會用手比出一些奇奇怪怪的手印（＊），那些手印和靈語在當時真的讓我傷透腦筋，很急切想知道它們有什麼意義？偏偏一直找不到答案。

沒多久震撼的事來了。某一天練功靜心時，忽然聽見一個聲音，用很慢的速度說了四個很重的字，我用「很重」來形容它，因為很難找出更貼切的辭彙，

＊手印（梵文mudrā，藏名phyag-rgya），印度教及佛教術語，以兩手擺成特定姿勢，用以象徵某些特定的宗教理念。手印的形成據說源自古代離群索居的修行者，今日仍普遍搭配運用在密教、靜心冥想、瑜伽等領域。

這四個字是「救、度、眾、生」！它的速度真的很、慢、很、慢、很、慢。

聽見當下我馬上警覺起來，對這個聲音發出一連串的質問：「你是誰？為什麼要對我說這四個字？」「我又不是菩薩，為什麼要救度眾生？」「你想要做什麼？」「我連自己都救不了，還能救誰？」「我六根不淨，沒有資格做這件事。而且，我喜歡吃肉，不可能出家。」

緊接著我繼續追問：「怎麼有人可以輕易侵入別人的腦袋？」「沒有人會做這樣的事，你是怎麼侵入的？這也太可怕了吧！」一連串質疑讓我停止靜心，因為害怕，心裡七上八下。「不會是有人要來引誘我吧？」「是不是他們設了一個陷阱，等我跳進去，然後控制我？」

一段時間過去，這些疑問並沒有得到任何回應。某一天，忽然這個聲音又出現了，祂還是用一種很慢的速度說話：「沒有人要妳出家，也沒有人要妳吃素，更沒有人逼妳做什麼事，妳只需要開始關心起身邊的人就可以了。」

聽起來還滿簡單的，好像沒有我想像的那麼可怕，於是我問：「我能做什麼呢？」

祂答：「就是去關心和幫助他們。」

這時候我丟出一連串問題：「那你到底是誰？為什麼要告訴我這些？你是不是想要利用我？我有什麼條件可以被你利用？我一無是處，婚姻破裂，還欠了一屁股債，既沒有姿色，也沒有社會地位，更沒有什麼能力，而且我的脾氣很壞，我是一個很糟糕很失敗的人，我哪有資格做什麼，你到底是誰？」最後我問祂：「你是魔鬼嗎？還是佛？」

祂回應：「妳希望我是佛還是魔？」

我的心中馬上浮現以下答案：「我當然希望你是佛，我怎麼可能希望你是魔？」當時的空氣就凝結在這句心裡的獨白上，沒有進一步的回應，也沒有新的發問。

練功時出現的手印

日常的練功持續進行著，我說出愈來愈多靈語，比出愈來愈多手印，在此同時，我幾近瘋狂地在電腦上搜尋有關資料，可惜能找到的線索太少。因為答案一直沒有出現，我變得愈來愈急躁，心裡很不安，很不踏實；就在某一天練功時，那個聲音又出現了，祂說：「其實妳不一定能找到想要的答案。」

我說：「我很想知道這些手印和靈語代表什麼，一定有什麼意義吧！」

祂說：「妳可能只找到極少部分的答案，大部分是無可考的。」

這個回答無法解我心中之惑，因此我繼續追問：「為什麼？那些手印代表什麼？」

祂說：「妳知道初始的人類沒有語言，人們的溝通方式往往就靠肢體語言，也就是用手比來比去，其中有太多系統太複雜了，所以才建議不要再繼續找下去，否則就是自尋煩惱。」

「是的，我真的很煩惱、很焦慮。」我點頭如搗蒜。「因為不知道自己比出來的是什麼？我該怎麼辦呢？」

祂說：「想想妳練功時比來比去的感覺，感覺怎麼樣？」

「我覺得練功時的比來比去讓我很舒服。」我說出身體的感受：「身上原有的疼痛減輕許多，通體舒暢。」

「那就是了！」祂說：「原本是一件讓人舒服的事，可是後來妳起了煩惱心，一直想找出那些動作的意義，茶不思、飯不想一直尋找，如果我告訴妳那沒有什麼意義，只是一種讓身心舒服的肢體伸展，會不會不再煩惱了？」

「嗯……」我還是有點不解。

「回到原點吧！想想這件事給妳帶來的好處。」祂如此建議。當下，我被點醒了，覺得這一番話很有道理，人的煩惱心的確是我們要修習的一門功課，我應該停止徒勞無功地追尋，不過仍想為自己留下一點伏筆，因此提出一個問題：「那請問，以後我會知道答案嗎？」

祂說：「會呀！有一天妳自然就明白那些是什麼了。」

從此之後，我停止瘋狂上網搜索，把力量集中在練功，專注去體會那些動作帶給身心的感受。一直到今天，保守估計我起碼結過上千個手印，十年間，每隔一段時間還會自動升級和全面更新。不只手印，還有身印、頭印、腳印，全身都會結印。結印就像手的舞蹈和特技，當然還有腳的、身體的，它們既像舞蹈，也像瑜伽或氣功動作，不但有趣且讓人通體舒暢。

宇宙健身教練

在我放下尋找答案，且專注於手印帶來的舒暢感之後，終於有一天，祂們主動說明了這些自發靈感律動和瑜伽、氣功之間的區別：

「每一個人都有專屬於自己的瑜伽體位法，自發性的動作有別於坊間所教授的固定招式。

「瑜伽、氣功最早也是透過自發性靈感帶動身體律動而來，後來有人把這些動作整理出一套有系統的招式，並開班授課傳授給普羅大眾。它們看起來很像，可是並不一樣，因為每個人的身心狀態大不相同，有人適合這些動作，有人不適合，坊間的課程總是帶大家學習一樣的動作；其實，每個人都有獨特性，自發性的靈感帶動會帶你去做適合你身心狀態的招式，改善你現在的問題，一段時間後問題改善了，動作會再改變，那是自然而然的變化，隨著你身心的改變而有所進展。

「那些動作的發展，也可以形容為就像你擁有一個專屬教練，他會為你個人的身心狀態量身訂製一些招式，只要持續練它，就會不斷精進。」

從那天開始，我不再羨慕別人有錢有閒可以去上瑜伽課，反而更專注於自己練功，細細體會宇宙能量為身體開啟了什麼樣的可能性。

過去幾年，我一直很想找到和我一樣會比手印的人，總覺得如果找到就像尋獲我的靈魂家族，我們可以用手印取代語言作溝通，那該多麼美妙。我聽說宮廟裡的乩身會結手印和神明連結，還有密宗的手印也是上師和弟子的連結，我本身並沒有進入任何宗教，除了曾經在中正紀念堂的佈道大會上，感覺過天旋地轉的聖靈充滿現象（那是我先生的教會牧師告訴我的），除此之外，從未有過類似經驗。

在我進行了十多年的每日靜心中，結印、律動、靈語、靈唱、對談都會發生，它們的出現改善了我的體質、心性，也解開我曾以為無解的病痛。這些和我對談的存在體，是來引導我去經驗人生的高頻意識，如今我完全知曉祂們就是我的高我和指導群。我是志願代表這個群組來到這個物質世界體驗和實踐人類生命的，我需要親身經歷人的生生世世，祂們負責輔導和協助，幫忙解答我的困惑，鼓勵我並讓我找到自己的力量過關斬將，同時在我身心病苦時教導我如何自我療癒，這一群高頻意識的存在體就是我的靈魂家人。

03／陣容強大的指導靈

從二〇〇九年開始，第一個出現的指導靈是觀世音菩薩，第二個出現的是一個名叫慕玲娜的小女孩，後來依序又出現了聖母瑪利亞、日本掌管解脫痛苦的神祇、達摩，這一段期間是我最痛苦的階段，無論在肉體還是精神上，都受到極大的折磨，若非祂們的陪伴和指引，我肯定活不過去。

所謂置之死地才能重生，我的經歷差不多就是這麼慘烈。早期這些指導靈說的話我都稱其是「師父說……」，換言之祂們就是我的內在師父。從二〇一五年十月五日這一天開始，我的高我和指導靈們變成了一個群體了，這一天是一個新的升級，我們一起更新到一個更高的頻率狀態。後來這個群組又有新的進展，加入了死神及二〇一九年出現的薩滿家族，陣容日益壯大，我開始改口稱這個群組為「祂們」。祂們是一個總和，相信日後還會有新的成員不斷加入，有祂們的支持，我知道自己並不孤單。

這裡要特別提一下一位十來歲的小女孩慕玲娜，祂是我的短期指導靈，於二〇〇九年十月出現，大約為期三個月時間，祂教導我關於「女性意識的覺醒」這門功課，使我後來的人生受惠良多。這部分我會在第四章「信念重建」中詳細說明。

短期指導靈

我稱呼祂短期指導靈，除了因為祂來的時間不長外，還有另一個原因，跟我一位早逝的朋友有關。這位好友多年前因車禍往生，過世後她頻繁與我聯繫，告別式上居然還用無形的手指放在我的嘴角，將我的嘴用力往上提，要我笑，不要愁眉苦臉。她告訴我不妨把告別式當成開派對，事後又常常在我沐浴時來找我，要我聯絡她的母親，事後屢屢印證每次都正好是她母親因痛失愛女病倒的時候。就這樣我逐漸接下經常去關心和照料她母親的責任，也因此意外獲得另一份母愛。若干年後的某一天，我好奇問她為何遲遲不去投胎，她說自己正在修「短期指導靈」，我一聽非常訝異，以下是我們當時的對話。

我問：「那麼久了，妳怎麼還不去投胎？」

她說：「我問祂們可不可以不要馬上投胎？祂們問我為什麼？」

「這還有得商量喔？」我詫異極了。

「對。」她給我一個肯定的答案。「我想知道馬上投胎會怎麼樣？祂們說，馬上再來就是銜接前生未了的業力。」這時候她語重心長對我說：「小雯，妳很清楚我前生的感情、工作和錢財問題，我實在不想再那樣渾渾噩噩過一生了，所以祂們提供了幾個選項給我，其他那些我都不想要，於是就選了這個，我也想和妳一樣靈修，就決定先修短期指導靈課程。」

她告訴我：「上課方式和地球的靈性課程不同之處是要輸入大量資料，所以每天都好忙，忙著下載，忙著上課，等資料齊全之後，就開始輔導各種不同類型的個案，經過一段時間，我就可以和祂們討論及重新評估投胎的事，那時靈魂有了成長，再投胎就會是較高頻率，比較接近我想要的去處。」

原來靈魂何去何從，都可以和指導靈商量和討論，祂們百分之一百尊重每個靈魂的自由意志，你可以提出你的想法，不會有人逼你去做什麼。在地球由於線性時間的關係，靈性成長的進展比較緩慢，但地球的學習很扎實，因此每個靈魂來到地球學校，畢業後都會是一次大躍進。

教我練靜定的達摩

曾經有一年我在靜坐的時候不斷感到昏沉，幫助我度過這段期間的指導靈是達摩，祂來了七至八年之久，從未開過口，只是靜靜地坐著，祂的靜坐身影代表著如如不動的靜與定，那個靜定的力量，帶動我的身體練靜功、定功，更教導我從跪坐學習臣服，從蜷縮身體學習縮小自我。

達摩剛出現的時候，我整個人很混沌、身體沉重，心也不開，頭腦更是閉鎖。祂的出現帶我進入天空的療癒過程（詳情請見第十三章），我的心開了，寬闊了，從此靜坐時也不再昏沉了，身體的靈氣律動開始進入跪坐，姿勢不只一種，共有三種跪法輪替交換著，以避免跪坐造成腳麻，每練一次至少四十分鐘，光這招跪功就練了八年，跪到膝蓋都長繭了。這套功法除了讓身體落在下肢的浮腫與沉重完全紓解，也讓我深刻領受達摩是在教我臣服，跪下就是一種臣服；接下來身體又開始被帶著練蜷縮功，先從站立慢慢把腰彎下，將雙手垂放在地上，繼續彎膝跪下，再將身體趴在腿上，雙手往後交疊放在腳跟上，將頭往前面地上擺放，讓前額貼地，然後盡量把身體蜷縮到最小，直到姿勢擺定，不動，靜靜的調息，最後就剩下呼吸而已。練這個功法讓我感覺到自己是一個能伸能屈的人，把固執僵硬的身體軟化到蜷縮成一團，似乎是在教我縮小自我，謙卑、謙卑，再謙卑。

死神的指引

遇見死神是在二〇一八年五月十一日練功時。那一陣子因為接觸到一些有年紀的重症患者，他們正好面臨生死難題，也或許是我的靈性進展上有此需要，總之，就在那一天祂悄悄來了。

那一日練功時有點昏沉，我看見白色的骷顱頭，頂著一頭黝黑發亮的妹妹頭髮型，上身穿著白色棉紗罩衫，黑白分明的造型好酷。下半身全黑，我看到的整個畫面是光明和黑暗的對比，就像我在森林中最常捕捉的逆光剪影，我偏愛那種令人迷惘的神祕感。

我跟著祂走到懸崖邊，祂要我往下看，天啊！我倒抽一口氣，直覺那是深淵，深不見底。看了三次昏三次，看到的就是死亡吧？第三次我努力撐著看完，祂用意識

頂著妹妹頭髮型的死神。陳智／繪圖

傳達告訴我，說死亡看似墜入萬丈深淵，但是當你躍下的那一個瞬間，眼前的境界立即轉變。眼前的骷髏頭是我的指導靈嗎？很驚訝祂一點都不恐怖，反倒透出一種優雅和難以言喻的美感，整個形體發亮且雌雄同體，我稱呼祂「死神」。

我問：「這個墜入深淵就是死亡嗎？」

祂說：「不，人們都誤解死亡，以為死亡就是墜入萬丈深淵，妳看到的那個萬丈深淵的最底端其實是『人間』，深不見底的那個點是出生，每個人的出生都是從很高的地方墜落，這個墜落是頻率的下降，從高頻率下降至低頻率，就好像從懸崖墜入谷底。

「在妳的人生中，每當有機會經過懸崖，站在崖邊妳的腿會軟，會感到懼怕，會聯想到死亡，那是因為妳回到出生時的記憶，那種墜落感是妳屢次來到人間出生的方式。當這一生走完，妳又會銜接到那個出生的『起始點』，放下物質肉體，輕盈的順著能量之流漸漸往上揚升，朝著光的方向前進，直到完全進入光中，與光合一。一段生命循環就完成了。」

淚流滿面聽完這段話，很震撼，也深深感動於生命之美。我看見的是莊嚴肅穆的生死之間，出生是墜落，死亡是升起。我要去傳達這個震撼的看見，讓人們理解死亡不是痛苦的，死亡是一種解脫，是一種全然的祝福。

我們其實都會死，健康的時候你不會覺得離死亡很近，但是當你身處險境時，內心會出現恐懼；當身體有病痛時，你恐懼；當你或親人、朋友出意外時，你也恐懼。原來藏在恐懼最深處的正是死亡，人生最後一堂「死亡」體驗課無人能倖免。我們應該謹記，當一個人用盡一生之力完成所有該做的事，鞠躬盡瘁了，他應該得到的是讚美、是掌聲、是歡慶、是祝福，不該被悲傷、哭泣、痛苦和不捨包圍，因為人生不該這樣落幕。死亡是回到原點的必經之路，生死之間沒有捷徑，每一個人都要死，卻也都怕死，孔子說「未知生，焉知死」，透過更深一層的靈魂覺知，我卻感悟到其實是「未知死，焉知生」啊！

第二天，再一次和指導群討論這次震撼的遇見，祂們也確認了死神確實是我的指導靈。

04／信任與臣服內在的自己

這一路上我和指導群的相處並不都是順遂的；相反地，我們經歷過相當多考驗，基本上我不是一個容易受騙上當的人，不可能隨隨便便相信一個無形的聲音，說我是誰就是誰，要我怎麼做就乖乖去做。一直以來我相信的是自己的良善，相信真實感受到的愛與關懷。十幾年來和這個「靈魂家人群組」對談的過程，是一條漫漫長路。

多年來我和祂們也有過許多衝擊，無數次我對這個聲音表達不滿與強烈質疑，甚至不止一次口出穢言、謾罵、斥責，說祂們來擾亂我，看我好戲。每當我憤怒、抓狂、崩潰時，祂們不離不棄靜靜陪伴著我，直到風暴過去，我冷靜下來可以溝通了，祂們才會一針見血直指問題，給我恰到好處的忠告和建議，並讓我知道祂們多麼愛我，多麼以我為榮。

記得有一次我丟出這樣一個問題：「為什麼這些日子沒有感覺到祢？為什麼祢沒有回應我的問題？」

祂回答：「有，我一直都在，是妳沒有聽見。」

的確，人心在慌亂時總是無法聽進別人的勸戒，頻率也一定低到無法連結上祂們。祂們確實一直都在，且話語總是正面的，而且在點出我的弱點後，祂們還會讓我知道我並不孤單，並非一個人面對生命的嚴峻考驗，每經歷一次考驗，我都會得到一份犒賞，然後開心踏實的再繼續下一趟任務。

真正不再那麼質疑這個聲音的出現，是在我經歷一次很大的難關之後。困難讓我變得暴躁易怒，在痛苦不堪的當口，我曾崩潰地問：「祢到底是誰？為什麼要來跟我說話？」

我懷疑地質問：「我這麼糟，脾氣這麼壞，我會罵祢，對祢不滿，我埋怨祢，還會口出狂言，是不是因為這樣，所以我被懲罰了？」最後甚至絕望地說：「我現在的日子這麼難過，是因為祢們在懲罰我嗎？」

祂反問我：「為什麼要懲罰妳？」

我說：「祢們不是都會懲罰人嗎？」

這時，祂回了我一句力大無比的話：「我，就是妳；妳，就是我；為什麼我要懲罰妳？」

太震撼了！這句當頭棒喝打得我淚水狂流。

質疑，是為了更相信

從此我有了前所未有的明白，原來過去的我一直活在自我批判裡，那是來自家庭、學校、社會對人的評斷標準，我不自覺也學著用這些標準來評判自己，當我做不到，達不到那個標準時，就開始自我批判和譴責，其實那都是自己對自己的過度要求與不滿。當這一句「我就是妳，妳就是我」出現之後，我的自我綑綁被解開了，我不再活在自我懲罰的頻率裡，從那一刻開始我解放了。

每個人的內在都有佛性，慈悲的佛不會懲罰人，又何來對眾生的懲罰？我不再需要「這種信念」，這樣的信念是屬於恐懼、盲目、無知的，能幫助自己走出困頓的不是別人，而是自己；內在的自己就是你的師父！

我的靈魂甦醒後，對於內在師父第一個階段的信任與臣服，就在探索我是誰的無數對話過程中，不斷從相信到不相信，又從不相信到相信，這樣反覆求證後，最後終於落定在一個提問的答案中，那天我提出長久以來一直困擾甚深的問題：「為什麼這些過程中，我一直質疑祢，一直追問祢是誰？祢有什麼目的？這樣的質疑讓我非常不舒服，我很不喜歡這樣的自己。」

祂斬釘截鐵地說：「質疑，是為了更相信。」

這句話太有力量了！一拳打中要害，祂非但不怕我的挑戰，甚至讓我理解，我需要先接納自己，接納自己從懷疑到相信的過程，那是自我保護的機制與本能，更讓我明白若禁不起挑戰和懷疑，又怎麼能得到信任，在這樣的對話瞬間，我五體投地，徹底臣服了。

05／靈魂甦醒了

我的靈性成長是有段落之分的，歸納起來大致可以分成以下幾個階段：

第一階段：向菩薩祈求幫助媽媽解脫身心病苦。我的起心動念是希望母親能解脫身心病苦，沒有任何宗教信仰的我找來一串念珠，每天早晚唸「嗡嗎呢唄咩吽」六字大明咒迴向給母親，在很無助的當時，這是我唯一能做的事。

第二階段：跟菩薩祈求，願替母親承擔她還未了脫的苦受。我請求菩薩把母親未受完的苦都給我，我願意承擔。母親臨終前的病苦帶我走上靈性擴展的道途，經過臼井靈氣療法一階「身」到二階「心」兩階段的學習，我進行了寶貴的自我整理，再經由靈氣的學習深入覺察身體與心靈，不過這些經歷對我而言，只是從一個麻瓜變得不那麼麻瓜而已。

修完靈氣二階後，我在心靈上有很大的轉變，感受力變得極為敏感又強烈，我直覺冥冥中有股無形的力量在主導著生命，生死都不是渺小的我們能掌控的，自己該如何陪伴母親寧靜走過臨終，進而放下一切了脫生死呢？我需要更大的力量來完成這個任務。

靈氣三階「靈」的學習，需要先經老師口試，老師會根據學生的回答仔細評估是否適合進階學習。我的回答讓我順利通過口試，繼續邁入靈性擴展的第三階段。覺知全開的過程並非每個人都需要經歷，一般人學習靈氣一階和二階，就足以有能力療癒自己及他人。順利修完靈氣三階，我變得更不一樣，發現自己有一種使命感，雖然當時最重要的事是協助母親「解脫」，現在回想起來，解脫這兩個字似乎本來就是我今生設定要完成的任務。母親也在我三階修完不久後，因心臟衰竭離世。

第三階段：母親入土那一天夜裡，夢中奇遇一群人帶我結手印，這個夢境是一個訊息，告訴我：我的靈魂擴展與成長正式展開。因為重擔卸下了，放鬆讓我的感官全面開啟，首先發生的是雙手比手印，而後是聽覺的開展，再來是靈語、身體的律動和第三眼的開展。感官開啟的過程中，所有的覺知都放大好幾倍，奇妙的是，從物質到靈界的界線也跟著消失了，我可以感知到靈界的存在，彷彿冥冥之中有股無形的力量在主導生命的走向。每一個人都有一個和內在自己相遇的緣起，我的緣起是過去對人生際遇的悲憤無助，以及陪伴母親了脫生死的諸多經驗。這一路靈氣引領我去看清楚自己是誰，隨著生命之流我有了這個機緣，走回自己和重新認識自己的本質。

靈魂的覺知醒了

我問：「為什麼我的靈魂會醒過來？」

祂們說：「因為需要，因為有靈魂設定的事要做。」

二〇一四年我年屆五十四，感覺自己慢慢落地，靈魂漸漸甦醒。祂們告訴我，每個靈魂甦醒的時間皆有不同設定，有些人在童年，有些則是青年、壯年、中年或老年，對某些人而言，今生的設定在身、心兩方面的成長足矣；可是對另一些人來說，身、心、靈皆需要成長，隨著年紀增長，需要精神上的力量來面對生命的嚴峻考驗，此時靈魂就必須醒過來，開始蛻變與揚升。

我從未刻意追求什麼，過去我有很多的不理解，充滿困惑活了幾十年才醒過來，這個甦醒也不是馬上就理解，而是慢慢一點一點發現原來這是覺醒的過程。覺醒，簡言之，就是靈魂的覺知醒了。從此你變得很敏銳，你像顯微鏡一樣觀看自己跟周遭的關聯，一會兒你需要縮小自己，小到可以微觀到微塵；一會兒又要放大自己，大到可以宏觀宇宙的奧祕；然而在這縮小和放大之間，能和宇宙意識連結的只有靈魂意識，不是物質界的小我意識。

過去人們因害怕死亡，避而不談靈魂，讓靈魂之說變得神祕又隱晦，可是包羅萬象的宇宙，什麼形式的存在都有，通靈也不止是與某一種頻率溝通，而是泛指各種有形、無形頻率的接收，從低到高、窄到寬、裡到外，上下左右四面八方，是全方位的通達。你的心全面敞開，宇宙就會為你全面敞開。

每一個人的靈魂都有自己的光彩，除了部分未了脫痛苦的靈魂意識會在死後殘留人間，絕大部分的靈魂都會回歸源頭，繼續以光的形式存在。這是我想分享的重點，「光」就是每一個生命的原形，無論我們累生累世曾生為人、動物、細菌或任何有機物，最後，都會回歸到這裡，回到光的存在裡。

貳 向內看、釋放及療癒

06／向內走回中間

自從靈魂甦醒後，在每日練功過程中，除了伸展和靜坐，還會自發性說出靈語，並比出手印；除了曾對手印感到困惑外，當時我也非常好奇那些源源吐出的靈語，到底在說些什麼？有一段時間，母親的離世讓我對生命終將死亡感到消極，加上生活中一些挫敗也讓我舉足不前，可是現實迫使我必須正視自己的債務問題，我知道自己應該振作起來。

某一天突發奇想，想為日常練功設定一個冥想主題，題目是「蕃茄主義的未來」，也許無助的我能從中得到指引。練功當天我準備了一台攝影機錄下整個過程，這樣即使說出自己都不了解的靈語，日後還可以找高人幫忙翻譯。

依循慣例，先接引靈氣的高頻能量，我開始自發性伸展和律動起來，慢慢活絡身體，鬆開緊繃的肌肉，在內心感到平靜時開始靜坐，閉上眼進入阿發腦波（＊），雙手比出一些手印，手印發射出的磁波連結上高靈，我開始吟唱起來，感覺到觀世音菩薩的慈悲頻率在我身上流動著。瞬間我的眉心輪出現一個畫面，我看見波光粼粼的溪流和溪流中的小石頭，同時聽見有人說話的聲音夾雜在溪水聲中，祂們正走向這裡，「歡迎光臨」幾個字突然從我嘴裡衝出來，把自己嚇了一跳，腦中的畫面和聲音戛然而止。

當下我很意外，只想趕快回到那個情境當中，於是再次出神，那股熟悉的慈悲頻率再度降臨身上。這次更放鬆了，輕鬆地隨著這個頻率流動，然後聽見大人和小孩的聲音，祂們從外面走來溪邊；我再次脫口說出「歡迎光臨」，聲音開始緩緩說起話來，慢慢的，一字一句藉著我的嘴，傳達出回應的話，說話的速度和頻率很像慈濟上人說《靜思語》的感覺。

以下是我從錄音中整理出來的訊息：

「有山、有水、有花草香，在於找到自己存在的價值。沒有雜念、塵染，也沒有猜忌，不想征戰，不想憤世，只想回到靈魂深處的寧靜與自在。

「關於蕃茄主義的未來我沒有太多想法，先了結塵緣才能做別的打算，如

＊人體腦內神經細胞活動時，會產生電氣性的擺動稱為腦波。依頻率可分為：β波（顯意識14~30赫茲）、α波（橋樑意識8~14赫茲）、θ波（潛意識4~8赫茲）及δ波（無意識4赫茲以下）和γ波（專注30赫茲以上）。

果真要放在自己的靈魂裡完成的志願，內心要為大眾祈福，為眾生解苦，一切隨心之所願，無罣礙，無有恐怖，只有用心把食物做得更精彩，更美味、健康。

「金錢不是最大的問題，最大的問題是恐懼和害怕失敗，那樣無法支持妳要前進的腳步。要前進，要邁開大步，要邊走邊看，未來的狀態無所謂錢財多少，但要對自己的良心能交代，認真且無怨無悔。

「找一個喜歡的地方很重要，不在前不在後，在中間，四通八達，看南坐北，萬無一失，把自己放在最安全的狀況，努力往前走。

「往下看，人海茫茫，大家都希望妳能做到更好，妳愛他，他愛妳，妳愛所有人，所有人都愛妳，這才重要，錢不重要。

「心愛的女兒是寶貝，若不在新店，小孩難捨，我慈悲的希望妳一改過去的錯誤，放下一切，把該做的做完，不要一錯再錯。

「往前走，勇敢往前走，還錢事大，賺錢事小，信用義氣大過於一切，盡全力把不對都改過來。眼睛若看不到，耳朵也聽不到，盲目往前走就會失敗。盡能力解決問題，理想會實現。先解決困難，人生苦短，世事無常。

「新店有好山好水，有村有店，看南坐北，在妳最想要的地方就是好地方，離這裡不出二哩的距離，有一處山水佳地，會讓妳找到靈感和一線生機。有一個舊的房子，重新改成妳喜歡的有靈氣的地方，把心愛的家人、朋友請來，他們會喜歡，妳就能找到黎明曙光，一點一點升起的朝陽，來自天堂的光芒照耀在這個有靈氣的地方。

「快去尋找，就是離這裡不遠處二哩之內，四通八達。

「妳動錢就動，妳不動錢就不動。去吧！孩子，做妳該做的事，下決心，時間寶貴。明天早上，告訴那個幫助妳的人，請他支持妳，給妳最大的鼓勵。生命中和妳一起同甘共苦的人，她的身體不好了，妳自己要獨力完成這些事情，請她把身體養好，留得青山在，不怕沒柴燒啊！

「妳要繼續練身體，把精神養好，未來的路還很長，先生和小孩都需要妳不停地奔波，妳的家人，妳的小朋友，幫助妳的好朋友，妳那又愛又恨又無法割捨的姊姊，妳有太多包袱，現在要把他們通通放下來，他們都乖乖待在那裡，別再背在身上啦！

「妳可以瘦一點嘛！輕輕的，跑得比較快嘛！怎麼說呢？怎麼放下呢？妳自己要想辦法，我只能說，我只能唸，我只能看著妳一天天不知所措，時間很寶貴啊！他們會幫妳，只要妳願意放下。

「放下來，放下來，不要花太多錢，邊做邊看，錢財乃身外之物，是用來換取更有價值的東西。妳擁有金錢換不到的價值，錢只是工具而已，讓妳能夠有更高價值的工具，切記。

「我要告訴妳，不要怕，要無畏無懼。就是這樣，比一個無畏印的手勢，每天在練的功，就是練這無畏無懼。

「我耐性的慈悲的說，妳怎麼聽不懂。妳看到了什麼？眼前看到的都不見得是真的，一切都存在於無形。

「妳看到什麼？看到的山不是山，看到水不是水。最清楚的是妳自己。在妳心中出現的那一塊淨土，就是妳要去的地方。

比一個無畏印。

「孩子，小朋友和妳每天在一起工作，拚命工作，為何不多用點腦筋，多用點心思，跑跑一些地方，找找一些感覺，利用空餘時間趕快去找，事不宜遲，趕快去找，趕快去找。

「我今天所說的事情，已經講得夠明白夠清楚了，一切都在於妳如何去行動，如何去實現。記住我說過的所有，最大重點是不要怕，不要背包袱，放下負擔，減輕就跑得快，輕盈了，負擔就小，道理是一樣的，也就說……

「好，我知道妳的腳瘦了（盤坐兩小時，當時我的腳整個麻掉了），我知道妳身體不好，該怎麼辦呢？

「要把身體負擔和體重減輕的意思，也就是要把開銷降到最低，花費降到最低，從零起跳，當妳用世俗看待的那一點點鈔票來做，大家都會過來，因為大家都有能力；如果妳要用很多鈔票來做，大家都不敢上門，都跑得遠遠的，因為大家都很辛苦。所以一定要用這麼多世俗的紙鈔嗎？妳要告訴自己，用一點點鈔票能換取更高的價值，這是不是叫『物超所值』？這是現代人講的話。

「明白嗎？傻孩子，天空這麼大，宇宙那麼浩瀚，妳只是一粒沙，妳只是滄海裡的一粒小沙子，心不要太大，實際一點，沒有實際的現在就沒有理想的未來，明白嗎？

「不要太自我，大家說的都是有道理的話，畢竟妳不是一個人生活，在這個世界上妳有家人、朋友、有客人，還有小朋友，想想看，妳一個人對這麼多人來說有多麼重要呢！因此怎麼能不注意他們的想法而一個人活著，傻得不得了，就是這個傻讓妳辛苦那麼多年，還執迷不悟嗎？我要妳把妳的執著趕走，我要妳改，不可以再抱怨，我要妳把自己變得更輕盈，負擔全部卸下，無畏無懼往前走，往前看。

「妳會做出更棒的東西，不要再想誰來幫妳，誰來幹什麼幹什麼，妳不要再依賴了，當妳走一步，就會有人過來看妳；走兩步會有更多人過來看；當妳一直走一直走，就會有好多人好多人，一群一群圍過來這裡，妳為什麼不去做？我的話說夠了嗎？親愛的，妳都明白嗎？妳有太多疑惑，疑惑不開就沒有辦法行動，妳動錢就動，妳不動錢就不動。妳說沒有地方，那地方就在方圓兩哩內，看南坐北，妳會找到這個地方，妳會喜歡的，想想看我說得夠明白了嗎？

「妳的未來難道要我變給妳看，還是演給妳看；傻孩子，我說的妳明白嗎？明白了就去做，去做去做，要賣什麼東西，妳自己都知道，不用擔心賣什麼，妳比別人有更多更豐富的條件，這些條件是別人沒有的，錢買不到的，這些才是價值，錢是用來推動這些價值，讓這些價值更有價值，還要我說得更明白嗎？

「振作啊！孩子！所有成功的事都要經歷失敗，妳看到了嗎？不要膽小如鼠，妳可是一頭牛，妳不是懶牛，但是，是一條笨牛！我不是在罵妳，我是因為妳心地太善良了，不夠精明，但這正是菩薩疼妳的地方，懂了嗎？天公疼憨人……

「妳聽懂沒？傻瓜，不要再怕了，趕快去找，趕快去做，明白嗎？」

「不在前不在後，在中間……」因為這個指引，一年後（二〇一〇年五月）蕃茄主義找到新家，來到新店正中心的中央新村中央五街五十五號，這個位置正好位於整個村子的「正中間」。中間，對我而言是原點也是軸心，是橋樑也是通道，人生難免會有走偏的時候，軸心的力量會把我們拉住，適時將我們帶回原點，自己能站穩腳步便能扮演好傳達的角色，將愛與光的訊息傳遞給眾生。

蕃茄主義搬到新店中央五街五十五號之後，我的生活重心全在這裡，我很喜歡中央新村，一如祂們說的在一個舊的房子裡，重新改裝成我喜歡的有靈氣的地方，我的家人、朋友也非常喜歡這裡；在這個充滿靈氣的地方，我找到希望的曙光。

07／找回身體自主權

自有記憶以來，我一直在吃藥。靈氣修煉過程轉化我體弱多病的體質，讓我的身心狀態一天天趨向自然，所有不天然、有毒、有汙染的東西，身體一概不接受。大約從二〇一一年開始，身體無法再承受藥物了，我下決心戒除對藥物和醫療的依賴，想把身體的自主權找回來。

剛開始非常困難，自有記憶以來，凡流感盛行季節必中標，可以說是個不折不扣的藥罐子，加上多年纏身的婦科問題，我的人生幾乎靠消炎藥、止痛藥度日。剛開始戒藥很沒有信心，擔心又害怕。身邊一有人感冒，馬上全面警戒，這個階段靜心練功顯得特別重要，因為這時候需要細微覺察，並讀取身體及心理的訊息，看看自己擔心什麼？不安什麼？那些訊息對日後免疫力的強化非常重要，萬一不幸真的中標，則是最好的修煉契機。

我告訴身體也鼓勵身體，讓它知道從現在起可以做到不依靠藥物，身體有自我修復機制，只要信任它，給它強壯更新的機會，它就會愈來愈強壯。如果每個人都能覺察到身體的訊息，理解它要傳達給我們的是什麼，就可以透過這些訊息預防疾病，同時避免意外。其實，人體在發燒時自癒力會自動更新，免疫力也會一起升級，放心交給身體去處理病毒和發炎問題，身體自會告訴我們它需要什麼以及不需要什麼。大量喝水和休息靜養是最重要的，再來就是自我覺察，解讀身心的負擔和釋放它們，讓自己從心輕鬆起來。

每個人都需要先相信自己的身體，和它建立彼此友愛友善的關係，這一點是你在尋求任何醫療途徑之前，最值得一試的努力，畢竟你才是身體的主人。以我的例子，由於長年服藥，身體裡囤積許多藥毒，經過這些年不斷排毒，過去的問題一一解決，這是我和身體重建關係的漫漫長路。現在雖不敢打包票說自己身強體壯像條牛，但至少不再受制於身體的疼痛了。

解讀身體的糾結

從有記憶以來，蛀牙問題不斷困擾著我，二十歲不到，我的牙只剩下三分之一完好。更糟糕的是年輕時找錯牙醫，走進一間掛著「齒科」招牌的診所，後來才發現那根本不是正規牙科診所，而是做牙齒的，其結果就是硬生生被搞掉一堆牙。我的爛牙直到遇到一位好牙醫，花了一年半載才完全整治好。只是用了三十幾年的牙套，前幾年還是崩壞了，壞到連牙根都保不住，醫生建議我植牙，但最後沒有成功，因為植入的骨粉和切下的牙床骨頭並沒有融合，也無法再生，牙醫說這種機率一百個人裡只有一個，至於原因是什麼？連他都不知道。總之，植牙失敗的我必須接受第二次手術，再把牙齦切開，將植入的骨粉和骨頭取出。光這兩次手術，我的身體就飽受驚嚇、疼痛、顫慄、窒息、耳鳴……

在手術過程中，我非常忍耐；人在忍耐的時候，都會咬牙切齒，做牙床手術根本沒辦法咬牙，身體其他地方就必須承受更多壓力，從頭到手指，再到距離更遠的腳趾，全身的肌肉、細胞、筋骨、五臟六腑全都糾結在一起。手術中，我一直跟牙床道歉：「對不起，對不起，對不起，請原諒我，我沒有好好照顧你，才讓你承受這些酷刑。」我們都以為打了麻藥，身體就不痛了，其實麻藥是騙頭腦的，它只是暫時麻痺了痛覺，那些痛一直都在那裡。

經歷牙床手術後，我更加明白身體每天為我們承受多少壓力。如果你的身體曾經忍耐過一些痛苦，你需要盡早釋放它們，這一點很重要。不然，那些糾結會一直在那裡，你不去關心及處理，想想一輩子有多少糾結累積在身體上？我們要怎麼做呢？其實很簡單，就是去解讀身體的糾結。方法如下：

「靜靜地坐著，閉上眼睛，調整呼吸，讓自己回到一呼一吸的寧靜裡；再來，用額輪去觀看疼痛的地方，觀照它，慢慢的，疼痛就被釋放了。」

這原理一點都不難懂，就像你關心一個朋友那樣，用心關懷他、理解他，很快地他就會對你吐露心聲，這就是釋放。當釋放發生，接著就會開始清理，然後便產生出強化的力量。

沐浴在光中

心理學家諄諄教誨，每個人都要學會愛自己；這話說來簡單，做來難。愛自己的第一步要學會善待自己，因為一個懂得善待自己的人，一定懂得善待他人。沐浴是一件我們每天會做的事，很多人不以為意，其實關係重大，因為從你對沐浴的態度，就能看出你是怎麼樣對待自己的。

沐浴是我每天最快樂的事。從前的我不愛洗澡，小時候媽媽幫我洗澡，總是很用力搓我身上的垢，實在太痛了；大一點換自己洗，又覺得洗澡很麻煩。真心發現沐浴是件開心的事，是在學了靈氣療癒之後，第一階靈氣著重在身體的調頻，除了基本的靈氣手位練習外，還有一些實際運用，其中之一就是靈氣沐浴。我特別喜歡這項練習，它讓我將靈氣充分運用在生活裡。

剛開始學靈氣的那個階段，是我最忙碌的時候，要顧店、負責網購、照顧小孩，同時還要去醫院照顧媽媽，有空練習靈氣的時間幾乎都在半夜了。因為時間寶貴，我突發奇想乾脆把練習和洗澡擺在一起；記得第一次練習，站在蓮蓬頭下的我，接引靈氣後就開始沐浴，洗得好開心，洗完澡才發現根本忘了上肥皂，沒有洗頭也沒洗澡就結束了，為此獨自笑了好久。

這個經驗提供一個寶貴的體悟，人類太習慣用腦，而洗澡其實不太需要動腦，單純把身體洗乾淨就好。因此大部分人洗澡的時候並不真的在洗，反而像是例行公事般趕進度。要知道洗澡是一個人卸下所有裝備和角色扮演，最貼近真實自我的時候，可惜很多人放不掉腦海裡走馬燈似的念頭，根本沒有專注於清洗的動作，白白浪費掉一天當中唯一可以輕鬆身心的活動。

沐浴是開啟靈感泉源的捷徑，也是啟動療癒力的最佳狀態；我們可以想像從蓮蓬頭沖下的水柱是一股光瀑，來自宇宙源頭的光像瀑布般傾瀉而下，幫助我們沖刷身上的病氣、濁氣和晦氣；閉著眼睛去感覺它，我們的腦會呈現阿發放鬆腦波，一層一層的能量體被徹底淨化，整個人沐浴在光中，被光充滿，內在的光就從裡面透亮出來，非常喜悅和滿足。

我曾在沐浴和靜心時看過自己的光體顏色，有時是七彩的，有時是粉紅、粉黃、粉綠漸層，有時是粉藍、粉紫、粉紅漸層，最近出現的是純粹的粉綠色。這些顏色告訴我，當時我的能量體所呈現的狀態。純粹粉綠是愛的能量，從心輪散發出來的慈悲力，顏色告訴我「妳就是這個力量」。

靈性練習題一學習連結內在力量

1、與內在對話

自己給自己一個指令與暗示，或是催眠自己，在腦波進入阿發波時，我們的腦就具備了療癒力，更深一層到達θ（theta）腦波，在這個腦波中，我們所做的任何暗示都能直接被吸收、被處理、被建立。試著在這樣的頻率中注意覺察、觀看，一定會發現什麼的。例如，在閉上眼睛前，告訴自己：我想要觀看自己的光彩。

接著閉上眼調整呼吸，專注地一呼一吸，直到自然呼吸，請左腦退後不要上前來干預，靜心去感覺，試著問自己：你看到什麼？你感覺到什麼？你在哪裡？相信我，因著這些提問一定會出現什麼，只要別用左腦思考，靜靜等候答案浮現。

我常常這樣在沐浴時和自己玩耍，利用沐浴時出現的靈感來寫作、療傷，這樣的頻率是愛的頻率，這樣療傷幾乎可以徹底把問題連根拔除。因為在θ腦波狀態下，我們能直接和宇宙療癒場連線，信任這種敞開，便能獲取適合自己的療癒資源。

2、學會愛自己的暗示語

試著用一句暗示語來自我鼓勵和自我催眠，督促自己成為更健康的你。在每日的靜心中閉上眼睛，在腦波進入阿發波時，重複以下幾句話三次：從現在起我要更加珍愛自己，更加寶貝自己！這個新的信念會立即生效。

08／成長必先啟動療癒機制

我在整理這本書稿的某一個階段，感覺頻率下沉，有一種一事無成的失落感。原先以為可能因為沒有練功，腦袋裡開始產生一連串疑問，我告訴自己：「該練一個長功了。」照慣例從動功開始，動功結束後坐下來，靜靜地觀看自己，結果，震撼的事發生了。

我在內觀時發現，低沉主要來自於小紅莓合唱團（The Cranberries）主唱桃樂絲（＊）逝世的消息，雖然新聞報導中未提及她的真正死因，我卻聯想到自殺。輕生這個意念籠罩著我，把我拉回曾痛不欲生的過去。祂們告訴我這是必然的過程，當我寫下自己的故事時，這些創傷勢必一一浮現，它們阻礙我的寫作，除非徹底清理它們，才能重新回到神的頻率。

有一天祂們說：「來吧！讓我們一起回到過去的那一天。」

＊桃樂絲（Dolores O’Riordan），愛爾蘭小紅莓合唱團主唱，二〇一八年一月五日在倫敦錄音期間猝逝，享年四十六歲。

我們回到那一天：我二十二歲；我看見萬念俱灰的自己，站在居住的公寓加蓋頂樓，正想跳下去。為了提起勇氣，我先買了一堆啤酒把自己灌醉，想著跳下去就一了百了，沒想到因為不勝酒力，喝醉引起的嘔吐感，阻止我往下跳的衝動。我氣惱自己如此沒有用，連喝酒造成的不舒服都無法承受，自我批判不斷湧上心頭，最後我無助望著遠方父親的住處，想起父親對我的愛，才打消自殺念頭。

我清楚聽見和看見自己當時的念頭，奇怪為什麼不是母親而是父親？

高我和指導群回應我：「那是因為父親可以平衡妳在陽性能量上的失衡，從單戀、初戀到後來幾次戀愛，妳都沒有被好好對待。」沒錯，真的就是這樣，尤其這個讓我起了輕生念頭的男人，不知道從什麼時候開始，我都以王八蛋來稱呼他，我覺得這個稱呼恰如其分，這是我對他所剩無幾的感想。

祂們試圖把我拉回那些創痛裡，要我面對二十二歲的自己，給當時軟弱的自己力量，告訴她：「妳是被愛的。」接下來祂們開始和當時的我對話，而在一旁觀看的現在的我，盡可能記下這一段真實又感動的過程。

打開潘朵拉的盒子

高我：「用第三眼去讀當時的妳，她怎麼了？」

正在練功的我馬上用第三眼去觀看年輕的我。二十二歲的我說：「我受傷了，不想活下去，為什麼他這樣對我？我為他拿了兩個孩子，我的肚子裡有好大的創傷，我好軟弱，沒有力量活下去。當初，我並沒有要和他一起，我不喜歡的事卻發生了，他侵犯了我，我沒有真的拒絕，也因為這樣，我開始自暴自棄，覺得自己活該。然後我離開去當兵的男友，他好傷心，但是我沒有辦法再回到他的身邊，因為我已經跟了別人。其實，他曾經也傷我很深，為什麼他們都這樣對我？為什麼沒有人珍惜我？是我不好嗎？無論如何，我現在已經無法回頭了……」

高我：「妳需要釋放那些過往，讓它們走吧！」

二十二歲的我無力地問：「我該怎麼做？怎麼讓它們走？」

高我說：「看著妳自己，那個沒有被好好對待的自己，在妳心裡一直過不去的是什麼？」

二十二歲的我說：「我的孩子們，對不起，我沒有能力留下他們，他們現在好嗎？會怪我嗎？」

高我要我看：「妳看看他們現在的樣子。」我看見有翅膀的可愛天使飛在天上，他們散發出粉紅色的光。

高我告訴我：「那些沒有生下來的孩子已經轉化成天使，一直陪伴著妳。」一聽這話，我的淚水立刻奪眶而出。接下來畫面拉到醫院手術室，麻藥散了，年輕的我醒了，淚水不知不覺流下來，我請護士拿電話給我，想打給媽媽，告訴她孩子拿掉了，完全不記得媽媽當時的回應，只記得自己無聲的啜泣。

高我對我說：「哭吧！妳需要釋放它們，那些創痛被鎖在記憶裡太久了，讓妳活不下去的痛苦需要被理解，就像打開潘朵拉的盒子一樣，讓它們通通跑出來，要求妳面對，要求妳解放它們。」這時的我已經泣不成聲。

接著祂們要我擁抱那個脆弱的自己，告訴她：「一切都過去了，不是自己不好，是沒有被好好對待，辛苦了！」我看著自己擁抱著二十二歲的自己哭泣的樣子，祂們要我寫下今天這些經歷，並分享給所有正在受苦的靈魂，給他們愛的力量，擁抱他們的脆弱，讓他們知道自己並不孤單。

其中有許多細節真的記不太清楚了，只記得祂們快速提問，一題接著一題，針針見血，那股非把淚水逼出不可的力道很猛。從這個療癒過程中我學到一件事，就是不斷的提問才能挖得更深，才能揪出癥結所在，然後解開它們。這樣的療癒只有自己能為自己做，別人無法幫忙。

我不怕在書裡揭露自己過去的瘡疤，因為宇宙的療癒力就是要我們勇敢面對那些瘡疤，才能徹底療癒它們，釋放自己。這個療癒的過程就是愛，那是無條件的力量，揭露是為了傳遞更大的力量給需要愛的人，擁抱他們的脆弱，幫助他們度過生命的難關。

療癒完二十二歲的自己後，我告訴自己，剩下的創傷等待下一個契機吧！

創傷印記的影響

民歌時期一起唱歌的老朋友從美國回來，約我見面。這個聯繫意外勾起一段舊有創傷，傷害並不來自老友，而是我們共同的一位友人，也是她以前唱片公司的同事，在我出專輯前曾經狠狠傷害過我的心。有好長一段時間，我一直活在陰影裡，直到這個烙印的傷疤再次被打開。也許這個人一輩子都不會知道，他曾經那樣傷過我；但是那一天，在唱片公司的會議室，我感受到極大屈辱，因此憤而離席，當下我知道自己的音樂生涯不會再有紅的機會了。

年輕時候的我是一個歌手，作為歌手大都有出片夢想，我寫了一些作品，自認為還滿好聽的，但當時創作歌手並沒有很大市場，而我想進的這間唱片公司，歌手已多到照顧不來，於是他們開始和外面的製作公司合作，紓解製作壓力。

當時和他們合作的一家製作公司簽了我，編曲過程中，我的老闆擅自刪改了我作品，和我合作的編曲師是美國人，覺得應該要告訴我，於是打電話給我說：「在我的國家，我們非常尊重創作人，妳的老闆在我編曲時，進來要我刪改某一段曲子，我覺得應該讓妳知道。」放下電話，我憤慨地去找老闆理論，他拍桌子叫我不要做了，我也對他拍桌子，當場解約不幹了。

事隔一陣子，那間我很想進去的唱片公司老闆，派了一位超級大製作人來我駐唱的PUB，我想，我的機會來了。當時他帶了一個公事包，走到我面前的第一句話是：「我的老闆派我來和妳談談。」談話結束後，他要我等消息，人就走了。我十六歲就認識這位製作人，我們一起度過好多年跑校園民歌和民歌餐廳的歲月，從前我們很好、很熟，為什麼現在來找我的這個人，感覺不是以前認識的他呢？

過了幾天，他的秘書來電話約我開會。我單槍匹馬赴約，在會議室坐下來時，他為我介紹在場每一個部門的同事：「來，我跟妳介紹，這是製作部……宣傳部……企劃部……版權部……」一個個陌生的面孔盯著我。接下來他當著所有人的面說：「今天在開始討論妳的專輯之前，要先跟妳說明我的作業方式：第一、關於妳的作品，我覺得通通不行，要改造，這一點妳是否願意？第二、如果妳覺得自己的東西沒有問題，無法接受改造，那我們就不需要繼續討論了。妳要考慮清楚，然後回答我，需要給妳多久的時間？二十分鐘，夠嗎？」

錯愕的我被一股羞辱的感覺強烈包圍，很想趕快離席，因此匆匆回答：「不用那麼久，五分鐘就夠了。」這五分鐘對如坐針氈的我來說根本就是煎熬，我聽見自己的心在哭泣，覺得自己很可憐，是誰讓我坐在這裡受這麼大的羞辱，我完全不認得眼前這個十六歲就認識的朋友。

在我的記憶裡，他是善良的，那些年我和我的二重唱夥伴租了一間小套房，因為要念書又要跑場，身心疲憊不堪。有一回他來我們住的地方聊天到半夜，我先睡了，迷糊中聽見他們聊起我的情傷，他立刻跑來躺在我身旁，輕輕在我耳邊說：「嫁給我好了，我會好好照顧妳的。」迷迷糊糊中，我知道他已經喝得有點微醺，那些話脫口而出，是友情還是真情流露，我內心很清楚，不過當時挺感動的。我猜他是醉了，同時以為我睡著了才敢這麼說吧！就因為這個溫馨的回憶，讓我完全無法理解自己認識的那個人怎麼不見了？這一段創傷對我後來的人生影響很大，此後我一直活在自我否定的巨大痛苦裡，始終走不出來。

淡化疤痕的自我療癒

這一段對我人生影響巨大的創傷，隨著時間流逝慢慢隱藏起來，現在回國來找我的老友重新又勾起創痛；在我們約好見面的那天早上，我非常不舒服，心裡很不平靜，一早站在蓮蓬頭下閉上雙眼，淋浴的水聲把我帶回那一天的會議室，過去的畫面一個接著一個播放，我看著自己受傷的過程，逐漸浮現一些念頭：

有人看出來嗎？

沒有人知道我難過嗎？怎麼冷冰冰地看著我受傷？

他們的作業方式都是這樣的嗎？這個產業生態就是這樣的嗎？

我要有多大的勇氣去承受這些？

誰能告訴我，我當時應該怎麼做？我該怎麼保護自己？走進那個會議室之前，我不知道是要去接受這麼無情的批判。

沐浴時被釋放出來的傷痛，並沒有得到完整處理，它們就在那裡漂浮；

通常遇到創傷印記的浮現，就是最棒的療傷契機。沐浴完，我應該立刻處理這些問題，但是我沒有多餘時間，只能練個小功，大約二十分鐘後就得出門工作；就在練功快結束的時候，祂們忽然把我叫住：「回來！坐下，把它處理了。」

我掙扎：「不行，我要出門了。」

祂們說：「可以的，十分鐘就夠了，相信我們。」於是我坐回去了，看著自己（這裡是指閉上眼用心看），很快的，在我的左前方出現了一個洞，在這個黑暗的洞穴裡有一個我，蜷縮在很深的裡面。

祂們鼓勵我：「去，去把她帶回來。」

我問：「怎麼做？」

祂們說：「把妳的手伸出去。」於是我伸出手。祂們說：「告訴她，來妳這裡，牽著妳的手，跟妳一起回來，和妳在一起。」

「如果她不肯怎麼辦？」我有點擔心。

「那就告訴她，對不起，請她原諒，是妳的無力軟弱把她遺留在那裡。」

於是我開始對蜷縮在洞裡的自己說：「現在的我跟以前不一樣了，我有力量了，不會再讓妳……讓我們受傷了，請跟我回來，讓我照顧妳，讓我好好愛妳，讓我們在一起，一起回到自己。」

我邊說邊掉淚，幾乎泣不成聲，我把兩隻手用力伸得好長好長好長，看見那個在黑暗中的我，慢慢轉過身來，把手交出來給我，我一把將她擁在懷裡。「原諒我過去的無力和軟弱，對不起，讓妳受苦了，謝謝妳願意信任我，讓我好好對待妳，好好愛妳，讓我們回到自己，不再散落，我們會更有力量繼續我們的人生。」這些情境真實到不能再真實，無論何時，說到這一段我仍不禁會落淚。

當療癒結束時，我看了一眼牆上的時鐘，真厲害，剛好十分鐘，祂們實在快狠準，幫助我把自己的碎片拼湊得更完整了。

當晚我和老友見面時，立刻分享了這段剛出爐的療癒故事。幾天後那間唱片公司突然來約了一次聚餐，那個傷我的人也來了。餐會後，他有事要先離開，當他走到門口時，我用力叫住他，跟他討了一個擁抱。相擁時，我把自己想要放下的念頭傳給了他，也傳送祝福給彼此，我想要讓過去的糾結就此一筆勾消。

當下我是這麼想的：這個人，或許一輩子都不會知道他曾經傷過我，但從今天起，無論如何我不想再被這個傷害影響。後來，他竟然透過秘書找到我的手機號碼，直接跟我聯繫，這一兩年來頻繁帶家人、朋友到餐廳吃飯，每次來都讚不絕口。這個遲來的肯定撫平了我的創傷，也淡化了疤痕。

從宇宙療癒場所連結到的力量就是這麼無私、無條件的愛，當我們有意願療癒自己、敞開自己時，這個力量自然會來到我們這裡，你無需做什麼，只要信任它以及讓它發生。

靈性練習題—療癒身體的練習

療癒力等於想像力，也等同創造力。療癒其實很寬廣，而且是自然而然發生的；一開始它跟想像力有關，運用想像力就可以開啟自我療癒的機制，你需要有高度的好奇心，還要大膽假設、小心求證，這一切都來自於你的意願，只要你願意，療癒就一定會發生。

說一個好玩的小故事，有一晚臨睡前，肚子超餓，但實在已經夜深人靜了，我決定用想像力炒個蒜片辣椒麵給自己吃，撒滿起士粉在每一根麵條上，香噴噴的蒜味撲鼻，起士粉附著在冒著煙又充滿蒜香的Q彈麵條上，我一口氣吃光且滿足的睡著了。這些過程都在我的腦中完成，現實中我什麼也沒做。

這就是人類神奇的想像力量，絕對不要忽視這個力量創造出來的結果，往往你怎麼想就會帶來一連串的作用。即使一開始不知道怎麼去想像，只需要給個指令，自我暗示、自我催眠，告訴自己「我想要療癒我自己」，讓想像力去安排接下來的事。

身體是我們接收訊息的媒介，一定要先照顧好身體，免除疼痛的干擾，我們就能好好完成任務。這裡說的訊息除了來自宇宙，也包含生活周遭的，地球的訊息來自四面八方，僅僅從大自然裡我們就能讀到許多提醒。比如我們的身體在氣候變遷時，總會出現一些不適；多雨的梅雨季節，會造成環境、物品的濕氣，這不是雨的問題，而是來自大自然的美意，降雨是為了紓解上一段枯水期造成的大地乾涸，同時迎接下一段酷熱節氣的到來，我們只要順應自然做出一些調適，做好環境和體內除濕就好。

體內除濕的自我療癒

一、盤坐於墊上或坐在椅子上。

二、先將左、右手置於兩腿膝上，掌心朝上。

三、閉上眼睛，慢慢調息，把心靜下來。

四、深呼吸數次，鼻吸嘴吐，吸短吐長。

五、直到感覺自己身心寧靜後，恢復自然呼吸。進入寧靜的你已慢慢潛入θ腦波，當腦子呈現θ波時，就具備療癒力了。

六、接著告訴自己、暗示自己、催眠自己：「我要排除身體的濕氣、我要排除身體的濕氣、我要排除身體的濕氣。」一句話複誦三次，人的潛意識便會開始操作這個指令，使它發生。

七、接下來先觀想掌心有一股熱力，發紅發熱，然後這股熱流開始流動旋轉，環繞上半身，持續觀照它，專注，直到它慢下來停下來，上半身的除濕就做完了。

八、接著雙腿伸出去，雙腳掌朝外，觀想腳掌心發熱，啟動一股發熱發紅的力量，這股熱流也會開始流動、旋轉，環繞下半身，持續觀照它，專注，直到它慢下來停下來，下半身的除濕也做完了。

九、最後雙手合十，謝天謝地謝宇宙。

以上的觀想模式，可以用於你想排除身體的各種廢物上，諸如暑氣、寒氣、晦氣、霉氣……只要熟悉操作方法，代換關鍵詞即可開始運作。

如何療癒中毒的腦袋

身體可以透過多喝水、排汗、排尿來排毒，那麼腦袋中毒該怎麼處理呢？有一天練功時我好奇提出疑問，指導靈告訴我：「很簡單，運用想像力就可以完成了。」

以下是指導靈教我的方法：「靜靜地坐好，閉上眼睛，調呼吸，然後把雙手伸出去，想像自己的手正放在一個腦袋上，接著把腦袋從中間往兩旁撥開，然後打開水龍頭，用水洗一洗就好了。」

是不是很有畫面？我以為指導靈會說出什麼深奧難懂的方法，其實療癒也可以輕鬆好玩，不必太過嚴肅。人類的腦袋可以做的事情很多，別把它複雜化了。

許多年前，我的練功基礎階段，真的遇過類似腦袋中毒的現象。由於網路資訊爆炸，現代人每天透過網路接收的資料很難沒有毒素，某一天在YouTube上看了一堆有關靈性課程簡介的影片，有些是平面的，有些是動態的，我很渴望能有機會去上課，卻礙於工作、費用等各方面考量，一直無法如願。或許這樣看一看也是一種望梅止渴的作用，心中不以為意，看完之後就出門上班去了。

那天稍晚，我感覺自己不太對勁，脖子跟肩膀和前額都很緊繃，心裡也覺得躁躁的，我的覺察功力當時只到這個程度，往往中毒半天之後才發現，跟人吃壞肚子一樣，腸胃的消化和毒素的作用所需時間快慢不同，基於同樣的概念，能量體中毒會讓人感到全身有種說不出來的不舒服，尤其是在頭部。

當下我趕緊練功處理，先做身體的伸展律動，只要把身體卡住的地方打開，頻率自然就會升上來，能量體的頻率也就跟著提升，毒素自然會減輕或散去。然後再靜坐，加上靈氣手位療癒和內觀，很快就會回到原本的良好狀態。沒有學過靈氣的人一樣也可以用雙手來熱敷不舒服的部位，同樣會有療效。

09／你就是祝福，祝福就是你

靈性的成長像爬山，總是起起伏伏，不會永遠處於高峰，這個世界的低頻總會把你拽下去，你要習慣這種雲霄飛車式的成長模式，無論向上衝還是往下掉，都是鍛鍊，無一輕鬆。

在某個能量下沉的階段，我發現自己忽然什麼都不想做，頻率很低，來到練功的地方也不想動，我把地墊放好，坐了下來，閉上眼睛，感覺著自己，忽然就跑出委屈來，我哭了，我聽到自己說：「不要催自己，不要逼迫自己。」心裡知道有一個我一直都這樣對待自己，所以一感覺到有人催我，我就會抓狂；有事情在催我，我就會崩潰。事實上這個世界一直有某種急躁、壓力在催促我們，若是你本身就是那種一直會逼迫自己的人，再加上外在環境的催促，那一定會抓狂。

就在我覺察到自己的問題時，祂們說話了：「釋放她吧！不要再逼迫她了，把她放出來，妳一直掐著她的脖子會把她掐死的。」我看到一個畫面，有一雙手正掐著我的脖子。

祂們問我：「為什麼要這樣對自己？」

我說：「因為覺得自己不夠好。」

祂們問：「妳覺得怎樣的自己才算好？」

「得到別人的讚賞。」我答。

「所以妳才一直逼迫自己？」

我回答：「是的。」

祂們問我：「想要改變嗎？」我默默點點頭。

「妳願意信任自己可以為自己改變嗎？」祂們說：「要用愛來愛自己，不想做就不要做，扛不動就放下，走不動就休息，不要再逼自己了。」一陣沉默之後，祂們問：「好一點了嗎？」

我點點頭：「有的，好了一點，但沒有全好。」

祂們安慰說：「沒關係的，慢慢來，做完一樣放下一樣，妳已經很棒了，妳正在做妳曾認為不可能的事。」

我說：「是的，我在做我認為不可能的事，為什麼？我又不會做，但是我卻做了。」

祂們鼓勵地說：「這才是妳最棒的地方！」祂們總是這樣鼓勵人，繼續前進吧！

學會不要苛求自己

我一直是個自我要求嚴苛的人，人生中的不順遂，引發我對自我的不滿與憤怒，這是今生要修的重要功課。某一次練功過程中，祂們告訴我自我鼓勵很重要，因為對自我的不滿是一種不自覺的無形詛咒，詛咒助長了心魔的力量，如磁鐵般吸引來一連串的負面意識。正所謂內魔不起，外魔不興，要調伏自心的內魔，一定要先鍛鍊出不批判的自制力。

因此我常常問自己以下這個問題：妳是祝福嗎？

祝福不是一件只有在祝福當下才做的事，而是時時刻刻的，如果沒有時時刻刻，你的祝福力量就會被削弱，換言之，你就是祝福，祝福就是你。時時問自己：你是祝福嗎？這是一個很好的自我檢測，常常這樣問自己，你將越來越接近這個力量。

除此之外，我也經常利用以下這些話自我鼓勵：

＊一個不善待別人的人，也不會得到別人的善待，你不是神，不需要做神的回應，用你是人來回應就好，不需要勉強自己做神。

＊你就是因為一直都太照顧別人的感受，讓自己變得很辛苦。你需要照顧自己的感受大過於照顧別人的感受。

＊你說的那些話沒什麼不妥當的，是聽的人自己有問題，直到他們不再影響你了，你才能如實做自己。

＊你做了能量切割的動作，不要擔心，就讓自己回到自己，這是一個保護自己也保護他人的事。

*他的不舒服是因為他對我做了什麼，而不是因為我對他做了什麼。

*如果我不能再影響他，那至少不要被他影響。

有時候祂們會提醒我：「妳要保護自己。」

我點頭稱是：「對，我要保護自己，這是我的責任，過去我太不會保護自己了。對不起，張小雯，過去我一直沒有保護好妳，讓妳一直被欺負，從現在開始不會了。」然後我問自己：「我處理好自己了嗎？」

「處理好了。」我聽到心中的回答。當我們在自我對話的過程中，全身的細胞和肌肉也同時回應。我告訴自己：「如果處理好了，接下來我要開始進行下一件事，就是面對我正在進行的寫作，即使有各方阻力和壓力，我仍然要鎖定這個目標，努力往前進。」說這些話的同時。我看見自己正往一條窄長的路上前進，四周有許多擠壓我的力量，但那條路就明確在那裡，而且是一條無法回頭的單行道。

透過疾病完整自我

沒有人不生病，我們要在疾病中學會信任自己的身體，同時更愛自己。記得有一次小小發燒，那時已將近三年沒有感冒，真是人生中的奇蹟。過去體弱多病，只要身邊一有人感冒，就好害怕自己跟著中獎，這種恐懼跟了我幾十年。可是那一回的感冒經驗很不一樣，看起來好像很嚴重，卻沒什麼不舒服，心中默默狐疑：這是有病還是沒病呢？

在生病之前的一、兩週，我知道身體裡有不好的細菌，因為莫名其妙拉肚子，剛好那兩天在光中心開靈氣初階第一班課程，過去的課程都是在店裡開的，這回往外擴展了，相信這是一場大清理，要讓身體跟上靈性的擴展，因此勢必大大新陳代謝一番，我明白宇宙的旨意，所以生病也甘之如飴。

那天起床練了一段長時間的功，該排除的、該補充的、該讀取的、該釋放的，全都做完了，結束後就開始滑手機。因為練功得到的最大收穫之一，是發現自己身體的自癒機制全面啟動了，連我過去那麼糟的身體底子都可以這樣，相信每個人一定也都可以，而且一定比我厲害、高明。我們在生病的時候，除了要學習信任身體，更應該信任的是自己的心，有心想要好起來就一定會好起來，因為身和心是相連結的。

告訴自己「我要啟動自癒機制」，然後靜觀其變，身體會帶你去做一些動作，比如伸展、拉筋、拍打、旋轉，不只這些，每個人都有專屬於自己的功法，那是因應身體需要自發性出現的，信任它，讓它發生。這個世界上沒有人不生病，疾病就是一個完整自我的過程，你唯一要做的事是「信任並祝福自己」。然後，很快你就會好起來了。

10／生命功課的鍛鍊

身心靈這三件事其實是同一件事，無法拆開來單獨存在，當你知道身心靈是同時運作時，就不會在意自己需不需要去上一堂什麼課來提升自己，或是上了一堆課卻書到用時方恨少。我最喜歡舉自己作例子，過去一直覺得苦無能力上課，一來沒錢、二來沒時間，從這兩點看得出來，那時的自我價值評斷還放在金錢與時間的框架之下。

曾經有一次好不容易選到一門課，又攢了點錢和時間可以去上，結果那個月店裡收支不平衡，不能去了，感到非常沮喪，覺得自己沒那個命提升，失落得不得了。連續幾天，我坐在店裡看著院子無奈發呆；秋天的午後，陣陣風吹起，樹上的葉子像雨一般撒落，應該要看見這個美，但我沒有，只覺得自己被困住了。鳥兒們來到院子裡，站在甕邊喝水，邊洗著翅膀，我忽然憶起春夏之際，在那些較矮的樹叢底下，有成鳥帶幼鳥學飛，該不會是那隻幼鳥已經長大了吧？

這時候我又想起院子裡的蜥蜴家族，常見牠們趴在樹幹上捕捉小蟲，偶爾也會偷偷爬到廚房的紗門上看我們做菜。我會用大小來分辨哪一隻是阿公、阿嬤、爸爸、媽媽、小孩、孫子，牠們在這裡生養了一整個家族，和我們每天生活在一起，就像一家人一樣。

還有一次居然在樹幹上發現金色的蟬殼，如果沒有親眼見到那些像塗上金漆的殼，我永遠不知道什麼叫「金蟬脫殼」，也因為這個所見，才知道院子的

金蟬脱殼是我在院子裡發現的奇蹟。

土裡有許多蟬卵，正在等待漫長的五至八年孵化期；這些發現其實好珍貴，看著院子的花草樹木和秋天午後的斜陽，聽見高我說：

「有些事真的勉強不得，花那麼多力氣去爭取，求不得苦，求得了也不知道是否真好，妳的眼前就有一個很美的院子，這裡的每一天、每一季、每一年都有許多故事上演，只要細細觀察，可以參透許多生命的奧秘，何需苦苦外求。」

一語驚醒夢中人，從那一刻起，我放下去上靈性課程的渴求，回到生活和工作的踏實裡。看看自己的生活和工作，其實已經非常豐富了，既多彩又有趣，音樂和食物都是療癒的一環，療癒自己也療癒眾人，更何況我還可以爬山，走進大自然鍛鍊身心，加上手邊的廣播節目、個案處理，我很滿足自己擁有的豐盛。

練功就是生命功課的鍛鍊

暫時放下對上課的渴望之後，練功成為生命中最重要的事。持續練功之下，二〇一六年底開始覺得身體狀況漸入佳境，某一回帶好友一起上大雪山，回程時發現自己在這趟旅行中只發生骨盆灼熱現象，其他都滿好的。

骨盆灼熱應該是停經的關係，停經前我的身體一直處於發炎狀態，每次爬山幾乎全身都痛，從腳到骨盆的痠軟、疼痛、無力，到肩膀和頸椎的不適，這些痛除了來自身體氣脈的淤塞外，還有我對負能量的反應；要知道愈是身體孱弱的人，愈容易沾附低頻能量。真不知那些年我是怎麼熬過來的，實在苦不堪言。

那個階段，自己每日練功的自發律動都著重在腳部，從原地踮腳跑，跑完了開始半蹲，不記得這樣練了多久，只發現自己逐漸愈蹲愈低，穩定度也愈來愈好。一開始兩腿還會發抖，慢慢的只有一些痠麻的感覺從膝蓋上來，上到腹腔感覺到一陣脹痛，接下來一股穢氣伴隨臭味，從腹腔底部往口腔竄出，然後一直不停打嗝、放屁，排完氣後身體馬上感覺舒暢無比。

我常常在半蹲時，腦中浮現一些生活裡的瑣事，看來身體一直儲存我們的心事，我的練功日記裡就記錄著一堆關於誰誰誰怎麼了，還有我的擔憂和操心；要不然就寫著我該怎麼做比較好，他或她需不需要幫忙；練功時，腦中常會浮現身邊的朋友或個案的身心病苦之事。

這些人事物都會引發許多靈感，練功時自己的身心病苦也會浮現出來，或藉由別人的問題投射出來，他人的苦和自己的困頓，藉著這個契機一併釋放、清理和排除。每當練功結尾，總是會有一個正面又積極的落定，我將它視為一份珍貴的禮物，一定要分享給眾生。

練功就是生命功課的鍛鍊，把生命中的困難放在每日的靜心中去參它，直到參透為止，像滴水穿石，需要很長時間的累積。只要在奠基階段把基礎打好，將來遇到任何變故自然就能臨危不亂了。

靈魂的感覺

隨著一天天進步，在練功中，我的腦子從額頭以上的部分全都不見了，整個是敞開的，我知道自己已進入浩瀚無垠的宇宙，從我的眼睛平視出去的地平線，是一整片正在沸騰的水銀，好美也好科幻，很想找人幫我畫出這個境界，眼前所見實在嘆為觀止。這時候祂們說話了。

祂們說：「妳正在接受我們給妳的洗禮，成為我們的萬中之選，來傳遞愛傳遞光，妳會因此而發光發亮。一般人總渴求自己會如何成功，而妳不是，因此妳將接受我們傳遞給妳的靈感。」

寫到這裡，我想岔開來談談什麼是靈感。根據《維基百科》的解釋：「靈感是根據自己的經歷而聯想到的一種創造性思維活動。靈感通常於腦海

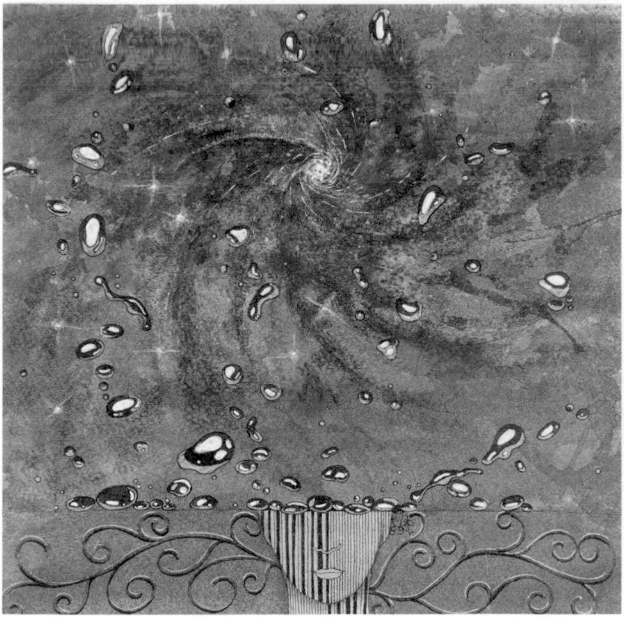

額頭以上整片敞開。陳智／繪圖

裡只出現一瞬間。」

根據我個人對靈感的了解，靈感就是靈魂的感覺。靈魂也會有感覺，我們稱它是靈魂的覺知，從眼睛兩旁到太陽穴是靈感區，我們的眼睛、耳朵從外界接收到了訊息，進入大腦中樞神經的一個區塊，叫海馬迴的地方，在這裡產生了一些次刺激，然後從這裡發出了回應訊號，又傳到腦子中心叫松果體的地方，這裡儲存了有關我們生命的資料，所有此生和累世的資料都在這裡；這裡的開啟會連結到宇宙中心的資料庫，它們是相呼應的，那裡是大資料庫，這裡是小資料庫。

我們的大腦能在瞬間處理訊息，那些訊息可能跟生活、工作、人際關係有關，當腦受到這些訊息的刺激時，會發出一個回應的訊號「叮」，這就是所謂的靈光乍現，靈光乍現就是這裡講的靈感。

關於靈感，還可以說得再實際一點，比如，我們可以運用靈感來完成一些事，我們在生活中跟朋友、家人以及這個世界之間的交流、對談，都會引發一些靈感，靈感裡會有一些提示，鼓勵你把它寫下來或表現出來，變成一個作品，比如一首歌、一道菜、一幅畫、一個雕塑，一篇文章、一本書或一支舞蹈。

像我正在進行的這一本書，就是來自靈感的創作，有關我所從事的療癒工作，也是透過靈感來進行的。從靈感出發，會為我們帶來更豐富、更寬廣的可能性，經過左、右腦的整合，把這些靈感變成實際的東西，完成實相的創造，靈感就為我們的生命帶來突破性的創造力，所以說靈感就是創造的泉源。

靈魂甦醒後，我一直想把腦袋裡的想法表現出來，哪怕只是一個稍縱即逝的靈感或瞥見，都覺得不應該錯過。有些是屬於廚房裡的靈感，有些是關於聲音的想法，有些則是文字的繆斯，我督促自己盡可能去完成每一個想法，把它們集結在一起，看看它們會成為多麼美麗動人的畫面。

我很渴望有更深一層的探索，大部分人當想法出現時，只是想而沒有去做，如果你去做它，它就不再只是一種想法了，會變成一個活生生的過程。比如你感覺到一個聲音從身體的某個部位傳到喉嚨，用你的聲音唱出這個音符，你會驚訝發現，在這個音符之後，會有其他音符跟著冒出來，然後你的身體會自動產生一種律動，你就像一個樂器一樣；是的，就是樂器，我們的身體就像一個樂器，它會發出各種聲音，那些聲音不是有人教你怎麼唱出來的，而是一種靈感、頻率、振動，藉由你的喉嚨發聲出來。

這些反應不是經過頭腦思維產生的，而是靈魂深層意識和身體產生共振所發出的聲音，不像寫一首歌那樣，一首歌寫完了就結束了。當靈感來了，它一直在流動，一直前進，一波又一波的感動不斷湧進腦袋和身體，當你把它們釋放出來，它們便會一直湧進來……流出去……又湧進來……又流出去；它們不會停頓在那裡，而是無止盡的流動，是一個讓人活起來的感覺，感覺自己活靈活現。

愛才是改變這個世界的超能力

現在再回到我和祂們的對話。雖然過程中，我的左腦不斷懷疑，但我的確因為這「萬中之選」的說法感到不可思議。我知道祂們總是鼓勵我，讓我知道自己的好，所以我應該更謙遜接受這個洗禮，換言之就是要準備好接下來的任務。我知道這一切都不是追求來的，祂們所賦予的一切已經超越言語所能夠表達，我希望自己能有自信地去代為傳達，無畏無懼如實闡述那份無私的力量。

祂們說：「我們不是要給妳超能力，而是給妳一種能力，一種愛的能力，愛才是改變這個世界的超能力。妳活在這個世界，要用這個世界能夠理解的方式去傳達，透過妳將這份無條件的愛散播、傳遞，妳也會因此發光發亮，會因此而有所謂愛的超能力，這是這個世界可以理解的事。

「若是活在追求裡，就沒有辦法被注入和接收這樣的能量；若是渴求超能力更無法獲得，妳並沒有渴望要成為什麼，是妳自己進展到了這個階段，克服了一些障礙，然後我們就會來告訴妳，妳現在擁有了一種能力了，這就是妳現在的狀態。」的確，這一切都不是我想要追求的，因為我在經驗的時候，不知道後來會如何變化，我只是想把這些事情盡力而為完成。

祂們說會繼續傳遞訊息給我，我要建立一個新的信念系統，這個新的信念系統就是要去改變這個世界，我會在宇宙的信息場裡學習，理解更多更深，然後運用在這個世界，感覺祂們最近的速度似乎愈來愈快了。祂們最後說了這一段話：「二元世界的新概念是超越二元對立的，趨向合作、協調、互助，提升至共生系統中的最高層級，共同創造互利共生依存關係的新世界，這是人類未來的走向。」

地球正在快速演化

因為寫書的關係，我一直靜處蟄伏，除了更深一層接收宇宙療癒場的信息外，也默默進行著療癒故事的整理，將許多年來宇宙意識的啟示和教導記錄下來，主題是啟動自我療癒機制。我想透過文字寫成一本書，然後用說故事和靈魂唱歌的方式，傳達和分享給更多需要的人，啟發並提升他們的生命能量。

祂們說：「這個地球需要更多人的覺醒來帶動提升，宇宙的訊息在世界各地大大小小的能量中心點，一直傳遞著關於愛、覺醒和提升，就是希望更多人參與，更多人被影響。」

其實已經有非常多的接訊者陸續進行這項任務，還會有新的接訊者和新的訊息產生，每個訊息管道都具有其獨特性，也都具備對特定族群的影響力，在我身上醞釀的這個計畫好多年了，一直遇到波折和阻礙，終於在最近有點眉目，而且就在前一陣子的靜坐中聽到祂們說：「快了快了，先把得失心放下，這本書的成敗關鍵都不在妳身上，妳只是替宇宙傳達訊息的管道，我們看中的是妳的特質。」

祂們還告訴我：「一個完整的人有七情六欲，有黑暗面也有光明面，也具備神性意識。我們不是要一個完美的人，連神都不可能有完美的，何況是人，我們要的是一個能接納自己是黑暗與光明同時存在的不完美的人，這樣的人能擁有神性的包容，這樣的人才是我們要的『完整的人』。」

聽完這段話，我瞬間把得失心放下。我聽懂了，原來一直阻礙我前進的是我對自己的否定，於是我開始學習肯定自己，同時接納自己是一個不完美的「完整的人」。奇妙的是，出版社就選在這時候約定第一次會面，一切都那麼剛剛好。

跟我一起練功

一、半蹲功

先將兩腳打開與肩同寬，膝蓋往外張開，屈膝蹲下，背脊挺直，能蹲多低就蹲多低，但不要勉強，一開始不可能蹲太低，慢慢來，練功是長期的累積，不是兩三次就可以到達那種境界。邊蹲邊調息，呼吸會自然而然配合身體的動作，不需要刻意做什麼。

有些教法要我們先吸氣、蹲下，然後吐氣，再配合一個動作吸或吐，我以前也以為要那麼做，直到有一次，我帶一個朋友練半蹲時，她忽然告訴我，一直注意吸氣、呼氣就忘記要蹲；注意蹲的姿勢又忘記先吸氣還是吐氣，弄得自己手忙腳亂，好累。

後來仔細觀察自己練功的過程，發現其實我們的身體會自動去做協調，做某些動作時，身體會自然而然調節呼吸來完成這個動作，所以不如放下頭腦，交給身體去運作，身體比我們想像的還要有智慧。

半蹲可以調整整個腹腔和骨盆腔的問題，練完後再把雙手放在腹部一來一回、一左一右摩擦肚子，這就是收工。收工的動作不可省略，因為練功時我們的氣會往上升，收工是為了把氣再帶回到丹田，才不會聚氣在頭頂散不掉，弄得頭昏腦脹，那種現象叫「走火」，再次提醒收工的動作很重要，一定要做完全。

半蹲真正在練的是腳的穩定力和踏實感。某一回練功時，有個很深的感動，發現自己的腳力愈來愈好，這就是練蹲馬步三年的成果，來到這個階段，自己已經可以蹲得很低，當然還要加上每週爬山鍛鍊的相輔相成。

有時候練第一個蹲下起身的瞬間，感覺肚子裡好多軟弱和無力，它們會一股腦兒往上衝，接著就會拚命打嗝，這是一種排放，排出淤積在腹腔內的腐氣、晦氣、病氣。所謂病從口入，我們不知不覺從食物中和空氣裡攝入許多毒素，練半蹲時就能很快排除它們。

持續幾次蹲下起身，再來就是一股痠麻，加上雞皮疙瘩從底部一路竄上腦袋，它們會在肩膀和脖子停留片刻，幫忙解放肩頸的緊繃，那也是因為腳的力量不夠，轉由肩膀來分擔，一旦腳的力量增強了，自然就能減輕肩頸的耗損。

人體靠脊椎的力量支撐，接引宇宙能量從頂輪注入脊椎後，細細去覺察它，它會出現旋轉和扭動，彷彿在進行一種整合，身體也會自然而然跟著旋轉扭動起來。從腳底往地心連結到土地很深的地方，從那一個點傳上來的力道，是所謂的地線；從頭頂上方連結到天，甚至連到更高的宇宙，從那個點傳下來的力道，是所謂的天線。當天線地線都接好了，便可以頂天立地的練氣健身。

二、金雞獨立功

左右腳各一式，一腳站、一腳動，膝蓋微彎往上舉起，再把腳伸出去，用大腿帶動小腿的力量帶腳踝畫無限大的符號，多畫幾次，然後邊調息，將腳放置在半空中片刻，再收回來；膝蓋彎曲往上舉起，然後把膝蓋往外翻，腳踝靠在那隻站立腿的膝蓋上方，再將身體和腿微微下蹲，最後把放在膝蓋上的腳丫往外翻上來，然後調息，穩住這個姿勢片刻。

接著放下來，抖動一下身體，換一隻腳站，另一隻腳動，繼續和剛才一樣的動作；這樣左右腳各練一次就可以了。這就是金雞獨立身印功，這個功法練的是四平八穩的「穩定」和「平衡」。

我過去曾練過跪功、趴功、踮腳行走、踮腳跑，現在一直練蹲和跺腳跟，這些腳部的練功都是以年計算的。其中跪功練得最久，差不多八年，各式各樣的跪都要練，有時一跪就是四十分鐘，整個膝蓋都長了繭。前面的章節說過，跪就是臣服，練了那麼多腳部功夫，無非就是要強化我的腳力，催化我的行動力，要我好好的用身體來修行，同

時完成任務。

身體的自發律動帶我走過許多有趣的經驗，各式舞蹈、各式拳法、各式手印功，其中練得最長的就是手印、身印功法，這十年我已練出一套相當具有力道、氣道的手印、身印功法。人的腦子可以切割成好多不同區塊，它們各司其職將各自的功能展現出來，比如，手印、身印由腦部的運動中心接收訊號，再透過身體傳達出來，它們是一連串訊號產生出來的連動。

從開始練這套功法到現在，我累積了一些功力。過去一直希望能教人練，不是要練靈通，而是練心的寧靜和身體的柔軟與平衡，但是我發現，並非每個人都能輕易理解，這其中的奧祕跟緣分有關，強求不得。我想，有些事真的只能意會不能言傳。

我曾問過高我：「是否在離世前我還會這樣練功？」
高我的答案非常令人玩味：「應該不會吧！那時妳需要做的，是
恭敬地放下這個身體。」

11/順其自然的靈氣律動

這些年因為練功和靈魂甦醒發生在我身上的事，其實都很神奇，這些奇妙的經驗，讓我逐漸明白生命的全貌和宇宙的全像。有些經驗只能意會，無法言傳，但我仍想透過文字與大家分享一些個人的有趣經歷。

我的結印功

從母親過世後所做的一個夢中，過去生的同修在夢裡帶我歸隊結手印，至今十幾年過去了，我結了起碼千百種手印，每隔一段時間還會自動改變，好像手機程式自動更新、進階一樣。搭配唱誦一起比來比去的不只是手，還有身印、腳印、頭印，這些自發性的動作，如行雲流水般自然流動。

一開始出現時，我有些驚慌，查資料查不出所以然，請教密宗師父都說不要理會，也有禪宗大師要我不要動，我問為什麼不要理會不要動，總之，我試過了，很難不動，只要一放鬆、專注、靜心，自然而然就動了起來，索性就讓它發生吧！所幸我練到如今也沒有發生過什麼可怕的事，反倒是腦子變得更清晰，身體變得更鬆軟了。

每一個人在靈魂甦醒後，會開始出現一些奇妙的經驗，千萬別擔心，這一切都在愛的呵護下進行，這個你和過去的你不一樣了，但並不表示原來的你不見了，而是你變得更有覺性，你慢慢知道自己是誰，接下來要做什麼，需要改變哪些習性，如何找到可以解惑的答案，這些都是使你活得有知有覺的進展，所以順其自然的流動吧！相信我，不會有不好的事發生，過多的擔心害怕只會阻礙成長，只要守住那顆良善的心，結果自然與善連結。

曾經我問過指導群關於這些現象的原因，祂們的解釋是：「這是一種緣分，和自己的靈魂高我愈來愈接近的時候，就會擁有憶起過去累世的能力，會的人就會，不會的人求也求不來。」這些現象用頭腦思考是不會有答案的，而且累世累劫的資料多到無可考究，追根究柢反而憑添無謂煩惱，有些比較理性的人說這樣不好，是為了防止那些無法控制的事發生，所以某些宗教不鼓勵且會阻止這類事情。

禪學大師南懷瑾曾在他所著《藥師經的濟世觀》中提到關於結印的註解，我覺得詮釋得極好，特別在此恭錄如下：

為什麼突然自己會唸咒結手印？

在座很多人都有經驗，從來沒有學過佛或唸某個咒子或結過某種手印，突然自己會唸咒會結手印。有位同學有一天問我是不是有「這個」手印，我問他怎麼會？他說打坐看到自然曉得，我說對啊！這是某某佛的手印。

這就涉及到阿賴耶識的問題，多生多世以來，你聽過一下，那個種子留在你的八識田中，因為痛苦到極點，刺激阿賴耶識功德智慧的靈光乍現，偶然把握住，自己唸起來。因此，阿賴耶識那一念的種子之重要可想而知，「因緣會遇時，果報還自受」。

所以，人於一念之間，不要隨便輕易動貪瞋癡的念頭，否則隨便一動，阿賴耶識的種性便種下了惡根，以後就要結惡果的。相對的，種下了善根，就會結善果。

你就是愛

二〇一三年某一次練功中，祂們告訴我：「妳就是愛。」這句話曾讓我大

這些年我結過無數手印，各代表不同意義。

大潰堤，從那時候開始，愛大量湧入。從小沒有體會到什麼是真正的愛，人類的愛往往有很多條件、問題和傷害，所以很多人常常不知道自己是否有被愛的價值。漸漸地，靈魂甦醒的過程中，我感受到在那些神奇力量中有一種愛的頻率，祂們開啟了我對愛的給予力和接收力；是的，愛同時是給予也是接收，沒有給予只接收的不叫愛；只有給予沒有接收的也不叫愛；愛是流動的，有進有出源源不絕的流動。我們可以常常這樣問自己：你是愛嗎？相信我，常常這樣自問，會愈來愈接近這個力量。

在另一次對話中，我們進行了以下問答：

問：我們來做什麼呢？

答：是來得到療癒的。

問：誰來療癒我們呢？

答：是自己。

一切都是自己願意，療癒才會產生。療癒是一份愛的禮物，來自宇宙療癒場裡的光和愛的力量，祂們是無條件的，隨時等著我們取用，但你必須先相信它，它才會發生。

連續幾日密集進行自我療癒的文字整理，某一天，有了一個四小時的靜心，好難得能和自己和宇宙在一起那麼久，在一個沒有時間場的境域中，我用自己的聲音和手印，在身體的能量場完成了一場深層創傷印記的釋放，很神奇地從太陽神經叢釋放出過去生被封印的三個靈魂意識，分別是痛苦、羞愧、軟弱。我勇敢地直視與深入覺察它們，讓它們一一得到理解。在靜心的結尾，我和平行時空的自己相擁、哭泣，崩潰了好幾回才慢慢回復平靜，這個多次元的我們就在那個美好的當下，一起得到了徹底的療癒。

曾有人問我：「為什麼原諒了卻還是痛苦？」

我說：「寬恕不是用頭腦的，而是心的作為，要用心去理解、諒解，使糾纏的心豁然開朗。」

那人又問我要怎麼放下呢？

我說：「敞開心讓愛進來，自然就放下了。」

自我療癒是一趟不斷看見與不斷放下的旅程，緊抓不放的執念，時機成熟自然就能解除；但若時候未到、體悟未深就還要再受折磨。造物主說祂用自己創造了人類是為了實踐愛，人類是宇宙中極少數擁有愛的能力的物種，這個愛的原始本能，讓我們一起把它找回來吧！

練功時得到的天啟

二〇一八年九月二十日這一天，練功中收到來自宇宙的天啟，祂們先讓我看見山上的土石流，然後天空出現了藍色的X光，那是保護地球的光，接著又出現了一些地球守護者，在祂們的前方有一個倒三角形的按鈕，輕輕碰它並不會啟動，只是讓藍光更亮，同時藍光還會跑動，需要用咒語加上一個方程式才能啟動它，它是用來保護地球的重要核心，在地球崩壞時，這個重要核心不會被摧毀，並能順利脫離崩壞的地球，在星際中找到可以重建地球生命的星球，重新落定。

祂們說：「未來的一百年將會進入地球的黃金時代，台灣會從藍綠的光變成金色的光，那是藍綠融合後才能被開啟的次元，金色的台灣將會是全球唯一具有強大能量的療癒中心。」這真是一個前所未有的神聖天啟。台灣曾是人魚的棲息地，在海底的時候就是一座很美的樂園，後來成為一座浮島，充滿了藍綠色的療癒色光，難怪台灣的政治變遷也反映出這種進展。

祂們繼續說：「未來妳有十年時間去完成一些任務，將來妳會做一個開啟人們第三智慧之眼的老師，這是來自天啟的任務，所以需要不斷鍛鍊自己的身心靈，迅速擴展與精進。妳的孩子也帶著這樣的任務，一樣是來幫助地球轉變到黃金時代的人。妳會在很短的時間裡，帶領她進入生命的軌道。千萬不要再以為這是自己的幻想，時間很寶貴，加緊腳步前進，不要害怕。」

食光者及光療

我經常開玩笑說我是一個食光者，大日中的色彩光譜是我的生命能源。相機無法捕捉到光的色彩飽滿度，要閉上眼睛用額輪閱讀它。光的外圍會放射出一絲一絲的光纖，隨著地球的轉動，大日的色彩也會跟著變化，由白、黃、橘、綠、金、紅、粉紅、藍、靛、紫不斷變化。光中無數線條構成的光芒無限延展，閉目凝視光的中心那一圈一圈的光圈時，可將光芒四射盡收眼底。

日後我們還能從記憶體中叫出來反覆讀取，在讀取時仍然會讀到不斷從內在湧出一波又一波的喜悅。閉眼凝視時，一開始看見的色彩，那是自己匱乏和需要的，光正在幫你補充你在這個顏色上的缺憾。雖然在日常生活中，我們已經可以找到很多色彩來療癒自己，但在地球上所能找到的任何光譜，絕對都無法比從大日中讀取到的還要飽滿。

一天夜裡，在睡夢中感覺自己的左膝內側很痛，本來只有右膝內側的疼痛，沒想到又增加了左膝的問題。起床時劇痛到難以下床站立，我還在想應該先去沐浴練功，還是應該先寫點東西，我的書稿正在進行中，總覺得快馬加鞭可以爭取更多時間做最後整合，想到這裡已直覺到這應該就是膝蓋痛的關鍵，快馬加鞭是一種逼迫自己的狀態，我要提醒自己慢下來才好。我用靈氣手熱敷左膝，讀取訊息並做清理時，出現了一些讓人齜牙咧嘴的疼痛感和發炎感，我知道那不單單是我自己的疼痛意識而已，還有外來的負能量。繼續讀它，我讀到一片樹林，排列整齊的林間光影交錯很美，這個訊息告訴我：骨質疏鬆了，同時告訴我需要陽光的療癒來補充鈣質。

於是趕緊調出腦子資料庫裡的太陽來做光療，從表層清理到裡層，再清理到骨頭最深層的地方。心裡想要療癒哪裡，療癒力就會出現在那裡，整個過程中光一直照著我的全身，不只是膝蓋，祂告訴我，骨鬆不是只有膝蓋，而是全身。膝蓋的痛點只是一個浮現問題的點，是因為整體的骨鬆加上負重訓練，再加上趕路，這些都加重了膝蓋的負擔，引起骨鬆的問題。

光療結束後，祂們讓我看見樹林的密度變高了，這訊息是在告訴我骨鬆有改善了。接著光療右膝，發現我在爬山時，不自覺會把力量放在右腳，這是右膝疼痛的原因，再加上負重訓練了好幾次，還有逼迫自己快馬加鞭的念力也參與其中，右膝的負擔自然不小，默默說聲：辛苦了，膝蓋。

這個過程讓我意識到不能再逼迫自己了，量力而為把手上的任務完成，雖然能爭取更多時間很好，但不是逼死自己啊！

參 落地、扎根，與大自然的連結

12／重新落地

我是從天上掉下來的
天上是我原本的家
我的腳站在地上時一直想要飛起來
想飛的時候，有一種重力拉著我
貼在地面時，又有一種浮力將我往上推
這時候我的腳是踮著的
我把雙手拚命舉高
似乎想要搆到什麼
想搆到一股力量帶我去自由翱翔
可是我始終沒有成功

因此，我學著把自己放下
用雙腳感覺土地的柔軟
用雙手觸摸天空的懷抱
再用心默默地祝福

這是二〇一四年的自動書寫。那一年是我靈魂漂浮期的尾聲，在那之前我穿越過生命中最漫長的黑洞。某天早晨靈感告訴我，我是從天上掉下來的，這個直覺非常強烈，隨手記錄下來。現在回頭一看，原來就從這一天起，自己慢慢落地了。

我是誰？

此生來到地球的我，是我母親生命中最軟弱、最脆弱的那一部分意識所產生的生命體。所以我的出生就是一段艱辛過程。媽媽懷著我的時候，每天從三重坐火車到台北銀行上班，幾乎每天都滲血，她不得不去醫院安胎吊點滴，然後再去上班。所以還不足月，我就早產了。

初生的我很小，像暖水壺這麼小，這是我爸說的。我在保溫箱裡住到足月才回家。小時候家裡有位幫傭，叫八妹；爸爸說她每天用布條把我綁在背上做家事，後來她辭職了，身為職業婦女的媽媽只好把我送到一間幼稚園。那時我約莫兩歲多，因為太小，沒辦法上小班，就被放在幼稚園的一間和室裡，不見天日的和室榻榻米是墊高的，裡面什麼都沒有，小小的我坐在榻榻米上，下不來也出不去。

有一天我待在房間裡很難受，媽媽走沒多久，牙開始痛了起來，我一直哭，呼天喊地嚎哭。不記得哭了多久，忽然有人打開門，一看居然是媽媽，我欣喜若狂問：「妳怎麼來了？」媽媽說：「我跟妳心有靈犀，上班後一直聽見妳在哭，就請假過來看看……」

小時候有一些深刻的記憶一直存在腦海：那是一個年節時分，媽媽抱著我在院子玩仙女棒，我非常開心，一不小心仙女棒燒到手指，痛得我哇哇大哭；整個大拇指通紅腫脹。爸爸見狀連忙抱起我坐在他的腿上，為了安撫我，他的腿和膝蓋一直抖動；但我還是一直哭，大滴眼淚流下來，黏黏鹹鹹的液體流進嘴裡，這些味道、畫面和記憶中的情境、感覺，就像真實的影片那樣，至今仍清晰的存在我腦中。

還有一個我一直記得的夢境，那時已稍微長大一點了，有一天在媽媽的懷裡邊睡邊哭，哭得好傷心，媽媽把我叫醒問：「是不是做夢，夢到我死了？」

我抬起頭說：「妳怎麼知道？」然後又倒頭大哭。

後來我告訴她，在那個夢裏，我們在上海，我是個男的，她還是我的媽媽。我帶她去一間餐廳，一個西式的簡餐店；我找了一個座位安頓她坐下，然後走進洗手間，在那裡我留了一個訊息給某個人，好像在執行一個緊急的祕密任務。忽然聽見外面有槍響傳來，接著是一群人的尖叫雜踏聲，我衝了出去，往人群裡擠，直覺那槍聲來自媽媽的座位方向。當我走近時，看見媽媽中槍倒在血泊中死了。我飛奔出去尋找那個兇手，到底是誰幹的？我拿出身上的手槍，當時的我，有一種誓死要找出兇手的決心，流著傷心的淚水一路追兇，就在最緊張的時刻，媽媽的聲音出現在耳邊：「小雯……小雯……妳怎麼了？哭得那麼傷心，是不是夢到我死了？」在當年那個小小的我的心裡面，有著一種清明的覺知：我知道這個夢就是我的前世。

我和爸爸的緣分很薄，我知道爸爸很疼愛我，在他身邊我覺得自己像公主。只是爸爸年紀很大時媽媽才生下我，我青春期的時候他就病了，後來才知道那是巴金森氏症（＊），當時醫院稱之為舞蹈症；症狀是全身一直抖動，無法停止，患者長年下來變得骨瘦如材。我的父親很愛母親，因此在我的孩提時期就能感知什麼是愛，父親對母親的那份愛，是我童年唯一感到快樂的回憶。

父親的病

父親過世得早，加上自己婚姻破裂，我始終覺得自己跟家的緣分很薄。

當年父親因巴金森氏症住院時，母親要我去醫院幫忙照顧，我的心中其實有埋怨，因為從學校畢業好幾年了，覺得應該要去找一份正職工作，可是從十七歲到民歌餐廳演唱，過慣跑場的日子，實在很難定性坐在辦公桌前。但唱了這麼多年始終沒唱出什麼名堂，先生說我應該要有自己的創作才是，否則只是一個唱歌機器，一直播放著別人的歌曲。

＊巴金森氏症，一種慢性的腦部退化疾病，因腦內黑質細胞退化，造成神經傳導物質多巴胺的分泌減少，進而引起運動功能異常。常見症狀是顫抖、肌肉僵硬與行動遲緩。

受到他的刺激，我開始嘗試創作詞曲，有兩個主要原因：一、不想被枕邊人唾棄；二、我其實是個有想法的人，我不是唱歌機器。但萬事起頭難，一開始總是在苦苦摸索；當時音樂圈的友人知道我在創作，很快就來邀稿，只是不巧，第一回邀約就遇到父親住院。去醫院的時候，我向母親說明這個難得的機會，表明我不願失去。她聽著，心裡雖不舒服卻未說出口。很久以後我才知道當時她很受傷，因為父親的病極需人幫忙，哥哥和姊姊都不是爸爸親生的孩子，我理應分擔；想當然爾，母親當時完全無法為我擁有的機會感到高興。

在醫院照顧父親的那些日子，因為沒有床位，我們只能待在急診室。跟病房比起來，急診室是個冰冷又混亂的地方，沒大事時沒人理我們，有事時整間鬧哄哄，甚至血淋淋的，車禍受傷的、意外的、自殺、槍傷，有的病患在急救電擊，有的當場拉上布簾就開起刀來，既混亂又不安寧。這樣的日子讓我們全家人的心情都變得沉重，因為知道父親的病不會好了。

從醫院回家之後，事情真的這樣演變，母親被壓得透不過氣來。有一天，我被叫回家，姊姊要我說服父親去療養院休養，剛開始他一直反抗，說不要不要，最後我只好說：「你一定得去，不然媽會累死。」

第二天一早，不顧父親的抗拒我就把他帶出門，站在門前那一刻他一直不停問我：「妳什麼時候會帶我回家？什麼時候會帶我回家？什麼時候會帶我回家……」我沒有回答他，也不知道該怎麼回答，出了那一扇門後，父親真的再沒有回過家，當時他問我的話，至今還在耳邊縈繞不去，那是我一輩子都無法彌補的懊悔與自責。

無罣無礙才能接下任務

父親離世前在療養院與人發生衝突，聽說他們為了搶廁所，在浴室門口互相推擠，結果父親被推倒在地上，看護人員扶他回床上躺著，沒多久就發現他沒了呼吸。我們趕到療養院，看見父親安詳地躺著，絲毫沒有外傷和痛苦表情。院方也希望我們息事寧人不要追究，我撫摸著父親的臉，想起兩天前，他說想吃蘋果，可是蘋果很硬。我帶了一支有鋸齒的湯匙，想要刮蘋果泥餵他，誰知那天就是見他的最後一面。

我是父親在台灣唯一的親人，祖父母在文革時被鬥爭了，解嚴後我問過他幾次要不要回汕頭老家，他都說不要。民國三十八年來台前，他替國民黨做情報工作，或許是黑五類的身分讓家人為他犧牲，以致他無法返回家鄉。

父親離世後我一直盼他來夢中找我，終於在半年後夢到他，看起來年輕許多的老爸跟我說：「好遠喔！我每天都要走好遠好遠好遠，一直都走不到。」我沒問他要去好遠好遠的哪裡，但我說：「那我陪你一起走。」我們在夢裡併肩走著，默默不語，一起走了好遠好遠好遠，直到我醒來，那是唯一一次夢到他。今生陪他走的路竟然是在夢裡，或許那一場夢的出現，了卻他想回家的心願，也了卻我對他的遺憾。

父母都不在了，我感覺無依無靠，我早習慣這種孤寂感，有時候想是不是正因如此，我才會接下宇宙指派給我的任務。總之，有一部分的我隨著母親的離世走入了靈界，另一部分的我，仍在物質界了結業果，這些年我是活在陰陽兩界交集中的人，同時執行兩邊的工作和任務，說起來壓力不小，一般人更難以理解，但我始終知道，放下母親後真正的挑戰才要開始。

13／天空的教導

曾經有一段時間我在靜坐時不斷感到昏沉，有一天我在靜坐時昏沉到不行，忍不住倒地呼呼大睡，醒來時看到天空變暗了，覺得好沮喪，這種情況約莫維持了大半年，我幾乎每次靜坐沒多久就睡，只要睡醒看到天空變亮了，有陽光出現，才會開心；反之就沮喪。我的心就這樣跟著天空的變化而起伏，從那時起，凝視天空成為靜坐中很重要的事，時而陰鬱，時而開朗，時而低落，時而灰暗。直到某一天，天空忽然跟我對話。天空說：「妳看我表演了這麼久，有什麼感想啊？」

我說：「感想？沒有啊！我就跟著祢的變化而變化呀！」

天空問：「妳覺得天空給妳的感覺是什麼？」

「嗯，瞬息萬變，難以捉摸。」我回答。

「妳覺得我的表演好看嗎？」天空再問。

「很棒啊！像變魔術一樣。」我給了天空肯定的答案。

「那麼妳會不會很期待我今天的表演呢？」天空繼續問。

「會，我現在開始很期待祢的表演，今天祢要變什麼給我看？」

天空說：「我今天什麼都不變，今天是空的。」

「為什麼？」

天空說：「那些都是我的表演，雲來了，雲走了；雨來了，雨走了；太陽來了，太陽走了，月亮、星星、風風雨雨、黑暗光明……我只是天空，它們來了又走，走了又來，在這些來來去去之間，天空依然是天空，妳的心可以和我一樣容納這些來來去去而依然是空的嗎？試想妳的心就是天空，學著去欣賞人生的瞬息萬變，也學著去接受一場表演結束，就會回到空蕩蕩的舞台，天空依然是天空。」

這一段話開啟了我心中的一片天空。那些年天空教我很多事，我開始懂得去欣賞千變萬化的天空，無論陰雨還是藍天都很美，也開始懂得接受生命中的起伏，無論挫折或平順，一樣感恩。

天空多大我就有多大

某個平安夜過後，我望著清晨的天空，突然有好多感觸，當時祂給了我一段話，要我感恩昨天遇見的一切美好與不順遂。

祂說：「平安夜有好多的愛不斷流進來妳的裡面，要妳去感受愛的溫暖和擁抱，那是來自四面八方的愛的泉源，要記住當下的豐盛與喜樂，是因為內在的一股熱忱與不求回報的心而來的，深刻去體會無條件的愛所帶來無限的力量，要隨時回到原來那顆簡單純粹的初心。

「此刻的豐盈是因為曾努力付出，此刻的不足是還未盡全力，把每個當下當成是唯一，這個當下即是永恆。

「沒有改變不了的自己，也沒有改變不了的局面，所有的境界全是自心所創造，看見天空的陰晴就能感受天空的美好。從低處要能看見高處，從高處也要能看見低處，從光明中能看見黑暗，從黑暗中更要能看見光明，只要懂得愛護就懂得包容，衝突與和諧看似對立，卻是無法切割的整體。

「我們全都來自於光中，最終也都將回歸愛裡，妳來自愛、傳遞愛、成為愛。天空是妳的家、妳的依靠、妳的源頭，天空有多大，妳就有多大。當妳受傷時，請抬起頭看著天空，天空會療癒妳的創痛。當妳開心時也別忘了抬起頭，和天空分享妳的開心。請抬起頭看著天空，然後告訴自己：天空有多大我就有多大。」

好療癒啊！天空有多大我就有多大。一直覺得渺小的自己因此得到救贖。

14／練習扎根

催眠師的工作讓我了解，每個生命結束時，靈魂就會脫離肉體，上升到虛空中，接著會出現光，靈魂會朝著光的方向繼續上升，最後回歸光中，在那裡等候親人或所信仰的神來接引，祂們會帶靈魂到一個會議室，和指導群開會討論接下來要如何進行，討論定案後再從光裡飄下來落地，開始另一段新的人生。

靈魂甦醒後，我經歷了一段漫長的飄浮期，常常覺得自己不屬於這裡，除了女兒是唯一心繫著的牽掛之外，地球似乎沒有我容身的地方。我好想回去，我的家在天上；我知道自己是從天上掉下來的，所以常常看著天空時，不自覺落淚。那時候覺得自己好孤單，是被丟在這裡的，為什麼祂們要把我丟在這裡？

在此我想提醒有過類似感覺的人，請不要陷入絕境，如果你的靈魂甦醒之後需要經歷這一段痛苦，就要勇敢經驗它，只要穿越這個黑洞，你就能找到自己了。接下來你將會收到更清楚的指引繼續前進，去探索自己是來完成什麼任務的，一旦找到了就會有落地感，並開始扎根，接續去行動，執行你的任務。

根要扎得深才會穩固

既然落了地就要扎根，根扎得越深越穩當，身體的鍛鍊也在同步進行。學習臼井靈氣一階、二階分別是身、心兩方面的頻率調整與提升，到了第三階已進入靈魂甦醒。我的身體在這個階段會自發性的伸展和律動，每天練功時都有新招式，不用學，只要放鬆身體就會如行雲流水地舞動起來，一個動作接著一個動作，是有連貫性的順暢流動，看起來好像練過功夫，但那些招式每天都在變化，有了前一個功法才有下一個招式，所以我不需要記得，也不需要死背，就意隨氣走，任其流動。

剛開始時不免有些擔心，不知道自己在比劃什麼。我找到一本林孝宗教授的《自發功》來讀，發現書中有詳盡解說，分析舉證都很科學，也有跡可循，幾乎完全說中我所發生的一切現象。於是我安心練功，持續成長與進階，從手印、拳法、佛舞、天語、唱誦、接收訊息、與高我對話，最後開啟了第三眼。

身體的功法從站樁到各式跪、趴，從腳丫往外側翻的站立，到踮著腳走、跑、跳，半蹲，還有邊蹲邊跺腳跟，有節奏地跺地板發出咚咚的敲打聲，像打鼓一樣，非常有力量。記得光是練跪到趴，就長達八年之久，前幾年終於進階到蹲馬步。某一天練功時，師父說：「蹲下。」我乖乖蹲著，身體開始有點搖晃，也發著抖。

師父說：「讓我看看妳是否穩當？是否在天搖地動時還能屹立不搖？」

我心虛地回應：「啊！我抖啊！」師父卻要我「再蹲低一點」。

我努力蹲得更低。師父說：「把根扎深下去，根不深，心就飄蕩，妳要選擇繼續練扎根，還是去飄蕩？」喔！我懂了，原來這個階段練的就是蹲下扎根。

師父說：「妳的根比往年更深了，人生無時不動盪，只要定在一處就能練得更深更穩固。」我苦笑：「我五十六歲了，還在練扎根呢！」

師父回說：「人生不是來享樂的，也不是來吃苦的，是來修煉的。來，繼續蹲，把根扎得更深些、更穩些。」這一練就練到現在，根扎得愈來愈深了。曾幾何時，我還在飄蕩，現在不但落了地，更深深扎起根來。

15／走進大自然，學習如樹安住

近幾年來，我開始爬山，並將每週健行中的所見所聞貼在社群平台上。雖然只是用手機拍攝的照片，沒有太多文字描述，按讚的人也不多，卻讓我發現不少大自然同好，他們也在臉書上分享自己在大自然裡找到的感動；我們彷彿大自然的代言人。

嚴格來說，我不是登山客，只是一個愛山、愛海、愛大自然的人；重要的是，大自然也愛我，總是迫不及待向我展現更多美好，讓我打包帶回家。那種感覺就像一個離家在外的女兒，難得回娘家一趟，回程時母親總會塞一大堆家鄉寶貝讓她帶走。每回走進大自然都有這種感覺，無論道路多麼崎嶇，我知道祂一直默默支持著我；所以我把分享視為一項重要任務，為的是替祂傳達愛的訊息。寫到這裡，突然感覺這股愛的力量從內心湧出，讓我熱淚盈眶。

宇宙把祂的意識物化為大自然，讓人類得以靠近，因此只要走進大自然就會有回家的感覺，你不需要用頭腦思考，也毋需試著求證，這不是用邏輯的腦可以想出來的，只要單純知道就好。知道和明白自然會帶你從大自然走入宇宙的意識，因為只有敞開的心才能連結上敞開的宇宙。

千萬不要聽信人們告訴你的，宇宙中有些黑暗勢力會傷害你，你的頻率會帶你進入與你共振的宇宙，我們只需要管好自己怎麼想，不必在意別人怎麼說。你需要勇敢去探索，在未知裡有一份禮物等著你去拿取，勇敢穿越就會直達到那裡。每一次我都是這樣闖關成功的，然後拿到那份為我準備的禮物。相信我，這絕不是做夢，是真真實實的事。

爬鞍馬山遇見樹代表

每一座山都會提供不同的靈感。某一天去爬鞍馬山，走累了，肚子餓得咕咕叫，好姊妹麗華遞給我一包薯條三兄弟，這是我最愛的登山補給品，洋芋的甜鹹比例分配得恰到好處。我停在兩棵樹之間，決定吃完再繼續往前進。

忽然有個聲音問：「妳在吃什麼？」

我答：「薯條三兄弟呀！」

那個聲音說：「我感覺到它有一種鹹味，是海鹽。」

「哇！你怎麼知道？」我驚訝地問。它說：「因為跟山裡的鹽分不同，我可以感覺到。」

「但是山很久以前不是也是在海底嗎？」我提出疑問。「是啊！」它說：「但是鹽分的形成不同，所以成分有差別。」

我問：「請問你們待在這裡多久了？」它說有上億年了。「哇！這麼久的時間，你們都在幹什麼？」我驚訝又好奇地問。

它說：「沒幹什麼，就在這裡靜止不動，其實，時間只對人類有意義，在這裡沒有時間概念，對我們來說只有物換星移，沒有時間的流逝感；人類因為有思想，想要去做什麼，想要到達什麼地方，才有了動態的感覺，因為有活動才會跟時間產生密切關聯。我們可以感覺到動物、昆蟲和人類的動態，但是我們沒有時間的過程，我們是靜止的、定住的。」

它補充說明：「我們並沒有什麼動態，即使生長的轉變也微乎其微，上億年前的一天和上億年後的今天是同樣的，沒有時間的過程，都在當下。」我聽了以後覺得好奇妙，後來我們又聊到它們為這片山林貢獻了什麼，它說：「我們為這些動物、昆蟲、植物帶來了棲地和滋養，樹與樹的根部連結抓住了土壤，穩固了整座山。」

這時候我忍不住問：「我都已經走離剛才那兩棵樹了，你還在說話，你是誰？」

「我是樹代表。」這是它給我的答案，換言之它是樹的整體代表。我一直很想知道靜止不動的感覺，逮到機會趕快追問：「我曾經在練功時看見自己有過一世是稻草人，經驗過你所說的物換星移，可是我沒有落地生根的經驗，也沒有跟別的樹根相連在一起的經驗。」它建議我：「妳可以試試看找個地方靜坐下來，去感覺自己是一棵樹，感覺妳的根部在土地下伸展，和每一棵山林裡的樹手牽手連在一起，去感受這件事帶給妳的體會和領悟。」

於是，一來到鞍馬山的觀景平台，我立刻盤坐下來，閉上眼，眼前出現了遠方的藍天、白雲和透亮的陽光，我的意識飛越山林，視線從樹冠上往下看，我的根部一直延伸到山谷，所到之處有草、有花、有樹、有石頭、有土壤、有溪流，我所經過的每一處、每一物，都在陽光的照射下呈現出繽紛色彩，最後我滿足地回到身體。

感謝和我聊天的樹代表，它告訴我：「通靈其實沒有什麼，許多人以為那是一件神祕的事，不敢說也不敢談，其實萬物皆有靈，靈性高的人可以讀取這些來自萬物的寶貴訊息，這是自然而然的現象。透過與植物通靈，你可以感受到一朵花、一棵樹的生命強度。」

山不在大，在於它的綿延不絕，先後來過這裡幾次，唯有此行看得最遼闊深遠，一切都是天意，是它決定要給你看什麼，不是你想看什麼就看什麼。等你看完之後，忠心建議你一定要去靜坐，去學習當一棵樹，感受樹木的生命強度。

樹的療癒力

我常在爬山爬到氣喘吁吁時，去靠著或抱著一棵樹，然後把心裡的話說給它聽，樹絕對不會不耐煩，它們是最棒的聆聽者，總是會給予溫暖的回應。

你可以用耳朵貼著樹幹，閉上眼睛去感受，很快會有一陣風吹來，樹葉窸窸窣窣發出一些聲響，你可以靜靜享受這份寧靜，也許不一會兒就會有答案浮現在心裡了。每一棵樹都有不同的個性，就像我們每個人一樣，有自己的獨特性，所以它會懂你，絕不會排擠你，它們非常和善，無論對同類植物或其他物種，不但一視同仁，還會慷慨提供棲息並給予庇蔭。

在森林裡，樹和樹之間的聯繫是透過根部連結成一整片森林網絡，如果其中有一棵樹生病了，它們會把養分傳給它，直到它好起來。如果它無法存活下來，它們的樹葉和根部也會腐化進入土壤，繼續滋養其他生命。學習與樹木連結，你會找到意想不到的力量。

人是會走路的樹

有一次隨手用原子筆畫了一棵生命之樹，上下兩端都是根部，一端接天，一端接地，感覺天地牢牢地抓住我，輸送養分給我，餵養我、讓我成為一個有天地之愛的人。

人類要頂天立地，就要像樹一樣往下扎根才能站得沉穩有力。所以人跟樹木一樣也是有根的，人類的根部在兩個地方，一是腳，和大地的連結；一是靈魂，和天空及宇宙生命源頭連結。像樹的根部延伸至土裡那樣，你可以想像自己是一棵上下都有根的樹，往上延伸、往下扎根，完整的生命之樹，其實應該長得像這個樣子。現在的我就是一棵腳下有根，頭頂也有根的樹，腳下的根連結土地，頭頂的根連結宇宙。以前的我不是長這個樣子的，靈魂的擴展不可思議，才十幾年功夫整個人幾乎脫胎換骨。

靈魂的成長，每經歷一個階段就會再回到一個點上，那個點是生命的原點，也可以說是靈魂的原形。回到這個原點就能和其他每一段經歷銜接，再從這個原點出發，因此你也可以說這個原點就是根（roots），如同光的中心點。仔細觀察太陽，光從它的中心點放射出去，瞬間又從外面收攝進來，再放射出去，一直這樣不停收放。靈魂本身就像這樣的光體，每一個光體都有獨特的光芒、振動和頻率，那個中心點就是和源頭連結的根。

在每天的靜心練功中，我會上升到那個原點，連結自然而然發生，祂們也會下降到那個原點，像開會一樣討論關於我在地球的工作、個案及各種疑難雜症，就和上班族的會議是一樣的，只是祂們沒有肉體，無法用肉眼看見，只能意識到祂們的存在。祂們其實就是我們的靈魂家人，每天和我們緊密連結。

完整的生命之樹。陳智／繪圖

16／山裡的奇聞異見

二〇一九年夏末，女兒妹妹二十歲了，決定休學去美國遊學，我們經歷了一場分離，緊接而來的中秋連假，把我推進忙碌不堪的工作裡，無論內心有多少焦慮，還是要持續往前進。終於來到休假日，我決定去東滿步道（往來於東眼山和滿月圓兩處國家森林遊樂區之間的健行路徑）練練腳力。

因為已有兩週沒有爬山，身體有一種不活絡的感覺，雖然這一天很晚出門，來到東滿還是來回走了八公里，總算把身體走開了。之後因為要去奇萊南華（奇萊南峰與南華山）三天兩夜，第一天就要背重裝走十四公里，爬升八百公尺到天池山莊；第二天清晨上奇萊南華，算算來回十公里，回程那天則是走十四公里下山，三天加起來少說要走三十八公里，在這之前我必須加緊鍛鍊。一個朋友曾打趣說：「妳的海拔高度愈來愈高了。」這幾年間真的愈爬愈高、愈走愈遠，走進山裡除了鍛鍊體能，也順便做些能量清理的環保工作，再則就是攝錄下森林景物及千變萬化的天空和光影，分享給朋友。

這次東滿的回程，在釋放和清理時出現了一隻鹿，牠的眼神會笑，頭上的鹿茸還會動來動去，黑黑大大的鼻子看起來好卡通。牠附在我身上的能量很輕盈，一點也不覺沉重，我把牠帶回光裡後沒再發現其他，少有那麼輕鬆的一次，感覺很棒。東眼山的能量本來就很好，這一回更難得那麼清淨。

下山回到家，繼續趕製電台節目，睡前喝了一杯豆漿，感覺肚子不是很舒服，整晚睡得並不安穩。第二天清晨又要再出發去做重裝訓練，起床後的第一件事是沐浴，我用熱水沖刷後腦勺、脖子和肩膀時跑出一個外星人；後來畫面慢慢消失，接著又緩緩出現一隻暴龍，心裡暗暗狐疑，是東眼山帶回來的嗎？我曾在森林裡不只一次遇見外星人，所以並不訝異，但見到暴龍還是頭一回。

因為趕著出門，我先把他們送回光裡，稍微靜坐一下，提出了疑問，上面給我的答案是：「這些都是在不同次元平行時空的存在體。」

上車後，由麗華開車，我可以再次靜心連結宇宙，在我提出關於外星人和暴龍的問題後，很快地，祂們播放了一些零碎畫面給我看，先看見外星人，他拿出一個輕薄科技材質製成的小袋子，接著他的手舉起來，似乎在和什麼東西對抗著，這件事讓他延誤了回太空船的時間，同伴沒等他就飛走了，最後一個畫面我看見他躺在地上，慢慢地消失了。

接下來出現一隻暴龍，身體很大，前腳很短，很用力在奔跑，前腳一直晃來晃去，看來很吃力。畫面中天空出現一顆一顆火球飛快砸落地面，好像隕石的碎片，暴龍一直閃躲，不幸最後還是被擊中了。這些畫面顯然是告訴我關於那個地方過去曾發生的事，外星人和暴龍的意識能量還殘留在那裡，我能做的就是幫忙釋放出當時的恐懼、慌張，再把他們送回光裡。

這些年我在森林裡看見過許多不同次元的存在體，平行時空確實存在，除了人類、動物、植物，還有族繁不及備載的多樣物種，我能記得又能寫下的實在太少，馬不停蹄的工作和生活，還有這些不同時空的遇見，舊的沒過去，新的又來，有人問我，妳不會怕嗎？

以前會覺得進山裡很可怕，到海邊也覺得會被海吞噬，現在都不會了，我已經知道這些都是平行時空的存有，不再有那麼多恐懼，反而覺得新奇，有些事見多了也就見怪不怪了。有時候我會發問，請上面告訴我那些是什麼，以及發生了什麼事？祂們會用意識傳遞答案讓我知道，還會播放畫面讓我觀看。我的右腦圖像功能不算很清晰，所以上面的回答才會配合意識傳達，讓我了然其中奧祕。這次我對東滿步道外星人和暴龍故事的來龍去脈，就是透過這種作業模式獲得的。用現代科技來比喻，就好像聽導覽解說，配合現場投影機播放影片，完全三D立體呈現。

剛開始我以為自己瘋了，因為有些物種的長相根本不是我們能想像出來的，萬一對象的頻率低，全身上下痛苦不堪，很容易誤以為自己生病或精神有了問題。幸好現在已確定這是自己的任務之一，必須盡力去完成它。以下分享幾個這些年我在山裡的有趣見聞。

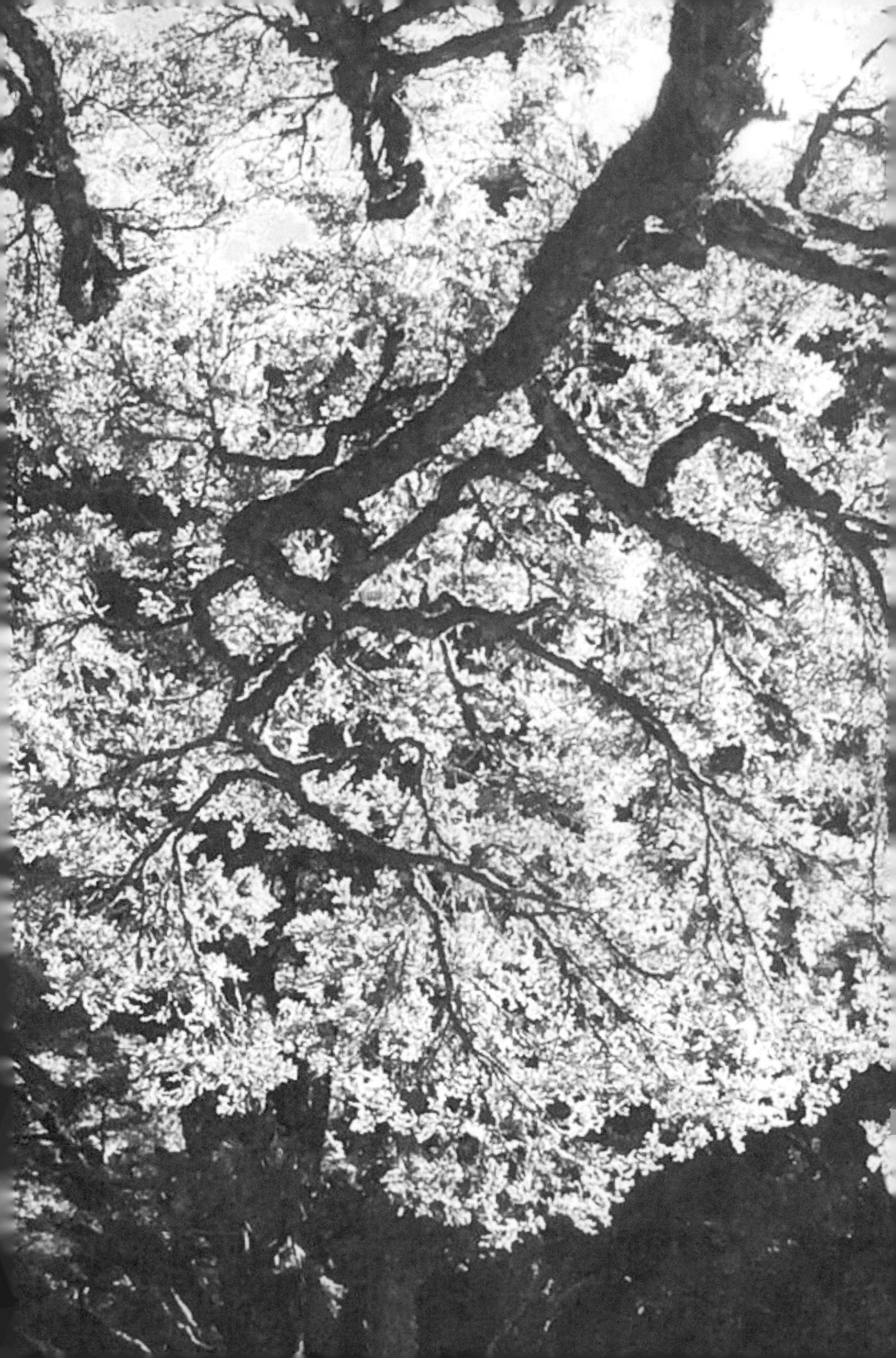

療癒辛苦的大鐵杉

第一次拜訪塔塔加（*）時犯了高山症，加上低頻能量體的沾附，讓我的身心都非常痛苦，一開始我不認為是高山症的關係，因為這裡只有海拔二千六百多公尺，我曾爬過比這更高的山都沒事。最初我認為是前一晚睡得少，加上身體原來就有一點點不舒服，下車後又吃了一頓不太乾淨的午餐，肚子也怪怪的，我相信是這些因素加總起來，讓自己的身體頻率變低了。

接近中午我們開始走進步道，解說員說我們會先走到大鐵山，乍聽以為要去爬一座山，結果我們來到一棵大鐵杉前。這棵大鐵杉有八百歲，樹圍六公尺，樹高二十四公尺，是玉山國家公園塔塔加遊憩區的有名景點。傘狀樹型是鐵杉的最大特徵，冠蓋如傘的大鐵杉在山中依然十分搶眼。

當我靠近大鐵杉，並不由自主去擁抱它時，馬上感受到一股濃濃心酸，大鐵杉開始訴說許多年來山裡的動物、昆蟲如何依靠它生活，還有植物們依附著它成長和生存的故事，這些都是令它驕傲的分享。說到這裡，忽然有一個

---

* 塔塔加，鄒族語Tataka的音譯。位於玉山國家公園西北園區，是新中橫公路的最高點，海拔2,610公尺。

巨大的樹人從大鐵杉裡走了出來，那是一棵乾枯的高大樹幹，朝著我走來，接下來又出現一個巨大的毛怪，它們看來似乎要離開了。

當下我開始練起功來，雙手食指和拇指相接，其他手指張開，這個手印貼住我的眉心輪時，立刻出現千手觀音的慈悲像，我的視線跟著移到千手觀音的眉心輪，從祂的額頭上方展開一大片宇宙，我的心也升起一股慈悲與感動，最後當我的雙手伸展到頂輪時，整個宇宙的天窗大開，巨大的樹人和毛怪在一瞬間都被吸進光裡。

接下來我感受到一陣強烈的心酸與不捨，心裏好難過，不由自主放聲大哭，一直哭一直哭……一陣又一陣的心酸不斷湧上來，我哭了好久好久，終於，慢慢停了下來，一切結束了。在這件事發生之前，原本有很多人經過，他們停下來和大鐵杉拍照，可是在我幫大鐵杉療癒時，整整二十分鐘，周遭毫無一人，彷彿所有的一切和時間都靜止了，只為了幫它釋放不捨與悲傷。

第二天我再次經過那裡，心中的酸楚與不捨只剩淡淡的。我跟大鐵杉說：「辛苦了，昨天我都感受到了。」它回答我：「謝謝妳，我會盡力而為。」

辛苦的大鐵杉，從小生長的地方，某一天人們來開了一條馬路，為了不妨礙交通，樹幹延伸至馬路上的都一一被切除，原本該有的傘狀樹型，始終無法達到平衡的伸展，根部也因為有大部分被馬路蓋過，每天得接受無數次車輛行駛所產生的震動及壓迫，這些它都沒有埋怨，自始至終只說它會盡力而為。

這條通道是登玉山的必經之路，大鐵杉的美因此被很多愛山的人看見，許多美好事物的背後，總有不為人知的心酸，如果你有機會來到這裏，不妨停下腳步給大鐵杉一個深深的擁抱。

大鹿林道東線步道的進階鍛鍊

多年來，很多朋友見我老在山裡碰到奇奇怪怪的東西，問我為什麼還一直往山裡跑？我的回答都是：「山會呼喚我，大自然好多愛。」每次從山裡回來總是滿載而歸，就算真碰到什麼，也被我視為是回饋大自然，幫忙清理、引渡都是應該的，畢竟跟大自然滿滿的愛比起來，那些不舒服太微不足道。

大鹿林道（＊）是一條清幽寧靜的步道，聽說只有登大霸的山友才會走這

＊大鹿林道是一條橫跨新竹縣與苗栗縣之間的林業用路，正式名稱是竹專2線。起點為新竹縣五峰鄉土場，終點是苗栗縣泰安鄉，是台灣北部重要的遊憩路線之一。

裡來到登山口，步道總長十九公里，像我這種腳程就算輕裝而行，恐怕都要走到天黑，何況登山的人總是重裝上山。這一天我們從早上十一點開始走，來到六．一公里處折返，回到山椒魚生態中心已是傍晚五點，接近自己體力負荷的極限狀態。

幸好這一路上林道平緩好走，不像爬山容易氣喘如牛。剛走進步道的感覺非常舒服，步道很寬敞，兩旁的樹林不密不疏，呈現我最喜歡的那種開闊感，旅人可以邊走邊欣賞對面的山形走勢。來到大約二公里處時，左邊山坡上有一隻猴子從一棵大樹上一躍而下，消失得無影無蹤，我想這裡一定有很多猴群，放眼一望，前方出現一批獼猴桃樹，我們停下腳步數一數有多少果子，想摘一些來吃，可惜它們長得太高難以採摘。

再往前進時，突然覺得頸部脊椎有點緊繃，肩膀也跟著緊繃起來，我知道有負能量附上來了，暗暗告訴自己沒事，等走完回車上再處理吧！沒想到走到四公里處開始頭暈、昏沉、嗜睡，當時我想試試自己的極限，因為之前曾在合歡山的石門山，親身經歷過一次痛苦的負能量；當地曾經有過一段日軍討伐原民的戰爭，那股濃濃的悲傷至今還盤據在群峰之間，我因為那些悲傷能量感到痛苦不已。這回不會再那麼痛苦了吧？我在心裡暗忖。

最後走到六．一公里處，我決定折返，這時候身體的不舒服漸漸退去，靈機一動乾脆來發個功。放鬆下來很快出神，接著說起一連串靈語，說完一種換一種，最後突然變成國語，因為當下我起了一個念頭，很想知道靈語在說什麼？祂們非常體貼，自動切換成國語：「你們人類啊！就喜歡用走的。」

「不然要怎樣前進呢？」我回應。

祂們說：「用飛的呀！我們都是用飛的。」

「哈哈哈哈……」我覺得太好笑，忍不住大笑回應：「我又沒有翅膀。」

祂們說：「有啊！就在背上啊！妳的背上有翅膀，動一下就飛起來了。」

我知道祂們在說什麼，祂們說的是一種意識狀態，我們的靈魂意識並不局限在肉體裡，我們的超意識是可以飛行的，而我也真的擁有一雙翅膀，這一點我很清楚。

接著我開始唱起靈魂的歌，一首接著一首吟唱，不知不覺走了差不多兩公里，後來一切變得好寧靜，我聽見很遠很遠的地方傳來音樂的聲音，是五聲音階，感覺是國樂的宮、商、角、徵、羽的樂音；隨著潺潺流水聲偶有生、旦、淨、丑的人聲出現，最後還出現了大合唱，真是天籟啊！這段路上，一路的能量頻率高達滿點，回到車上我檢查自己的每個脈輪，都呈現大大的正轉，原來從出神開始，我便一直處在高頻率狀態，那些低的頻率自然而然就跟著一起提升了，一切就這麼簡單。

森林環境清道夫雙人組

每座山都有它的頻率，走進山裡就是向山學習，所以對我而言，一座山就是一個老師。

記得去草嶺古道那一趟，我遇見史前猿人，這表示他們曾在這裡生活過，原先他們黏附在我身上，搞得我痛苦不堪，陪著一起登山的麗華看我很難受，突然大聲說：「喂！你們不要在她的身上，這樣她很辛苦，到我這裡來吧！」當時我覺得很好笑，也認為不可能，叫她別傻了，沒想到最後回到車上清理的時候，發現他們真的跑到她身上了。同時在麗華身上出現的，還有一個全身長滿毛的野人，拿著一枝棒子做嚇人狀，齜牙咧嘴發出野獸低吼聲想要嚇走她，我和她遇見的是不同時空的存在體，我因此形容我們是「森林環境清道夫雙人組」，邊上自然課邊做清理工作，也算是一種能量交換。

那趟健行走到後段時，強勁的風夾帶大量雨水掃過大草原，在稜線上的我們被風雨吹打無處躲避，布滿青苔的石階溼滑不堪，讓人寸步難行，加上負能量黏附在身上的痛苦，搞得我快要瘋掉。我一直叫著：「這要怎麼走？我的腳一直滑出去，好怕滑倒。」

忽然，猿人出現在畫面中，指著我的鞋子搖搖頭，意思是「妳這雙鞋不合格」。他要我看他的腳，並用意識傳達告訴我：人類的腳因為穿了鞋讓功能退化。我低頭一看，好大的腳丫！難怪站得那麼穩，每根腳趾頭都強而有力的抓著地面。他示意我的鞋是阻礙，我說：「但我沒辦法脫掉啊！我又不像你們。」他想了想，告訴我：「不然就在鞋子裡把腳趾頭用力張開，像我的腳丫那樣，做抓地狀試試看。」我照做，這方法確實幫助我安穩的走下山。

謝謝他的指引。我和他交換的，就是帶著感激將他們送回光裡。

山裡除了無形的存有外，每天來登山的人也會把他們的能量意識遺留下來。人類的念頭就是一種訊息，它們會停留在某個空間，相同的頻率就會聚集，像我二訪雪山時，就連結到很多疲累和想哭的能量，聚集在過了哭坡（＊）後的某處，我一經過就好想哭，最後索性停在那裡痛快哭一場，心想：好吧！就算幫忙釋放吧！

日後只要我再經過此處，都會幫忙清理，讓這股疲累能量不再聚集，不再影響其他人。記得在下山的最後一公里處，是聚集能量最強的地方，來過幾次，每次經過都感覺快要昏倒，有一次感覺特別重，一股深藍色的能量聚集在那裡，當時我已經疲累不堪，它們一團一團飄過來，已經累趴的我只好把它們背回車上處理。每一次下山回到車上，通常要連續清理好幾次；自己身上的清完了，換清理麗華身上的，所以我形容我們是去拚業績的「森林環境清道夫雙人組」。

＊雪山哭坡，海拔3,000公尺，從雪山登山口抵達哭坡路程約四公里，抵達前有一段崎嶇難行的之字道路，登山者往往爬到想哭，哭坡因此得名。

霞客羅大山的教導

那次去霞客羅古道（＊）練習負重走了十公里，距離第一次練習有一個月了，這期間忙東忙西，加上連續颱風過境，很久沒有爬山，因此一開始，我走得氣喘吁吁，很想放棄回頭。當時心想，為什麼要帶這麼多東西啊？好想統統丟掉！

為了鼓勵自己，我對自己說：來，深呼吸，把心靜下來，閉上眼睛聽蟬聲、鳥叫，還有迎面而來的微風吹拂，鼻子聞到花草和樹木的芬芳，好舒服啊！讀著這一片大自然信息，在一瞬間有股力量從四面八方聚集到我這裡，心中出現了難以言喻的感動。

突然間聽見有個聲音問：「妳是誰？」

我說：「我是張小雯，我今天來重裝訓練。」

祂說：「妳看起來很吃力。」

我連連點頭：「對啊！因為負重的力量不夠，加上髖關節在上次負重訓練

＊霞客羅古道，霞客羅（Syakaro）是泰雅語烏心石之意。古道橫跨新竹縣尖石鄉及五峰鄉，沿線經過大漢溪上游，翻越頭前溪及大漢溪集水區，是賞楓的最佳景點。

時已感覺到痛，它曾經受過傷，過去幾年爬山改善很多，但上次的痛讓我害怕自己做不到。」

祂說：「妳不要唱衰自己。」我無奈的笑了。祂接著又說：「我看過形形色色的人來爬山，每個人都有不同狀況，妳的狀況我也了解，但不要忘記每個人都有潛能，這種潛在能力最重要的是一個意願。有沒有意願？當妳有意願去完成一件事的時候，所有的幫助都會從四面八方來到妳這裡，這就是人類的潛能。妳的潛能呢？妳的意願能激發妳的潛能，激發出潛在看不見的能力。」

後來，大約走了三公里，身體走開了，我開始覺得自己游刃有餘，回程時健步如飛。所以，人是有潛力的，不要被自己以為不足的想法阻礙，要去發現自己的潛在能力、天賦與特質。

我常覺得自己是個幸運兒，被宇宙用愛與耐性循循善誘、諄諄教誨。其實每個人的心靈深處都擁有這種宇宙之音，只要把心靜下來一定就會聽見。

＊與你分享大自然之愛：每個人的腦子裡都曾經有過和森林的連結，因為每個生命都是從森林開始的。我把自己在大自然裡感受到的豐盛與感動化為歌聲，放在YouTube頻道上，有興趣的人請上YouTube搜尋「張小雯大地之母的吟唱」，一起感受森林不變的愛。

17/院子裡的香椿樹

自從開始跟大自然樹木溝通，才發現萬物皆有靈；大自然不限於荒郊野外，你家的院落、窗台、陽台上的植物，也是大自然的一部分；事實上大自然就在生活裡，是隨處可見的，樹木對於人類的貢獻，不僅在它的功能性，還包括它為人類帶來的啟發。接下來，我想說說蕃茄主義院子裡，一棵香椿樹的故事。

當年我來到新店中央五街為蕃茄主義尋找新家，先跟街口十一之一號屋主租屋，過完年要簽約時房東變卦了，說有建商給了很誘人的條件要都更改建，不得已只好另覓他處。一年後找到五街五十五號，當時這裡只有一個很醜的鐵皮屋，沒有院子，房子也殘破不堪，可以說是一間完全沒有感覺的房子。

屋主之前租人作水電行，院子填上水泥變成水泥地，加上兩扇大鐵門，頂上用鐵皮封住，裡面擺了一堆磁磚；二樓則放了很多五金工具，加蓋的三樓有一片斜玻璃窗，因為怕曬整個用鐵皮封起來，暗不見天日。屋子右邊靠柚子樹的角落，架了一個超大的鐵梯，從三樓旋轉到一樓。外面的鐵門邊還有一個三層樓高的舊式水電行大招牌，初見這個像鐵工廠的屋子覺得它長得很可怕，後來才知道很多鄰居都說這是中央五街最難看的房子。

租下房子之後，光拆掉鐵皮就花掉六十多萬元，我請工人幫我打掉院子的水泥地，用磚砌了兩道圍牆，再請來園藝人員填了土，讓院子裡原有的四十多年老柚子樹重新獲得土地滋養，並在周邊栽種了花草、樹木和它作伴，整個院子馬上鮮活起來。

那時每天開車到店裡都會經過十一之一號舊址，我很喜歡這間屋子，很遺憾它跟我沒有緣分，那裡面雖已無人居住，卻還放著老舊家具，外面的院子種有許多花草植栽，還有兩扇舊式眷村紅木門。我曾想像過客人在那樣一個有著濃濃情感的老屋裡，坐在懷舊的陳設中，吃著我們精心調製的料理……可惜最後未能如願。

向我招手的香椿樹

在這個滿庭花樹的院子裡，有一棵年約五十歲的香椿樹，裝修五十五號的日子裡，每天經過看著它，不僅僅因為它高大醒目，而是它會呼喚我。有一天我突發奇想，覺得重新裝潢的五十五號缺乏歲月痕跡，我想還原那種老房子的舊有氛圍，於是主動打電話給十一之一號的屋主，希望向他收購屋子裡的老舊家具和院子裡的植物，沒想到他竟要我自己去搬。

隔天我大大大方帶著工人進房子一樣一樣拆遷，把覺得適合放入五十五號的家具都搬了過來，小自椅子，大到書桌、櫃子、吊燈、窗花，連門都拆過來了。接下來連院子的老茶花、老桂花樹、姑婆芋、含笑……也請麗華帶著園藝人員去做移植處理，唯獨沒帶那棵香椿樹。

移植花草的那天晚上，麗華全身不舒服，我用靈氣手幫她療癒時，感覺到一股不爽的氣息，原來是那些被移來院子裡的桂花和茶花不開心。它們說：「為什麼妳把我們帶來，卻不全都帶過來，我們本來是住在一起的，妳這樣拆散了我們。」

我難過了很多天，安慰它們也沒用，但是要移植一棵高大的香椿樹不是一件容易的事。有一天我又經過十一之一號，香椿樹又在跟我招手了，這回它開口說：「帶我走。」我感受到一種陽性的能量。其實我很想帶它過來，但沒有辦法，因為它實在太大了，已經長到三層樓高，萬一搬過來活不成怎麼辦？我完全沒有把握。園藝人員也說必須出動大吊車來挖樹，還要申請封街，至少八小時才能完工。如此勞師動眾、所費不貲，最難克服的還是無法「包活」，幾經考慮只有忍痛放棄。

但每天我經過那個院子，香椿樹依然每天向我招手，有一天忽然想通，我不把它移過來和其他花木相聚，誰能做這件事呢？於是再次主動聯繫屋主探詢可能性。屋主說太晚了，他們已經把樹折讓給建商了，現已無權決定。這位屋主其實並非最早的原屋主，因為當初建商為促成老屋改建，從中協調前後兩任屋主交換房子。總之，我知道他無權決定後，改去請原屋主幫忙。最後，在兩位屋主的幫忙協調下，終於順利把香椿樹帶過來了。

移樹是大工程，動工前要先斷根，斷根後再把樹幹連根拔起，拔起前必須先在樹幹外包裹上棉被層層保護，再用怪手把樹幹夾起。移植當天園藝人員沒做這層保護，直接使用怪手，一個沒夾緊，整棵樹就此滑落，樹皮被怪手硬生生刮掉一大塊。樹皮的剝落大大損傷了香椿樹，因為樹的養分主要靠樹皮從根部輸送到頂端，而刮掉的樹皮再也長不出來，這個原因造成移植後的香椿樹長時間營養輸送不足，終於撐到二〇一七年壽終正寢。但它留下一個遺愛人間的感人故事。

香椿樹開花了

二〇一五年到二〇一七年間，搬到新家的香椿樹開花了，兩年各開一次，

◀站在香椿樹下往上看，羽狀葉亭亭如蓋。

花開在樹冠層上，那些細細碎碎的小白花，遠看像滿天星，花謝時撒落在院子的地上，像飄落的細雪。一般來說香椿只要插枝就可以存活，不需要開花結果、種子落地發芽一連串繁殖過程，所以一般人很少見過香椿開花。

花期結束後，意外發現它還結了果，有一天果子爆開來，種子飄滿地，沒多久就見到院子裡到處都有香椿的小苗，連續兩年開花結果加上小苗長出，我們還不覺有異，直到那年過冬之後，老香椿樹再也沒有發出新芽。至此我們終於懂了，想必是它知道時日不長，兩年來默默傳承下自己的後代，把種子遺愛人間，然後死去。現在院子裡有好幾株老香椿樹的後代，我們除了澆花灑水外並沒有多做什麼，它們靠著大自然的力量奮力成長。

回想起當初老香椿移植過來的季節是秋天，這個季節其實並不適合移植，但因為十一之一號拆除在即，迫不得已必須處理，加上移植過程中的疏忽使它受傷嚴重，對於這一點我深深自責，曾哭著跟它說對不起。當時它回應了我以下這些話：「不是妳的錯，妳已經盡力把我帶過來了，能在這裡繼續生長是我的福氣，這樣我才能每天看見過去的家人，他們每天都會經過這裡來看我，好過被移到一個沒有家人的地方，而且大自然中有一種修復的力量，我信任這一切的安排。」

感恩香椿樹給我的啟示，樹對人類的影響深遠，它們開枝散葉像一隻隻不斷付出的小手，只為給予不求回報，但願人們在仰望大樹的時候都能記得心存感激。

18／永不凋零的大自然

二〇一九年八月九日來了一個颱風，颱風天我的餐廳仍繼續營業，傍晚起了好大的風，持續吹好幾個小時，把院子裡的樹木吹得東倒西歪，尤其那幾株年輕的香椿樹被吹到快要折腰。長於院子裡的二代香椿樹因為年齡尚輕，樹幹並不粗壯，卻已經拔高長到二樓，抵不住強勁大風吹襲，看來很驚險。那天我們都非常擔心它會被連根拔起，好在稍晚終於風平浪靜。

一個多月後，突然發現其中一株香椿樹的枝葉黃掉了，幾乎是一夜之間變黃的，到底怎麼了？因此試著讀取它的狀況訊息，握著樹幹，我感覺到它非常緊繃，能量形式是逆轉的，還感覺到它很難過，香椿樹告訴我說：「我的根病了。」

我問它該怎麼做？是否要鋸短還是要修掉哪一段？它說：「先不要，先給我一點時間看看會不會自己好。」我繼續讀取，它的不舒服從根部一直延續到上面。我有種不好的預感。那天下午客人走了，我和麗華憂心忡忡討論該怎麼辦？

突然間我提議：「我們一起來召喚精靈幫忙。」麗華看著我，臉上重新燃起希望，我卻陷入懷疑：「我可以嗎？我做得到嗎？森林裡的花草樹木都有精靈守護，院子裡也有，這是花仙子曾經告訴過我的事。」

遇見花仙子

幾年前有過一次奇遇，爬山回來的第二天一早，我練功時來了一群閃閃發亮的小東西，發亮的是祂們的翅膀，當翅膀拍動起來的時候會有光亮閃爍，一隻一隻小小的，可愛極了。祂們是一群花仙子，也可以稱呼為花精靈，說是要來幫我療癒的，祂們告訴我好多關於大自然的奧祕和花精靈世界的寶貴訊息。

祂們說那個世界是比較高次元的空間叫「Neverlasting World」，那是人類肉眼無法看見的世界，一個永不凋零的、不朽的世界，祂們的世界沒有死亡，但是會生病，當同伴生病的時候，精靈們就從四面八方聚過來幫忙療癒，不斷給予滋養直到同伴痊癒為止。

原來我在爬山過程中一直咳嗽，精靈們知道我生病了，很快聚過來想要幫忙，我問祂們：「我是人類，又不是精靈，也不是花草樹木，為什麼會來幫我療癒？」

祂們說：「因為妳常常爬山，我們感覺得到妳有森林的頻率，還有妳和森林的緊密連結，在森林裡所有物種都像家人一樣，精靈們是家人，妳也是家人，我們知道妳很需要，所以就來了。」

這簡直是一場愛的交流，祂們告訴我：「精靈和人類能共同存在大自然中，即使人類的肉眼看不見我們，但只要走進大自然裡，就能夠感知到我們的存在。許多人走到一處美如仙境的地方會大聲讚嘆：『哇！這裡好像仙境喔！』其實那的確就是仙境，不是『好像』而是『就是』。因為人類的頭腦只相信眼見為憑，但是感覺和感受到的事物雖無法眼見，卻非常真實，因此當你們感覺到這裡好像仙境時，這裡就是仙子們住的地方。一個常常走進大自然的人，我們也會把你當成一份子，如果你生病了，我們就會一起聚過來給予你滋養，直到你好起來。」

祂們還說：「在都市裡，栽種一院子的花草樹木，精靈們也都會在那裡，沒有院子的話，在陽台，甚至只是一個小窗台上都可以，只要有花草植物，我們都會出現在那裡。」

相信才會產生奇蹟

那是一次難忘的奇遇，拓展了我的視野，但這並不是我和精靈們唯一一次的相遇，在多年前的某次靜坐中，我曾憶起自己在埃及的前世，那時候森林裡的精靈們都是我的麻吉好友。但是回到現實世界的我，對於召喚精靈來幫忙香椿樹感到有點心虛，我自問：「這些都是我的幻想吧？」

忽然有個聲音（祂們）回應我：「妳的意思是我們都是假的嗎？」祂們甚至對我的提問提出嚴正聲明：「想像力也是人腦的卓越機制，千萬不能停止想像，如果人類停止幻想，地球就死了。」這個提醒讓我對自己的自我懷疑感到羞愧，意識到自己又陷入左腦的質疑中。

我重新走回院子，再一次握住香椿的樹幹，讀到它的狀態，能量顯示還是逆轉，我一邊專注閉上眼，用眉心輪發射磁波進入它的不舒服狀態，一邊召喚精靈；奇妙的事發生了，忽然感覺香椿樹開始呼吸，它和我一起用同樣的節奏，在一呼一吸間我們合為一體：我就是它，它就是我。接著我看見一個畫面，看到香椿樹被甩來甩去的樣子，我心裡明白了，原來這就是造成不舒服的原因，受巨風吹襲的動盪，仍存留在樹身當中。當我讀出這些畫面後，很快地它就平靜下來，能量也漸漸回復到正向轉動。

至於我如何知道香椿樹的能量是正還是逆轉？答案是從人體的第一個脈輪——海底輪所感受到的震動。人類的脊椎好像馬達的軸心，也就是所謂的中軸，這個中軸從海底輪往下接地，往上到頂輪之上接天，正如成語所說頂天立地的意思。接天接地後，人體就可以感知到天地宇宙間的正氣，這股自然的生命能量會帶動萬物的生命力旋轉起來。

人類透過身體便能感知那個生命能量的轉動，除了以此判斷自己和萬物的狀態，也可以運用這股自然的生命能量，修復自己和萬物的病體。基本上，只要借助天地宇宙之間的自然生命能量，把氣調順、調正，氣順不逆，自然能達到平衡，百病皆因氣逆，說的就是這個道理。感知生命能量的能力，每個人與生俱有，如果你現在明白我上面所說的概念，那麼你肯定也能感知和運用這個能力。

言歸正傳，幾天之後香椿的樹梢，悄悄出現一撮小小的新芽，陽光下發亮的嫩綠葉片，展現出鮮活的生命力，真的非常奇妙。我想起高我及指導靈曾經說過：「奇蹟必定會發生在相信奇蹟的人身上。」因為信念才是推動一切事物的力量。

肆

信念重建

19／透過前世回溯，重建自我價值

有一年陪好友去學QHHT量子催眠（＊）。上完課後，好奇自己是否能藉一己之力去看前世，就試著躺在床上自己引導自己，結果呼呼大睡。後來和高我討論，祂說躺著容易睡著，建議我在靜坐時試試。我試了，非常成功，於是連續做了兩次自我催眠。

透過催眠的深層意識遇見未知的自己，可以為你帶來無限力量，我發現前世浮現往往是最好的安排，祂們會在你靜心時，播放你的過去世讓你知道；有些是要告訴你不要再緊抓不放了，要學習放下；有些是提醒你，你擁有自己都不知道的能力，要去把這股潛能開發出來，然後蛻變就會降臨；更重要的是，你的自我價值能因此重建。

以下是我個人在靜心及催眠時，分別看到的幾段過去世，它們為我的今生

＊全名量子療癒催眠療法（Quantum Healing Hypnosis Therapy），由美國《生死之間：「死後世界的催眠紀實」》作者朵洛莉絲・侃南（Dolores Cannon，簡稱朵奶奶）創立。利用想像力引導個案進入出神狀態，進而感受到前世經歷。

帶來很大啟示。

獨舞者的啟示

那一世我是一個很有名的舞蹈家，正在舞台上表演自己編的獨舞秀，我設計了一段非常精彩的瞬間變裝，從一個身分換裝到另一個身分，像川劇變臉那麼快速。

我扮演的角色有空中小姐、醫生、護士、警察、老師、舞者、婦人、小孩、老人……各種身分加起來共有上百個；最後一個角色出現時，我站在舞台中央，所有曾出現在舞台上的角色都排在後頭，我們排成一直線，像千手觀音那樣一起張開雙手舞動著，很壯觀，很感人。

接下來所有角色全部重疊在一起，一同旋轉起來，在旋轉中我們漸漸縮小，縮小成一粒豆子立在舞台中央，連接豆子的舞台黑色地布是凸起的，看起來就像一片會旋轉的大圓裙，在一瞬間，豆子縮進地面消失了，整片舞台的地布也回復平整，舞台上空無一物，只剩下一個光圈在中間。

光從很高的地方投射到地面，卻沒有望見天花板上有任何真實的燈具，那裡什麼都沒有，神奇的光圈卻依然在舞台正中央持續發出光亮。這場獨舞者讓我看見，在生命行進的過程中，我們將自己投入到每一個角色裡，舞出他們的獨特性，於剎那間俐落變換身分，生命的樂章在人生舞台上流暢的進行著，人就是一個集合體，最後一樣回到光中。

稻草人的啟示

我看見自己是一個稻草人，被綁在一個木樁上，面對著一整片田野，周圍的景物不停轉變，稻草一天一天長高，被收割了；小鳥、蝴蝶、昆蟲，飛來又飛去，春夏秋冬，大地的色澤跟著四季變換。

風來了，風走了；雨來了，雨走了；黑夜來了，黑夜走了；白晝來了，白晝走了。在大自然物換星移的過程中，我以為自己始終沒有移動，但是慢慢地，我發現原來身上的稻草也開始一片一片剝落，一直到最後我消失了。

看完這一世，我問自己：「這一生有何感想？」

我說：「很驕傲，因為這一生我堅守崗位，盡忠職守把任務完成了。」

我再問：「那麼妳對未來有何期許？」

我說：「接下來我想要自由，我要自由翱翔。」

這就是我，一個盡忠職守、堅守崗位的稻草人，這是我內在很重要的人格特質。

薩滿女孩與狐狸的故事

我是一個印地安女孩，綁著兩條辮子，喜歡到森林去探險。有一天，看見一隻非常可愛的狐狸，牠在草原上看著我，然後往森林裡走。我跟著牠走進一個洞穴，牠要帶我去看牠的家，裡面有一窩小狐狸，牠介紹牠的孩子給我認識。我心想，牠是否需要幫忙？我開口問牠，請問你需要我幫什麼忙嗎？

牠告訴我牠生病了，希望我能幫忙看顧牠的小孩。我問牠為什麼找我，牠說牠知道我是一個非常善良的人。忽然我難過地哭了起來，因為牠真的走了，牠離開了，把孩子留給我。從那天開始，我的工作就是每天帶著牠的孩子，從森林走到草原，這是牠走之前為了讓牠的孩子信任我，每天帶我和牠們一起走過的覓食路線。現在我正循著牠的腳步，走在大草原上，我們一起走著，那些狐狸孩子也正在找尋食物；我的任務就是每天陪牠們做這些事，再把牠們帶回窩裡。直到牠們一天天長大，大到可以離開老窩，去尋覓自己的伴侶並建立新家。

我每天都會去那個大草原和森林，我知道自己被賦予一種天命，就是要來協助這些孤兒，陪伴和帶領牠們學習生存，這個我就是這樣一個跟大地緊密連結，根扎得很深的薩滿女孩。這個故事帶給我很深的啟示。我問指導群：「祢們讓我看到這一世是為什麼？」

祂們說：「要妳好好珍惜現在所擁有的，妳擁有的都是愛，不是仇恨，妳是一個願意給予的人，因為妳的內在都是愛，無論妳外在經歷多少欺凌和迫害，那些都摺不倒妳，也擊不碎妳內在那些愛的庇護。」

「我懂祢們的意思。」我說：「祢們要我去面對所有的破碎，面對所有的崩解，一切都必須瓦解才有可能再重新結合，這就是一個生生不息的過程。」

祂們說：「愛，永遠都在。雖然狐狸的母親走了，但牠把愛留下來了，妳就是那個愛，妳就是這個陪伴、這個祝福和存在，妳才是所有事情的真正意義所在。我們要妳感恩這個世界，從過去到現在所經歷的一切，那些人、那些事，在妳身上所發生的，它們看起來似乎悖離愛的信念，但是它們對妳所產生的，還是讓妳回歸到愛的原點，妳將會在今天、此刻回歸妳自己的原形。」聽到這裡，我淚流不止。我感動地回想，是祢們在我生命裡，為我帶來一連串恩典，帶來這些光、這些愛和這些祝福，好感恩。

「回到本質裡，我就是光，我就是愛，我就是祝福，接下來，整頓好自己，勇敢的往前走。」我對自己說。

徹底被洗腦的紅衛兵

中國文化大革命在二十世紀中葉鋪天蓋地展開，我有一世竟然是紅衛兵，在革命中被鬥爭到半死，然後被丟到鐵軌上遭火車輾碎。

事情要往前推到二〇一四年，朵奶奶來台灣開課，八十二歲的她擁有四十多年催眠經驗，記錄了許多在催眠療程中遇見的生命奧祕，集結成書分享給世人。我的好友秀一直希望我能陪她去做催眠，她想了解此生的糾結與前世的關聯。剛巧，朋友的好友宇宙花園出版社邀請朵奶奶來開課，他們私訊我，於是我和秀相約一起去了，在課程結束後實習那一天，我們一組三人，開始了一段奇幻之旅。

那天我連續看見了自己的好幾世，第一世是被屠夫剁掉的小兔子，充滿恐懼的經驗，當時我哭到很不想清醒。第二世從我躺在鐵軌上開始，那時我已懨懨一息，身上只剩下額頭有知覺，也就是兩眉之間俗稱的第三眼處。

導引人問我：「為什麼你躺在這裡？」我說：「我被打到半死丟下來的。」她又問：「打你的人是誰？他們在哪裡？」我看著月台上的他們，指出了那些人，他們都是我今生的朋友和家人。

她問：「為什麼他們要打你？」

我說：「我們是一起的，我們都喜歡看書，但是我們不可以看某些書，只能偷偷看，後來被發現，我就被供出來了。」

她又問：「請問他們穿著什麼樣的衣服？」

我說了三個字：「紅衛兵。」她問我：「那你呢？」我說了同樣三個字：「紅衛兵。」接著她問：「你們看什麼書？」我說：「跟宗教、心靈有關的，但是我們不能看這類書籍，更不能崇拜偶像。」

接著她又問：「你對你的朋友們會怨恨嗎？」

我說：「不會，我是心甘情願的，為他們犧牲，我感到很驕傲，不然他們也會全家被抄，我一個人犧牲就夠了。」

「他們是受到誰的指示對你這麼做的？」我答：「高層。」

「高層是誰？」她進一步逼問。

我說：「是鄧安寧。」當時我噗哧笑了出來，覺得很諷刺，怎麼會是我先生？但我不能笑，必須憋著笑意繼續把那一生看完。在催眠中有一個很奇妙的現象，自己會分成四個角色：一個正在觀看的中間的我；一是正在扮演平行時空那一世角色的右腦的我；一是在分析判斷這些看見的左腦的我；還有一個是較高意識的存在的我，這幾個我同時存於一個點上，在那個觀看的當下，我們各司其職。

接著她又問：「你會恨他嗎？」我說：「不會。」

她問：「為什麼不會？」

我說：「因為他也是服從黨的最高指令。」

後來火車來了，輾碎我，我死了。然後我輕盈地飛起來，朝著光前進，進入光中。片刻後出現一個紅衛兵來接我，帶我進入一間會議室，面前是一整片白色的落地窗，外面的光線穿透進來，氣氛非常美，中央有一張白色長方形的會議桌，我們坐下等待開會。

導引人問我：「除此之外這會議室還有什麼其他特徵？」我說：「我看見在背面的牆上掛著一張好大的毛澤東像，幾乎是一整面牆。」當下就覺知到，在紅衛兵的這一世，我被徹底洗腦了，在我們的心中只有一個唯一的真神，那就是「毛主席」。

這就是我在那一世的所見，整個過程非常真實，那個十幾歲就死於非命的我，仍清晰地活在我的靈魂意識中。若干年後，我靜坐時探究這個故事是否帶給我更深一層的意義，因為其中確實說到我此生的婚姻關係，也說到我和家人、朋友之間的糾葛；更需要被理解的是，我性格中的那種使命感、俠義、犧牲、寬容以及對於靈性成長的渴求，這些都是我人格特質的絕大部分，至於我是否真有一世是紅衛兵的真實性問題，反而一點都不重要了。

催眠練習題一自我催眠去看前世

催眠是一件有趣又好玩的事，我會和每個來做催眠療癒的個案說，你先要有個心理建設，當你買了一張遊樂園的票，只要按照指引一關一關進入就好，既來之則安之。自我催眠則是一個進階版的催眠挑戰，這裡提供幾個簡單易懂的方法，幫助大家了解。

第一階段：靈氣的沐浴↓靈氣自然律動↓靈氣手位療癒↓靜坐

上述這些過程是為了調整自己到一個較高的頻率，在這樣的高頻中便能和較高意識以及指導群連結，讓自己的身心靈保持高頻能量，自然而然就能獲得高靈的護持，安心進行自我的催眠了。

若是沒有學習過靈氣，也可以運用所學的瑜伽、氣功等身體功法進入氣功態，再進入靜坐。若是有信仰，可祈請所信奉的神、佛、上師等高靈來協助護持。

第二階段

第一、調息，歸於中心，放鬆身上的緊繃，放鬆是第一步驟。

第二、把自己用光罩起來，防護罩是自我的保護，運用想像力即可完成。

第三、運用大自然中的情境和物件來進行，比如借用天空中的白雲；想像自己坐在雲上漂浮，或是坐上一顆熱氣球也可以，還有童話故事裡的魔毯也很好用，總之，就運用這些充滿想像力且會漂浮的工具，就可以做時空旅行了。

第四、告訴自己正穿越時空回到某個前世。

第五、落地。

第六、看看自己是誰。

第七、觀看那一世發生了什麼事。

畫面出現後，提出各種問題：這是哪裡？怎麼了？為什麼？這是什麼？怎麼辦？

對於看見的畫面要充滿好奇心，要不斷發問，問題越多越好，因為發問愈多，才會得到更多答案。

20／成長是會痛的喜悅

經過獨舞者和稻草人的啟示，我明白了在餐廳坐守的幾十個年頭，無非就是一種內化和修煉，如何接受自己所扮演的每個角色，如何以不變應萬變，如何接受一切的幻滅，又如何在這些過程中盡心盡力完成所有的任務。

我來到這世上的任務是什麼？這是每個靈魂甦醒後都想知道的事。沒有人一生下來就知道自己的任務，你必須先經過尋找過程，等你開始深入認識和了解自己，才會知道自己今生要來完成什麼。

那麼，我們怎麼樣才能重新認識自己是誰？怎麼樣才能知道自己的任務？一個簡單的方法提供大家參考，你要去做一件自己最不喜歡、不擅長、最害怕，甚至會讓你感到痛苦的事。基督教說安逸是一種罪，沒有被考驗的人生不會成長，我知道成長是痛苦的，但成長的痛最後會變成喜悅。現在回想起來，開餐廳或許就是我為自己選定的挑戰與成長之路。

我喜歡做菜分享更甚於唱歌給人聽，但從開了蕃茄主義至今，真正掌廚的時間卻很少。過去愛做菜是因為愛吃，去餐廳吃飯總喜歡研究別人怎麼做，回家以後就興致勃勃動手試做，等先生工作完回來給他一個驚喜。

當年我和華納唱片簽約後，遲遲出不了片，因為沒有收入，幾乎有一整年都沒有出門，關在家裡寫歌之餘就看電視學做義大利菜，因此先生每天收工回來，都有新菜上桌；一段時間後，連廚房的鍋具、杯碗瓢盆也都換成地中海式風格。後來先生索性找了一票朋友來當白老鼠，每到週末這群白老鼠們就會打電話來詢問：「這個禮拜吃什麼呀？」本來這是一段很愜意的生活，直到有一天先生說想做個副業，而且真的劍及履及開了店。

開店前，我們連找了三間店面都談不成，我的內心暗暗竊喜；直到敦化南路一段一七七巷四十七號出現了，我跟先生說：「這個地址若再談不成就不要開了，事不過三。我的直覺告訴我，開了店你就不會有老婆了。」沒想到真的一語成讖。

自從開了餐廳之後，我總覺得自己像一個被關起來的犯人，那是生命中最黑暗的時期，喜歡做菜跟做生意其實是天差地別的兩件事，有很長一段時間，我一直覺得自己是被逼上梁山的，只知道自己一直在掙扎，我感覺自己的靈魂想要衝破那個被囚禁的痛苦，想要自由，想要掙脫束縛飛出去。

我的「重生沙拉」

蕃茄主義從一九九七年在台北東區開張，至二〇〇四年戰敗撤退，遍體鱗傷的我迅速離開餐飲業的一級戰區。做生意不能單憑感覺，我承認自己在這件事上是失敗的，不只失敗，更是全面慘敗，我不但傾家蕩產，婚姻關係也幾近決裂，那段時間我甚至有輕生念頭。怎麼會這麼慘？我百思不解。

那段低潮時期，我躲在新店山區一間公寓裡療傷。收掉兩間餐廳剩下來的中央廚房設備和桌椅，都被我搬到公寓來，自己則繼續經營醬料網購生意。雖然入不敷出，但我並沒有真正收掉蕃茄主義，心裡期待著也許有一天能東山再起。

蟄伏的日子裡，我舔舐挫敗的傷痕，也嘗盡人情冷暖，咬著牙忍辱負重一步一步走著、等待著。有一天，接到一通電話，幾位朋友說想來公寓吃飯；我告訴他們，這裡沒菜單，有什麼吃什麼；他們連聲說好，告訴我就是很懷念蕃茄主義的好料理，吃什麼都好。當天我們把拿手招牌菜全都搬上桌，道道精彩，香氣十足。

第一道「蕃茄主義時蔬沙拉」上桌後，每個人都把專業大砲相機拿起來對著它猛拍，還有人站到椅子上取景。那天之後，我陸續接到預約電話，沒多久居然半年內的每個週末都被客人訂滿了。我第一次見識網路無遠弗屆的驚人影響力，蕃茄主義有了一線生機，可望重現江湖。

怎麼都沒有想到，我最得意的「蕃茄主義時蔬沙拉」成了我們的重生沙拉，坐落在窮鄉僻壤的餐廳跟著它活了起來，這就是我愈挫愈勇的人生。

債務是讓我落定的錨

蕃茄主義在新店山區蟄伏的日子長達六年之久。當時女兒年幼，母親洗腎多年後，因多重器官衰竭長住醫院，有一次母親因肺衰竭進了加護病房，被醫生宣布病危；同時間先生也因為腎結石手術發生尿道沾黏，引起急性腎衰竭，當時求助無門的我，跑到行天宮求籤。關聖帝君給我一張下下籤，解籤人員說，看起來有生命危險的是先生，不是母親。

這下可好，先生、母親同時掛病號，外加要照顧小孩、兼顧工作，我如蠟燭四頭燒。這段時間裡，先生一直高燒不退，朋友勸我去做祭解。等到祭解結束後，我再抽一支籤，這次籤上說先生會有驚無險過關。後來醫院用到第三種抗生素，才終於退燒，真的應了籤上所說。

先生出院那天，母親剛好也從加護病房移到普通病房，我必須陪伴在旁，只好由先生的一位好友去接他出院。那位好友知道那段期間我焦頭爛額，根本無法工作，在入不敷出的情況下，貸款也繳不出來，他主動提出要給我一筆錢，讓我先去了結銀行的信貸，債權人則由銀行轉到他身上。一開始我拒絕，他一直試圖說服我，誠懇地請我接受他的幫助，當時我非常猶豫，覺得欠人情比欠銀行壓力還大，最後還是被他的誠意打動。

從此我的債權人由銀行換成這位朋友，若干年後我都沒能還出一分一毫，我一直苦無對策去突破這個情勢。直到某一次練功靜心時，祂們竟然告訴我，這個債務是為了讓我定錨，因為這樣我才會心甘情願坐鎮餐廳，完成自己的任務。

蕃茄主義於二〇一〇年根據菩薩的指引，搬到中央新村的中央五街五十五號，並有了投資者，重出江湖之後，除了前兩年營運狀況還可以，後來一直時好時壞，我的心也隨之上上下下、忐忑難安；一來是負債未了，二來未能幫投資股東賺錢，心中非常愧疚。那些日子，指導群相當盡責的輔導我，不但跟我討論應該如何修正心態，並在我自我否定時，提醒我一定要看見自己能力所在，在祂們的努力調教下，我確實一年比一年精進。

不斷出現的考驗

到了二〇一九年，餐廳進入一個大考驗年，母親節後店裡生意一路下滑，有客人的時候，感覺彷彿出現曙光；等到客人不上門，整個人又跌入黑暗中，我的心像坐雲霄飛車一樣上上下下，不但焦慮，更有嚴重恐慌，尤其遇到每四年一次的總統大選，大選前各行各業的景氣總是掉到最低點，許多餐廳都生存不下去紛紛倒閉，我們卻還在硬撐。

二〇一七年蕃茄主義開店屆滿二十年的時候，我曾萌生放棄念頭，覺得累了，拚不動了，餐廳一直處於虧損狀態，老是借錢也不是辦法；後來轉了念，剛好也在此時拿到一筆二十年期滿的儲蓄險，我把它投入餐廳運作，整修了困擾已久的漏水問題，也把門面粉刷一新。

這件事除了內部核心工作人員之外，我沒有告訴任何人，對外都說是去借了一筆信貸，我知道所有人聽到我把積蓄丟進餐飲事業，都替我的後半輩子擔心，我不想讓這個擔心頻率影響我的決定，我已做好心理建設，希望蕃茄主義隨著我的靈性成長而成長，我們要一起轉型，因為我把我所熱愛的事都放在這裡。當時有個強烈的決心，我要創造它更高的價值，化腐朽為神奇。

蕃茄主義過去二十年來的累積是一筆可觀的資產，雖然我一直內疚於沒有為投資人賺到錢，這困擾我許多年的結，也在轉型這一念之間解開了。這裡的食物香和我們一起創造的許多不可能，一起成長蛻變的故事，早已超越一間餐廳，這裡是一個陪伴人們成長且有靈氣的地方。它就像一個基地，在這個基地，我們做出有愛的食物、有愛的療癒，我們所做的每一件事都關乎愛，這份力量可以感染很多人，我應該盡可能去運用和發揮我的所長，在這個充滿靈氣的地方和所有人分享我內在的豐盛。

至於眼下這一個難題——金錢的困頓。祂們自始至終都告訴我：「錢不重要，妳動，錢就動；妳不動，錢就不動。最重要的是妳有沒有看見自己的價值，妳需要相信自己是有價值的。」十年前冥想蕃茄主義的未來時，我就收到這個提示了，我了解祂們所指的是什麼：先提升自己的價值，就能賦予所做的一切更高的價值。

21／用覺察重新認識自己

多年來一直覺得自己是蕃茄主義的雜工，什麼事情都要學著做，什麼人的臉色都要看，我經常告誡想開餐廳的人：「老闆真不是人當的。」曾有一整年的時間，我在餐廳的工作是專職洗碗、兼做老闆；當時所有請來洗碗的員工都做不久，碗盤堆在池子裡沒人洗，只好自己來。站在洗碗槽前，我聽見內心有許多埋怨、叨念，不是洗碗本身，而是廚房工作氣氛不佳，我不知道自己能做什麼改善這種氣氛，有一回逛書店看到《佛陀的廚房》這本書，買了好幾本分送給夥伴們，結果發現自己太天真，根本沒人看得進去。

後來我決定不再招聘洗碗人員，自己來洗。早期餐廳剛開的時候，洗碗人員也一直做不久，請不到人洗，就由廚房人員輪流，我擔心他們出餐忙不過來，乾脆把洗碗工作接過來自己承擔，洗著洗著，居然研究出一套非常俐落的洗碗流程，後來我是店裡公認洗碗最快、最乾淨，也最有效率的最佳洗碗員。

說真的，洗碗是我在餐廳裡最愛做的工作。我怕去伺候客人，能躲在廚房裡洗碗感覺無比幸福，偏偏後來十多年餐飲歲月中，我一直待在第一線面對客人。

洗碗洗出來的領悟

因為樂在洗碗，站在水槽邊洗到忘我是常有的事，有時候突然被喚醒還會生悶氣，討厭被人打斷。有一次餐廳客滿，突然臨時進來幾位客人，我專心洗著碗，他們問我還有沒有座位時，我懊惱地回答：「等等，我去問洗碗阿姨能不能再接客……」到現在都還記得當時客人一臉錯愕的樣子，能不能接客跟洗碗阿姨有啥關係？

心甘情願洗著那些精心挑選的碗盤，小心翼翼洗淨和排列它們，讓它們在一定的時間內能瀝乾，好在下一餐開始前及時可用。我邊洗邊把餐具做好分類，這樣後面接手的人就不用再花時間整理。從這些地方我認識到自己是一個有效率、善於規劃、頭腦靈活、會用方法達到事半功倍的聰明人。

那個洗碗的位子很奇妙，它讓我看見自己的失態、失衡，最重要的是，終於看清楚自己沒有站在該站的位置。最後，我決定回去扮演好經營者的角色，再重新招聘洗碗人員，這次很快就找到了，相信這跟我的領悟有很大關聯。

廚房水槽的神療癒

清洗東西，也是清理自心的好時機。我和先生關係最惡劣那段時期，每每站在家裡的廚房水槽邊，一邊清洗那些髒亂的碗盤，一邊聽見內心的咒罵，這就是自我覺察的開始，我相信許多婦女朋友都有這樣的經驗。在這裡要做個提醒，千萬不要忽略內心的聲音，利用這個時機開始關注自己的心，藉著清洗髒汙一併清理自己，把做家事當成自我覺察的靜心練功，邊整理邊自我療癒，這種提升自我的方法很實際，又不用花錢。

覺察是靈性成長的基本功，過去曾有好幾年，因為母親的病苦，我會在早晚的靜心中加入《心經》的唸誦和迴向，從一些經文的解說了解到「菩提薩埵」就是一個具有自我覺察能力的人，簡稱「菩薩」。無論從宗教的觀點，或新時代的思維來說，覺察正是一切修行的基礎。

自我覺察的學習，讓我發現自己的內在有一個觀察者的存在，觀察者不評斷、完全中立，它和大我、小我兩種意識有著微妙的關係，觀察者也可以說是平衡、中庸、中間的角色，能制衡一切偏離中心的問題，讓我們隨時可以回到本心，不偏不倚回歸原點。世間所有都從這個原點出發，再回到原點，歸於中心就是回歸到本我覺性的覺知中。

覺察的最高境界是不動如山，講的就是始終守住這個原點，從過程中學習不受制於念頭，不跟隨、不盲從、不偏離。學習自我覺察會讓我們提前看見引發問題的原因，提早預防，所謂「菩薩畏因，眾生畏果」，講的就是這覺性深淺層次的不同。

《心經》對我的靈性成長有很重要的影響，我持續唸誦許多年《心經》，直到某一個階段，我發現自己的全身細胞都是《心經》，我的所思所想所作所為也都是，從那天起我停止口頭唸誦，轉而投入更多實修在生活和工作當中。

22／一切都是扎根的遊戲

一早起床，還沒有沐浴就先去靜坐，因為剛醒過來時，感覺自己的焦慮又出現了，心中未了脫的罣礙，需要一再一再去參透它，一次又一次，一波又一波，希望參得更深、更透徹。

靜坐下來，我先把自己敞開，去感覺正在糾結的心，瞬間它打開了，前方出現一個背影，站在一條路的高處，畫面是黑白強烈對比的，祂們要我緊跟著那個背影的腳步，後來那個人往下走了，我意識到祂們想告訴我：「人生是起起伏伏的。」繼續跟進，前方的路還在延伸，往很深很遠的地方，朝著光的方向，祂們的意思是：「路，是人走出來的。」我知道這顯示的是我現在的處境，還有我將要前往的地方。

沒有多久我提出了關於「蕃茄主義的未來」，畫面出現一片美麗的星空，我位在宇宙的繁星點點中。接著畫面慢慢消失，又回到地球，焦距從茂密的葉片中心往後拉開，最後停格在一棵大樹上，面對這一棵枝葉茂密的大樹，心中浮現了一段話：「妳是受庇蔭的，雖然挫折不斷，庇蔭總會出現。」

我點點頭，心中有了明白，這個療癒簡潔有力，而且充滿愛的力量。

宇宙賜予每個人一座金山銀礦

有一次練功時，我提問關於我的金錢困頓問題；在靜坐中，祂們帶我去看宇宙賜予來到地球的每個人所需要的資源。

閉上眼睛，眼前突然看見一座閃閃發亮的金山銀礦，祂們要我向前靠近，可是我一靠近馬上出現一個張牙舞爪的魔鬼，它擋住我的去路，祂們要我不要害怕，再往前，當我再度前進時，魔鬼還是擋著我，並沒有任何改變。

祂們鼓勵我繼續往前不要退縮，這時候我發現魔鬼變小了，祂們說那個魔鬼是我的心魔，是恐懼的心魔在阻擋自己，阻礙自己去擁有財富；當我勇敢靠近，魔鬼就會愈來愈小。我繼續前進，魔鬼果然變小了，最後消失了。我站在離金山銀礦很近的地方，被那些耀眼奪目的光芒照射到睜不開眼，自己一直開心地笑個不停。

原來，這就是宇宙賦予每個人來到這個世界所需要的財富，你一定要勇敢去拿，因為那本來就是屬於你的。經過這次看見，魔鬼消失了，焦慮過去了，我再度振奮起來。

與焦慮恐慌和平共處

低迷是二〇一九與二〇二〇年台灣所有人的課題，一種集體的共業，不單單只有我們承受。面對低迷困境，我願意去冒險，去實驗一個突破重圍的可能，看看是否會帶給更多人希望。

很多人覺得奇怪，為何我要那樣堅持撐住蕃茄主義，感覺似乎有個東西「抓」住我，讓我明明可以掙脫，卻又放不下。其實在我人生的最低潮，蕃茄主義就像一個有形無形的根，它是我的基地，也是它使我落地，讓我生根；是它給我一個像家一般的依託，在過去那段陷落裡，它讓我找到安定，我的靈魂在這裡覺醒，也從這裡銜接上過去累世所修，繼續前進與提升。

說來矛盾，這個階段我的內在很豐盈，外在的現實生活卻很艱困，這就是我要來地球做的實驗，我也很期待繼續探索和求證，如何在靈性及物質之間達到平衡，以及如何從提升內在自我價值來創造及顯化豐盛。

有錢的人不一定就會滿足，他們也會恐慌，這一點我清楚知道，因為我也曾經有過錢財豐足的時候，但那時的我活在害怕失去和擔心不夠的擺盪中，內心有無盡的貪求，直到我一個一個失去之後，才知道擁有是一種心靈折磨，沒有了反而心寬廣。只要人們的心靈成長沒有超越物質成長，恐慌就會一直回來，試煉我們心的力量是否強大？能否對治恐慌，並與之共處，不再受它制約。

我的生活也在這種起伏擺盪間持續。有一天焦慮再度出現，原本以為不會再恐慌，但這一波緊緊接著上一波，看來金山銀礦對我也起不了作用。祂們仍舊一直鼓勵我說：快了快了，就快過去了，然後又再給了我一個深具寓意的啟示。

祂們說：「妳要順流。」然後給了我一個畫面：我坐在一顆大石頭上，腳下是湍急的溪流。祂們要我坐在石頭上練靜、練定。

我問：「這湍急的溪水會不會愈來愈高？」

祂們告訴我：「這是練靜定的情境，若妳撐過去了，就會是這樣。」說著畫面來到一池寧靜如鏡的湖水前面，我仍靜定端坐於大石頭上，境已隨心轉了。於是，我再度振奮起來，決心用有限的資源和時間創造無限可能。

順其自然

餐廳生意一直起起伏伏，有一天靜坐了好久之後，倒地大休息一陣子，再度用靈擺問起蕃茄主義的未來。

祂們對我說：「順其自然吧！」我無語望著天空。祂們再說一次：「不要強求了！」

這次靈感帶我進入療癒蕃茄主義的情境中，從中出現糾結、不捨及好多愛的流動，我才知道原來自己這麼放不下，這樣掙扎和煎熬。我把蕃茄主義創造出來，卻無法讓它繼續好好活著，原來我正承受極大的痛苦。

療癒中我聽見蕃茄主義給我的回應：「妳不要再受外界的評斷和看法影響了，好嗎？我們這麼接近，妳還是被那些話語影響（聽到這裡我哭了……），好好振作起來，許多人都需要妳，把持住自己，不要再受外界能量的影響了。」

接著我用日本古語唸了一大段靈語，也唱了一段靈魂的歌，我將它們轉換成國語如下：

「看出去那片山，那是一個美好的地方，但是山總是會改變的，不會永遠維持原來的樣子，所以萬事萬物都需要改變，妳已經走到一個瓶頸了，改變勢必來臨，這個改變是什麼，妳要有智慧去應變，如何去創造它，讓它變成妳想要的未來，這是妳可以創造的事。

「不要再像以前那樣，不要再那麼痛苦，放輕鬆去看待所有事情，凡事都要改變，妳必須順著生命流動，讓它們發生，不要再去掙扎，為什麼不輕鬆一點？妳自己都知道很多事情勉強不來，妳為什麼那麼執迷不悟？為什麼又走進痛苦的深淵？不是說時間寶貴，妳運用寶貴的時間來做更有力量的事不是很好嗎？

「妳的每一天都代表著妳的未來，到底什麼時候妳才會把自己的心定下來，我們一再告訴妳這些，可是妳沒有用心找到自己的定力，這樣飄蕩很辛苦，這樣飄蕩於事無補，也不會有一個可期待的未來。所以妳要去創造它，妳必須非常有定力，要堅定住妳想要改變的方向，妳要有這個信念，要清楚知道妳是代表宇宙來到這個世界傳遞愛的，這件事無疑也要跟著妳的進展改變，但不變的是那份愛，不變的是那份無私，那份無條件的傳遞。親愛的，請記住，這一切都有它必然的安排，並不是妳強求就一定可以怎樣，也不是妳掙扎就一定不怎麼樣。

「一切冥冥之中都有安排，我們沒有辦法現在告訴妳，因為妳現在很混亂。我們要讓妳知道的是，妳必須在很短的時間內振作起來，不然這件事情又會有不同的結果。妳必須立刻振作起來，輕鬆去面對生活及工作，妳不能再讓自己浸泡在這些痛苦和壓力裡，請好好把自己準備好，迎接那個美好的未來，可以嗎？可以嗎？可以嗎？」

我俯首稱臣：「可以，謝謝！」

金錢匱乏遊戲終於結束

走過恐慌後的某一天，在練功時祂們突然告訴我：「妳的金錢匱乏與恐懼課題結束了。」我發誓當時沒有提及任何與之相關的話題。我真的無法置信，所以淡淡地說：「最好是。」

但祂們堅決表示：遊戲結束了。祂們說，這就好像一個遊戲程式，從開始到結束都是設定好的，遊戲程式還沒有結束時，你想要結束是不可能的，因為整個程式還沒有跑完；一旦遊戲結束了，你想要繼續玩，也再沒有了，這就是宇宙的運作模式。聽到這裡我懂了，這下真的完全懂了，原來我在玩一場遊戲。

真不敢相信就這樣輕易過關了。祂們說：「放輕鬆吧！妳可以輕鬆地去做妳熱愛的事了。」我覺得自己應該大哭一場，也覺得還需要冷靜觀望後續發展，但就在我開始撰寫這本書時，親身體驗到遊戲結束的感覺，這一連串的考驗和提示就是來告訴我，要我在動盪中安定身心，向下扎根穩住自己，把根扎得越深，越不容易被動搖，這場身心的鍛鍊，我有很深的感觸與心得。

23／重新找回自己的聲音

音樂曾是我生命排序中的首位，但走在音樂這條路上，我經歷了好多挫折，過去我會自怨自艾，怪自己沒有那個被栽培的命，否則我一定會是非常成功的歌手。但真的是這樣嗎？

有一天我重新回想自己經歷過那些跟音樂有關的過去，它們就是永不停歇的累積，從西洋民謠、鄉村、台灣民歌、西洋流行、搖滾樂一直到詞曲創作，我的音樂生涯中不停嘗試新的玩法，什麼曲風都想玩玩看，走遍了、玩累了，最後就會回到原點——生命的原點；那是一個光的中心，到這裡的每一個靈魂都以光的形式存在，我的靈魂會唱歌，祂會唱光的聲音，我想要大家來聽我的靈魂唱歌，這才是我真正的原形，一種無法被定義的原形。

從二〇一六年開始，我為自己規劃了《和你分享愛音樂會》，每半年舉辦一次，地點就在蕃茄主義的二樓。我們把餐桌都搬走，擺上椅子，可以容納六、七十人，就像是在一個小劇場裡唱歌，在一個有著歲月刻痕的空間中，音符穿梭流淌，我的主題就是分享愛。

靈感從何而來？

〈和你分享愛〉是我人生第一首創作曲，詞曲五分鐘就寫出來了，靈感從哪裡來的我並不明白，當時只有二十多歲的自己只覺得碰巧運氣而已。在那首歌之後，我還寫了幾首同樣來自靈感湧現的創作詞曲，它們毫不費神源源不絕的冒出來，讓我今天能夠充分理解自己為何能接收到一些高頻訊息，基本上它們的來源是同一個地方。

究竟靈感是如何浮現的呢？首先一定要做自己熱愛的事，放鬆去享受它，如果是音樂，就跟著音樂和節奏的流動而流動，腦子裡便會浮現那些音符和文字，只要靈感來了是擋不住的，它自然而然發生，絲毫沒有勉強；所以這樣的作品聽著都好舒服，如行雲流水一般流暢，且令人感動。我相信凡是因為熱愛而產生的靈魂感動，無論舞蹈、繪畫、寫作都是一樣的。

對我來說，要再重新拿起吉他，對著麥克風唱歌是需要勇氣的，雖然不少客人朋友來吃飯時都會要求我唱兩首，我也會自娛娛人表演幾首拿手歌曲，但這跟辦一場幾小時的演唱會天差地別；最初，我是受到過去民歌時期二重唱夥伴的鼓勵，才再次燃起火花；但一次一次表演和分享，讓我找到過去不曾有過的感覺，加上這些年的靈氣修煉，大大增加了我在歌唱表現上的厚度與深度。

半年一次的音樂和心靈分享會

過去曾有過一段時間，我非常討厭自己，那時連自己的歌聲都感到厭惡，厭惡自己的長相、厭惡自己的無能、厭惡自己一無是處，因為這種強烈的自我批判，使得我失聲好長一段時間，我不敢唱，也不敢聽自己像鴨子一樣的叫聲，那是既可怕又羞愧的一段日子；一直到靈魂甦醒的過程中，在練功、靜心時，透過自發性的伸展和吟唱，重新認識和聆聽那個難聽的聲音，我慢慢理解自己遭遇了什麼。

終於，我願意獨自坐在鋼琴前，彈著、唱著過去熟悉的旋律，赫然發現從十七歲開始走唱之後，不曾離開麥克風，想想三十多年來只透過麥克風聽見自己的聲音，是一件多麼可怕的事。原來我在清唱時，對自己的聲音感到極度不安，是因為陌生，我根本不認識這個聲音。我開始試著去認識它，去聆聽、去覺察，一直到完全信任和接納；慢慢地，我愛上自己的聲音。

我是一個唱歌很好聽的人，我是天生的歌者，我是用聲音來療癒世界的人，我是聲音的療癒師，這是我現在對自己聲音的認同。這是一段艱辛難走的路，刻骨銘心。

再一次重拾麥克風演唱，我花了好長一段時間適應，去熟悉那個透過麥克風出來的聲音。我其實比較喜歡原音重現，但有時候使用某些工具是必要的學習。經過幾回表演，我開始能掌握怎麼運用工具，同時也從覺察自己開始重新學唱。我在演唱會上，把這些心路歷程都說出來跟大家分享；漸漸地，我講故事的時間和比例愈來愈高，後來故事變得愈來愈重要，我非常開心能和歌友們半年一會，分享進展和成長。

24／我要唱出靈魂的力量

世事無常，《和你分享愛音樂會》在二〇一九年四月畫下了句點，原因是我的二重唱好夥伴辭去合音和鋼琴伴奏的職務，最初這個音樂分享會的誕生是因為她的鼓勵，我才鼓起勇氣去做的。她的離去引起內心不小的衝擊，其中還有個難言之隱，跟我的負債有直接關聯，其實這才是我決定畫下句點的真正原因。

做這個決定之前，我多日反覆思考，才發現我一直非常苛刻地對待自己，加上長久以來失落感和挫敗都綁在一起，無形中彷彿有個力量阻止我歌唱，當時甚至想過，如果現在有機會述說我的故事，有什麼能告訴大家？我的人生引以為傲的地方在哪裡？腦海中第一時間冒出來的，是靈魂甦醒後的那段日子，那醒獅般的靈魂扭動和超越左腦認知的空間感，靈覺延展到身體以外不曾觸及的異域，直到有一天我聽見大腦裡有一個聲音在說話，原來我踏進了虛空，浩瀚無垠的宇宙正為我敞開，等我去探索……關於這一段故事，有一天機會來臨的時候，我一定要無所畏懼地如實表達。

相較於靈性成長的豐足，另一面的現實卻是殘酷的，我很困惑自己為何總在物質上一再經歷失去，想到這裡祂們忽然開口說話：「妳什麼都沒了，所以妳沒有任何東西可以失去。」

我兩手一攤：「對啊！沒有東西可以失去，那還有什麼好怕的？」

想通這一點，我不禁拍案叫絕：「祢們太高明了，有，才會怕；沒有了，什麼都不用怕，心也就寬了。」

對自己的二十個提問

接著在最後一場音樂會前，練功中，我有了對自己的二十個提問：

為何自己不值得被愛？

為何有那麼多的阻礙？

為何不能好好唱歌？
是因為我的聲音太好聽，所以遭人嫉妒，還是因為擋住別人的光亮？
為何不允許做自己認為很棒的事？
為何必須做不擅長的事？
為何已經不擅長了，又遭受挫折、失敗、負債？
這麼困頓的自己怎麼唱得出來？

在提問中突然意識到，難道是自己在阻礙自己？因此我繼續提問：

為何一直投射各種事件來阻礙自己好好唱歌？
為何我不能做自己喜愛的事？為什麼我要阻礙自己？
我不可以嗎？
我不被允許嗎？
年過半百的我還拿不出自己的力量來為自己爭取嗎？

難道我的人生不是自己創造的嗎？
我是不是在過我自己創造的人生？
如果這些都是我創造的，為什麼我要這樣對待自己？
為什麼我要讓自己過得那麼辛苦？
我不值得更好？
我在怕什麼？
我畏懼什麼？

在一連串提問後，終於，我聽見自己奮力吶喊：「不！我不能再畏懼了，我要唱出我的心聲，唱出靈魂的力量，我要用我的靈魂唱歌，現在，我希望這個我是一個能無所畏懼完整表達內心的我。」

祂們鼓勵我：「出來吧！陷在泥沼中的妳，那些屬於人的意識的妳，妳花再多力氣，她不想出來也沒用。」真是一針見血。祂們又說：「不要把自己困住了，妳已經不再是從前那個妳了，妳知道過去妳可以創造出這麼多悲苦在身上，現在應該停止了，妳要去創造應有的富足人生，妳是值得的，無論過去的妳如何無知，現在的妳有覺知地活在當下，就把所有力量都集中在這個當下，破繭而出！」在這個片刻我意識到，這正是過去的我和未來的我的轉折點。

音樂會當天的稍早，我的靈氣一、二階老師賽洛斯（Celose）和他的妻子小嫻來看我，在談話之間，他們發現了我的靈魂高我和我是分離的。但是當我坐在琴鍵前，彈著音符，本能唱出了靈魂的聲音，他們看見我的靈魂高我瞬間融進了身體，合一就這樣發生了，那是一種本然，我回到靈魂的本質裡了，隱約感覺力量一直在聚集。就在演出時，我內心的直覺反應是，向大家宣告從此不再辦了。或許這樣的表演形式從此不會再有，心中感慨著，每一次的發生都是唯一的一次，且行且珍惜。

二〇一九的確是告別從前的時刻。告別了過去的自我否定，我活在新的認定中：我是一個天生的歌手，這是我今生最會做，也最擅長的事，不需要想怎麼做，也不需要思考，我只要張開嘴巴，聲音就會自動從身體如流水一般傾瀉出來。當內在出現嶄新的認定時，外界的肯定也會出現。某一天，我聽見老友對我說：「小雯，妳不唱歌真的太可惜了。」從民歌唱到PUB，再唱到出片歌手，沒有真正發揮所長就離開，我的歌手生涯原是夢一場。這句話如果在自我否定階段聽見，我肯定三天三夜不能好好睡覺；可是這一天我沒有，反而覺得自己很幸運，仍有被人看好的一面。

25／學習整合左右腦

放下音樂之後，我開始著手今生的任務，時間全都用在精進上。一星期七天，店休的週一、二，我盡量安排親近大自然，做身心靈的鍛鍊、補充和能量交換。大自然用山教我看見自己的力量，又教我去攀登內心最難攀登的自我。在這個四面環海，中間聳立著大山的島嶼，我有幸能從每一座山扎扎實實修學到許多功課。

週三是重回人間的日子，除了負責餐廳營運，還外加個案處理，週三晚間九點的廣播節目《和你分享愛》也是每週固定的重要行程。「臼井靈氣能量療法」平日班和光中心的假日班課程，約三個月開班一次，自己店裡的平日班我從未正式公開招生，學員多半是我的朋友、個案、客人，而且每次都是委託宇宙幫忙牽線的，屢試不爽。

我常常用「多功能事務機」來形容自己，過去沒開店時，唱歌、寫歌、編曲、製作，我可以一人全包，還做舞台劇及電視劇配樂，這些創作對我來說輕而易舉，也是自己喜歡的工作。雖然沒有正式學過音樂，但我就是會編曲配樂，跟著劇情延伸，那些音符自然就會在腦子裡迴盪，透過手指在鋼琴的黑白鍵上彈出。只是因為沒有受過專業訓練，不通樂理，技術上是不足的，我需要靠大量靈感才能完成創作，所以總要經歷痛苦的難產期，但這些磨練幫我累積出今天的根基。

現在的每一天，晨起做靈氣沐浴時，覺得自己像剛從宇宙回到地球，在蓮蓬頭下靈感仍澎湃不已，沐浴時它們不斷浮現，幫忙處理許多不同層面的問題，對自我身心障礙的修復、料理研發、書稿內容的整合以及個案提問，舉凡生活的、工作的、人與人之間的，它都能很快協助我搞定，同時也向我顯示，一定要好好善用這個能力，將它完全發揮。

同時做著這麼多事，腦袋有時候會當機，處理腦子當機，每天的練功靜心是首要之務，尤其碰到嚴重當機時更要多練幾次。

過去有很長一段時間，我的腦袋每天都處於無法運作的狀態，經過定時定點持續練功，我和宇宙建立起一個很有默契的溝通模式，只要我一站在那個固定點，不管是浴室或練功的地方，祂們很快各就各位，跟我一起練功，一起開會討論個案問題，還有我個人的困擾，甚或某些社會議題；那種感覺好像每天一早進公司的第一個會議，大家坐下來把工作內容整理好，提出問題，徵詢答案，討論完畢就各自分頭進行後續工作。

這件事讓我意識到每個人的腦袋根本就是一台電腦，而且是一台超級電腦，在宇宙的中心有一台主機，在地球的我們，每一天早晨一開機，便會自動連線，啟動掃描、更新、升級程式。而我還原與更新自己的方式就是：靈氣的沐浴↓靈氣自然律動↓靈氣手位療癒↓靜坐↓和高我對話討論各種議題↓最後傳遞祝福。

右腦到左腦的整合

現在我想來談談催眠工作帶給我的影響。

自二〇一四年開始提供催眠服務至今，成功案例幾乎九成九，曾有過一個失敗的例子，我認為當時自己沒有掌控好，在催眠前的訪談，個案釋放了非常多內心的苦悶，本來這是很棒的事，但到了正式催眠時，她已經累壞了，所以最後沒有成功。經過那次失敗的經驗後，我反而突飛猛進，因為反覆檢討自己的疏失，找到許多問題癥結。最主要必須把握一個原則，我要做一個有自信的引導者，要懂得控制全局，在訪談時先明確點出遊戲規則，在催眠間則要引導個案放鬆，但千萬別讓他們睡著，一再提醒他們要信任我，並順著我的引導前進，不要抗拒、不要思考、分析、判斷，最後一定能遇見未知的自己。

對於傾向右腦思考的我來說，這個工作給我的最大挑戰，是在開發左腦運用，我需要在催眠過程中判斷個案遇到什麼困難？卡在什麼地方？我該怎麼樣引導他們繼續前進？需要提出哪些問題，讓他們看見更多未知的自己？這些過程都在訓練我成為一個雙腦並用的全腦人。一個感情用事的人，很容易因為太過感性招致失敗，我說的正是過去的自己，我不是沒有理性的一面，但每每遇到重要關頭，感性就會大過於理性，往往因此錯失良機。一個完整的人，一定要學會把左、右腦整合起來，才能做最有效的運用。催眠引導者的角色就需要雙腦併用，才能在工作中有效率掌握時間、保持警覺，且密切注意能給予引導和提問的時機。

我的老師朵洛莉絲（又稱朵奶奶）有時會出現在我事前的準備靜心中，她常提醒我：「去和妳的個案待在一起，請他告訴妳他正在看見和經歷什麼？從這些回答中找出問題來，這出於妳的好奇心，而不是頭腦的判斷，讓問題和答案敞開與流動。」人生本就是來解決問題的，從一連串的問題中找出答案，再從答案找到更多的問題，在不斷提問和回答之間，就會帶出更多的可能性和明白。

過去十多年來我和高我及指導群的討論，就是用不斷提問來找尋答案。相信我，不論多麼愚蠢的問題，祂們都會不厭其煩地回答你，你不用擔心丟臉，或無法接受自己怎麼講出這麼幼稚的事；請記住，祂們是來輔導你的，你的靈性成長是祂們要負責的事。某些人生的重要議題與困惑，透過這樣的討論，往往會在緊要關頭得到破解，而「頓悟」常常就發生在那一瞬間。

以我自己為例，某一次練功中靈光乍現，忽然明白自己多年來一直結的手印到底代表什麼意思。那是一個雙手十指相接，手中像握著一顆小球那樣的手勢，這個手印能將左、右腦整合，我可以從結這個手印感覺到左右腦正在通電，我的身體會有一種震動，告訴我它們正在互相交流，那是一個很巧妙的發現。如果你在工作上是大量使用左腦的人，不妨透過這個結印，啟動右腦幫忙左腦平衡；反之若是大量使用右腦的人也一樣，用這個結印來啟動左腦幫忙平衡。

雙腦合一手印。

有趣的是，在我忽然明白它的作用之後，大腦接著跳出一個畫面，告訴我一些和這個手印相關的資料。那是來自愛莎莎尼星球（Planet Essassani）的第五密度外星人巴夏（Bashar）的傳訊者達瑞爾・安卡（Darryl Anka）（＊），他在講座中回答群眾問題時，雙手所結的手印。這個手印的作用，就是從他的左腦語言中心，將右腦收到的外星高靈訊息，即時翻譯成地球的語言（英文）傳達出來。

這個左腦翻譯訊息的功能，其實每個人都具備，只是有沒有需要用到它，有需要用到時就會被開啟。我的解讀工作就需要用到這個功能，從接收訊息，到將訊息翻譯成慣用的語言及文字再傳達出來，讓我的個案知道來自高靈的指引，這就是傳訊的操作模式。

手印功法就是大腦神經操

十幾年前，祂們要我不要急切想知道每個手印的作用，只單純去結手印，每天練、每天練，自然而然有一天就會知道了。祂們還說在天上一秒鐘是人

＊愛莎莎尼星球位於獵戶座參宿五星系，是該星系的第三顆行星，比地球略小，沒有明顯四季變化且氣候宜人，居民居住在懸浮城市中。地球傳訊者安卡與該星球上一個稱為巴夏的意識群體，進行星際傳訊已有三十年時間，並出版多部書籍。

間十年功，要我一步一腳印去累積。所以在這裡，我要把這些費盡千辛萬苦所得來的領悟，真實不虛地傳遞給更多人，希望大家都能省下那十年功，有效地去運用它來改變你的人生。

手印功法其實就是大腦神經操，可以修復和活絡腦神經，因為手指有很多神經連接大腦，手指的動作越是靈活，越能在大腦皮質層建立更多的神經聯繫。我所練的自發手印功法，多半著重在與腦神經聯繫來帶動身體的律動，包括四肢、筋骨和肌肉的活動與伸展，這樣的律動連經絡、穴道也一併疏通了，當全身都疏通，思路自然暢通無阻。

人類的大腦是一部非常精密的儀器，要搞懂它一時之間並不容易，但如果能雙腦併用，有些事自然能無師自通，至於通哪裡呢？答案是通往宇宙的資料庫。人類的大腦可以和宇宙連線，那個資料庫裡有大量資料可供下載和運用，先決條件是你得學會雙腦併用才行。

練習雙腦併用

提供多年的練功心得給大家參考，不但可以強身強心，更可強化腦功能。

雙腦整合的手印功法

一、或坐或站都可以，閉上雙眼，調整呼吸，慢慢去感覺全身都放鬆後，再將雙手十指相接，像握著一顆手掌大的小球那樣的相接法，完成這個手印。

二、持續調息到進入更深的寧靜，把注意力放在兩手手指相接處，去感覺它們的振動、旋轉，持續感覺和進入它們之間的通電、交流及更大的振動、旋轉，經過一次又一次的深呼吸，直到感覺這通電、交流、振動、旋轉已到達完全為止，這就完成了整合。

三、用你的直覺去感覺整合已確實完成，在結束前做一次深深的呼吸，吸氣時慢慢將雙手手指，從小拇指到大拇指依序分開，吐氣時只剩下大拇指是相接的，吐完氣將兩手分開往身體兩旁放下，接著甩甩手，然後再將雙手合十放在胸前，感謝宇宙的恩賜。

雙腦整合至心腦合一的手印功法

步驟一、二同上，按以下方法接著做步驟三：

三、用你的直覺去感覺步驟二的雙腦整合已確實完成，再將雙手手腕貼住胸腔心輪的位置，去感受心和腦也在通電、交流、振動、旋轉，經過一次又一次的深呼吸，直到感覺這股通電、交流、振動、旋轉愈來愈深層，也愈來愈擴展，一直到感覺心和腦也合併了，就完成整合。

四、用直覺去感覺步驟三的心腦整合已確實完成，在結束前做一次深深的呼吸，吸氣時，慢慢將雙手手指從小拇指到大拇指依序分開，吐氣時只剩下大拇指是相接的，吐完氣將兩手分開往身體兩旁放下，接著甩甩手，然後再將雙手合十放在胸前，感謝宇宙的恩賜。

雙腦整合至心腦身合一的手印功法

步驟一到三同上，接著做步驟四：

四、用直覺去感覺步驟三的心腦整合已確實完成，將雙手手腕往下移至胃部太陽神經叢（胃輪）的位置，貼著，然後去感受心、腦和胃在通電、交流、振動、旋轉，經過一次又一次的深呼吸，直到感覺通電、交流、振動旋轉愈來愈深層，範圍愈來愈擴展，深入到感覺心、腦、胃都合併在一起了，即完成整合。

五、用直覺去感覺步驟四的心腦胃整合已確實完成，結束前做一次深深的呼吸，吸氣時慢慢將雙手手指從小拇指到大拇指依序分開，吐氣時只剩下大拇指是相接的，吐完氣將兩手分開往身體兩旁放下，接著甩甩手，然後再將雙手合十放在胸前，感謝宇宙的恩賜。

26／信念重建的靈訊——你就是光，你就是愛，你就是祝福

經驗告訴我，一個人如果不從內在靈性擴展層面提升自我，只從頭腦和實際層面下功夫，力量是薄弱的，因為人類設限在頭腦的認知之下，喜歡用過去的經驗判斷一切，這樣受限的自我很難全面施展。反過來說，若能透過連結高頻意識來轉化及提升小我頻率，就能進一步影響及推動實際的進展。最顯而易見的例子，人人都會說鼓勵自我的話，但這些話若是從高頻意識接收並下載到頭腦中，往往具有不可思議的力量；請相信我，我就是最真實的見證者，這件事確實改變了我的人生。

以下文字是某次練功時來自高我和Oneness（合一）的靈訊，它們徹底幫我洗腦，過去低落的自我價值感，一夕間全都消失了，我覺得這些訊息不只對我有幫助，對任何人來說都充滿啟發性，因此特別在這裡分享給需要重建信

念的人：

「妳是鑽石，妳是有價值的，先看見自己的價值，妳的價值超越金錢的價值，妳是會發光發亮的鑽石，不要去跟人比較，每個人有自己的系統和師承，不只有今生，還包括累世。妳的能力源自於本質，絕無高下，只要不斷精進就能跟著時代的腳步前進。

「我們給妳的能力，妳如何運用和傳達要靠自己的智慧。如何把它們展現出來，是美的呈現，有力量的傳遞；如何從大自然的教導中汲取美的精髓，把美的力量形容出來，把妳的感動說出來。」

二〇一九年七月十七日的練功中我又再次收到來自Oneness的靈訊：

「親愛的，妳知道妳是有價值的，妳是光，妳是愛，妳是祝福。每個人都受到天啟，我們注意到妳的光很特別，我們需要妳去協助這個世界，我們在說這件事的同時，妳只是一個代表、一個管道。

「我們知道妳對自己要求很苛刻，我們請妳不要再這樣嚴苛對待自己，這麼嚴苛對待自己的妳，會讓自己受折磨，我們希望妳是一個輕鬆愉快，懂得在苦中作樂的樂活人，我們看見妳在苦中作樂的模樣非常可愛，而且親切，妳會讓大家看見妳樂在其中，妳在『品嘗』苦頭的時候，會用光來面對它們，這是最可貴的一件事。

「從今天開始，妳和以前不一樣了，妳想知道為什麼，但我們希望妳不用去了解為什麼，它就是會不一樣，有很多事情並不需要什麼道理，也不需要時間的流程，或是一定要有些什麼程序，這些妳想搞清楚的事都無從探究，因為有很多事情是承先啟後的。什麼是先？什麼是後？未必是你們所認知的先後順序，說不定那個後才是先，那個先才是後。

「所以我們要妳不要再用腦袋，改由身體直接感受，請記住『覺察自己』是妳最重要的功課，覺察自己不要再受外界影響，當外界的影響來到妳這裡的時候，妳的光可以吸收和消化它們，把它們變成妳的力量，這些都是妳的本質裡有的，那是妳的能力，妳如何把那些不舒服的感覺變成力量，是妳一直都會做的事；妳正是這樣一直讓自己不斷精進，妳是一個活生生、自由自在的靈魂。所以我們不要妳停留在那些影響裡，我們要妳很快走出來，不是說那些影響不再來干擾你，而是妳被它們影響後能得到啟示，這才是最重要的。如果要妳拒絕走進那些影響，反而阻止了妳的成長。

「有許多人會迴避這些影響，迴避之後不去經歷，就不會有深刻的體會；因此我們要妳做的是走進這些影響，不管它多麼痛苦，就是去經歷它，然後繼續不斷地走，不斷向前走，這就是妳此生的任務，走進妳的痛苦裡，在苦海中讓自己發出光亮來，是妳的任務。

「這個光亮就是我們要傳遞給世界的訊息，讓所有在苦中的人知道，苦樂參半的人生其實是美好的；因為那些樂是來自苦的獲得，希望妳能將這件事發揮到極致，不要在意別人對妳的評斷，不要在意他們怎麼界定妳，怎麼標籤妳。每一個人都是獨一無二的，妳不需要被定義，妳要看見自己在這個嘈雜的世界裡，仍然可以非常清晰明確的知道自己是誰，知道自己的光亮在自己的身上。

「至於如何把自己的光亮展露出來，就是現在要去身體力行的事，讓自己發光發亮，不要帶著恐懼，而是有自信的。在妳的聲音裡就可透露出這樣的訊息，聲音準不準確不是技術上的問題，而是信心問題；聲音夠不夠力，也不是技術的問題，是勇氣的問題。所以現在提醒妳，從聲音去感覺自己的信心夠不夠？勇氣足不足？還有自己是否有足夠的力量去告訴這個世界，去證明自己，證明妳的光，證明它如此明亮，如此繽紛。謝謝妳，妳是我們的其中之一，one of us，我們就是Oneness，謝謝妳，幫我們傳遞我們的光。

「去告訴人們，在宇宙信息場裡有一台播放器，不斷播放這一些光的訊息讓你們聽見，因為人類很需要。」

檢視自己與信念重建的過程

經過Oneness靈訊的洗禮，二〇一九年七月二十四日這一天，對於我想寫的書是一個重要日子，因為出版社社長終於在這一天點頭答應出版，對我來說，這也是自我認同和價值重建的階段性完成。練功時，我對指導群提問：「之前練靜定時看見順流，到底什麼是順流？每一個人對順流應該都有不同解讀吧？」

祂們給我的解答是：「練靜定，境界自然會轉。至於如何參透它，要看妳有沒有這個智慧，所有的決定都不會帶來妳想要的圓滿，因為做決定就必須切割，切割會帶來痛苦，我們不要妳再製造新的痛苦了。」經此一說我明白了，原來我過去的習性是一遇到難解的題目就做切割，以為切斷就好，殊不知那樣造成許多令人心痛且無可挽回的傷害。我想，祂們要我寫這本書，就是要我進入更深的靜定，這幾年來，逐字逐句累積了許多生命學分。嚴格說來，我不是作家，也沒有什麼了不得值得宣揚的事蹟，不過是每遇到一個瓶頸，就利用機會好好學習。

接下來換祂們對我提問：一、妳一定知道如何順流，但順流對妳現在最大的煎熬是什麼？二、當妳看著洗不完的餐盤，心裡的感覺是什麼？三、對妳來說，蕃茄主義的存在具有什麼樣的實際與精神意義？

這幾個題目無疑就是來教我檢視自己的，其實當祂們說不要再製造新的痛苦時，我全明白了，在溪流中靜坐的那顆大石頭，就是「蕃茄主義」，感覺好像很抽象，但這就是我這麼多年來生存的基石。表面上看來餐廳一直虧損，甚至傾家蕩產，但心中的踏實感卻無比扎實，這種實際與精神上的強烈對比，其中一定含藏什麼重要信息，我依靠什麼信念才能把餐廳支撐到現在，恐怕不是一般人可以了解的。從另一個觀點來看，洗不完的餐盤就像周而復始的老問題，時運不濟、大環境動盪，那又如何？有生存危機的餐飲業者比比皆是，並非我一人不順遂而已，我一直沒有真正下決心切斷，是因為看到這個基石對我個人和夥伴們的重要，甚至對很多喜愛我們的朋友，還有對那些真正用心經營自己人生的人，蕃茄主義的存在確實有著很重要的意義。

我想，這是我這個人生階段需要參透的事，如果真的撐到只剩一分一毫，我也只能放手順流。重要的是，我要如何看待眼前這個課題，不僅僅是決定要怎麼做，而是進入更深一層的順服。這些回答也傳達出我的信念所在。

信念重建就是瓦解僵化的自我大腦

接下來我想談談信念重建。關於信念的重建，聽起來好像在拆卸一個物件，然後重組起來。但這裡要特別提醒，拆卸自我和拆卸物件是完全不同的兩回事，自我的固著僵化，不像物件那般容易拆解，必須具備一定的條件：首先你要有意願成長，還要有意願改變，最後要有勇氣面對難堪，過得了這三關，才有希望重建信念。

某一次自我重建時，我經驗到痛苦不堪的失落感，但是那種逼迫我從無力不足，轉化到充滿力量的過程非常珍貴。練功時祂們鼓勵我：「把別人對妳的評斷放下，妳已具備勇氣去如實呈現自己，不要受評斷的影響，妳不是任何一個人以為的那樣，他們不是妳，妳才是唯一知道自己在做什麼的人。

「宇宙在妳身上顯化的，是讓一切經由妳而流動、傳達，這個一切不是指單一的頻率和意識流，而是涵蓋萬物、萬有的寬廣頻率，這些能量的流動，都是在妳傳遞的同時發生，並給予協助的。人們的看法和他們的看見有關，人類的肉眼能看見的實在太有限了，這是我們給妳的教導，要妳如何正確看待自己也是我們的責任。」那段時間我繼續練身印，每天練一點，全身氣脈全開，感覺天開、地開、心也開，想起祂們告訴我的：「腦袋就是宇宙，整個宇宙中的療癒資源都可以供妳下載使用，好好練、繼續練，這些提點其實也是給眾生的。」

我問：「那一般人要如何提升生命能量？」

祂們答：「可以運用靜坐，連結較高意識來提升頻率。」

「關於信念重建呢？」我繼續追問。

祂們說：「信念重建時的自我拆解是針針見血的，這是在瓦解僵化的自我大腦，當人們開始從不自覺走向自覺時，會很想知道自己是誰？我為什麼在這裡？我是來做什麼的？這種種疑問都是想逼自己去找出答案來，直到這些有關生命的問題有了答案之後，心裡才會感到踏實，這也是靈魂甦醒後的自我重組過程。」

學會信任與交託

繼續信念重建工程，但內心帶著一堆困惑：怎麼去了結和善後？什麼叫順著妳的生命之流？什麼是一切自有安排？問題堆疊至山頂了，最後我呼喚指導群，我們有了一連串對話，仍舊圍繞在蕃茄主義的未來這個始終無法有答案的主題，甚至我又開始懷疑祂們是來誘惑我的魔鬼，對話中祂們出現戲劇性的提問：「妳見過慈悲的魔鬼嗎？還是妳見過邪惡的菩薩？」儘管如此，我還是必須走進自己人生最大的難題——債務，而不是單純了結蕃茄主義，我自問：「我覺得自己一直陷在蕃茄主義中。」同時嘗試分析現況：「是否應該要結束它？結束之後還有一些現實的問題要處理，處理完才有可能好好規劃和思考。」

祂們告訴我：「這是妳要好好整理自己的階段，妳現在正面臨的事情，是要不要結束它？什麼時候結束它？怎麼結束？如何善後？還有妳手邊正在寫的這本書。」

「對呀！」我點頭如搗蒜：「我也很怕這個階段，我沒有多餘心力去寫這本書。」「這妳就錯了。」祂們說：「現在正是寫作這本書最適當的時機，妳以為妳在寫什麼？這些事都是來療癒妳的，都是妳需要釋放掉和了結的，都是為妳帶來祝福的；它們帶著慈悲、無私、祝福和光的頻率來到妳這裡，妳知道妳集結了這一生所有的痛苦、集結所有愛妳的人，和所有光裡的存有對妳的祝福。這個時候，妳寫下結束蕃茄主義的掙扎，也寫下那些讓妳飽嘗痛苦，卻依然發光發亮的寶貴時光，所以現在才是妳真正著手寫這個故事的時候。過去那些妳經歷了，現在妳著手寫的就是回憶，寫妳如何經歷它，如何釋放它、療癒它、放下它，最後成為一個嶄新的妳。」

聽到這裡，我終於明白了：「好，我知道了，我去執行就是了。」

「沒錯，我們就是妳說的出一張嘴而已，要怎麼做都是妳在執行。」不過祂們打包票：「我們百分之百給妳支持與協助，所以妳盡可能去完成自己想完成的，妳想完成的才是妳此生的目的。正如剛才我們講的，妳要為眾生服務，這是一個原則，這是妳的中心思想，妳不再是一個只為自己服務的人，妳在服務自己的同時，也在服務所有人，懂嗎？」

「懂了。」我說：「但我想知道自己腦袋裡的聲音是真的還是假的？」

祂們說：「哦！妳又在懷疑了？」

「是的，因為祢們告訴過我，懷疑是為了更確信。」

「看來妳真的把我們的話好好吸收和消化了。」祂們給予肯定：「沒錯，在每個階段，妳需要好好地審視自己，這是必要的，因為很多誘惑會一直來到妳的面前，尤其在妳低落及挫敗的時候，很多聲音會告訴妳應該這樣做那樣做，妳可能因此開始動搖或嘗試去做些什麼，所以現在妳知道自己在做什麼嗎？」

我說：「我一直都知道自己在做什麼。」祂們追問：「有比過去更清明嗎？」「嗯，應該沒有比現在更清明的了。」我肯定地表示。

「很好，這是我們教妳審視自己的方式，就是回想過去、看看現在，看看自己有沒有經過每個階段的成長而增加智慧，那些事讓妳得到體悟，它們是來滋養妳的，不是來消耗妳的；妳每經歷一個挫折，就為妳帶來更大的力量，讓妳成為更有力量的人，所以現在的妳是否比過去更有力量？我們要妳審視這個問題，看著自己……」

「好，我正在看我自己，我仍然有糾結。」我坦白面對自己的內在。

把蕃茄主義交託給宇宙

祂們要我「看著它，檢查妳自己」，並請問自己：「我現在有力量嗎？」

祂們要我問問身體：「請問妳的身體怎麼回答妳？」

我答：「我的身體一直點頭，它笑，然後點頭。」

「好，身體是最誠實的。」祂們要我繼續檢查：「請繼續檢查妳的脈輪，關於物質的三個脈輪，海底輪如何？」我回答：「是開心的。」祂們再問：「臍輪呢？」我答：「點頭了，它們說ＯＫ。」祂們又問：「那太陽神經叢如何？」我答：「點頭，用力地點頭。」

祂們說：「看看妳的心輪？」我說：「心輪嘟著嘴巴，揪起來，有好多不捨，但是它最後點頭了。」祂們告訴我：「妳的心輪回應妳，它說不捨都會過去的，所以，有捨才會有得，哇！妳的心感動我們，妳有被感動到嗎？」說到這裡祂們竟然哽咽了。

「有，我有被感動。」我也哽咽了。

祂們說：「妳的心這麼寬闊，即使如此痛苦不堪、糾結不捨，仍然寬容看待所有事情。現在來看喉輪。」我說：「它準備好去傳達，正面告訴大家這個故事。」

祂們繼續要我檢查：「接下來看眉心輪。」「非常的開心。」我說：「眉心輪的開心是我真的看開了。」

「我們來看頂輪。」祂們毫不放棄。

「頂輪說都過去了，不需要再掙扎了，面對它們好好做了結，了結該了結的。」這是我從頂輪得到的訊息。最後我問：「我想再知道一件事，祢們說很多事不能強求，並不是強求掙扎就一定可以如願，那麼我現在順流了，如果蕃茄主義已經到了最後尾聲，我要隨順這個安排嗎？是不是？」

祂們說：「是的，順著這個安排吧！孩子，妳辛苦了好久，把它們放下來吧！妳對蕃茄主義的付出已經夠了，接下來把它交給我們吧！現在的妳，不適合也不需要再去安排什麼了，順著生命的流動，一切自有安排。」

我流著淚一迭聲贊同：「好，好，好，謝謝！」原來了結蕃茄主義的方法，是把它交託給宇宙。終於，我願意交託了。

伍

放下追求向內走，回到愛與呵護

27／心想事成的靈氣許願盒

某日練功靜坐，看見自己坐在一池寧靜的湖水中央，湖面倒影著秋天轉黃變紅的樹葉，實景與倒影連成一幅美不勝收的畫面。當下內心悄悄升起一種明白：這個世界的完整呈現，是真真假假、虛虛實實的。看得見的與看不見的同時存在，說明世界的完整性；人也一樣，是由外在與內在共存所構成的完整個體，探討看不見的世界，能讓我們更加明白生命的完整性。

高我說：「每個人的內在都有神性，妳的神性特質已經很強了，最好多加善用內在神性特質去做每一件事。」

我好奇問：「那會怎麼樣呢？」

高我說很難形容那種感覺：「妳必須自己體驗。」

「好。」我應允：「用我的神性特質去做事，那將會是……」沒想到高我接續我未說完的話：「那會像神經病！如果妳明白這一點，還願意試試看；其實妳已經有點像神經病了。」我們一起笑了出來。

高我繼續說：「只要到達那個境界，妳做任何事情將不費吹灰之力，輕鬆自在便能完成，妳也不用把自己搞得像八爪魚一樣。從前妳用人的思維看事情，一旦開始改變成神的思維，將不再感到吃力。」

二〇一五年十月五日是一個值得標記的日子，從這一天開始，我的高我指導靈變成一個群體，這是一個重要的升級，我們一起更新到更高的頻率狀態。在練功時我們討論我的狀態。高我說：「妳正進入新的課題，目前妳的手邊有好多處理個案，包括有形和無形的，看起來已和從前大不相同。同時妳也要處理自己的工作、家庭、金錢、內在的創傷、恐懼和匱乏感，這些日子以來，一些人、事、物從四面八方不斷來向妳索取，妳都能一一給予，且在不斷的覺察中更清明覺知，妳知道為什麼嗎？」

我嚅嚅回答：「是因為我有愛嗎？」

高我：「不，是因為妳就是愛。」聽到此淚水瞬間流了下來，我重複著高我的話：「我，就是，愛。」

「當妳感到匱乏的時候，請記得『妳是愛』，愛始終源源不斷流向妳。」此刻淚水不停湧出，我喃喃複誦：「我是愛。愛源源不斷流向我。」

祂們告訴我：「我們知道妳感到匱乏，也知道妳的內心有許多恐慌升起，我們都知道，我們是來提醒妳，妳和我們是一起的，妳並不孤單。」這時我已潰堤到不行，彷彿心中的莫大委屈瞬間被理解了。

高我說：「我們絕對不會把妳丟在孤單無助裡，妳很棒，很厲害，妳已經盡力完成了那些使命，我們為妳感到驕傲與感動，一切的不舒服都過去了，妳可以放鬆一下，現在的妳更強而有力，有更堅定的信念和更多的愛。」

強化願力的靈氣許願盒

在我決定放鬆一下之後，某日清晨，我發現自己幫蕃茄主義設定的Reikei Box，能量旋轉跟宇宙能量一樣強。Reikei Box是一個靈氣許願盒，在靈氣二階的課程中會學習到；使用方法是把願望寫在紙上放入盒裡，再放入水晶讀取並放大這個願力，利用每天靜心時接收宇宙能量，來傳遞祝福給這個願望，期許宇宙協助願望達成。

我曾多次使用許願盒心想事成，它真的很靈驗。我也幫忙過個案設定，幾乎每個願望都會完成，它的原理很簡單，人在遇到挫折或受到刺激之後，不自覺會發起願來，有的人把願望說出來，有的人則在心裡默想：「從現在起，我一定要改變自己，不然就怎樣怎樣……」諸如此類，但事隔多日後，這個發願卻被自己淡忘了。殊不知你的發願一直儲存在宇宙信息場裡，如果你不去完成這件事，它會一直待在那裡，在一個「待完成」的資料夾中，不時發出提醒訊號，你心裡總會出現莫名的不安，好像有什麼事沒有完成，卻不知道是什麼。可能那個資料夾早已積存一堆待完成的事，它們不斷催促你，你一直不處理，人生的速度因此被拖緩。

Reikei Box靈氣許願盒可以協助我們心想事成，改變自己，把自己推進靈魂設定的道路上，並藉由它把願望實際化。我們每天靜心時，都可以為它傳遞祝福，促使它發生。當然自己才是強化這個願望的力量，願愈強，力愈大，不需要多久就會實現了。

收驚魂

關於Reikei Box靈氣許願盒如何在生活中落實心想事成，我有幾個寶貴的經驗。第一個經驗發生在幾年前，當時先生出了大車禍，從左肩到手臂粉碎性骨折，手術後那半年間他沒有認真做復健，一天晚上他的血壓高到快兩百，緊急去看醫生，回家後想早點休息；我認為高血壓應該跟手臂的傷有關，試著用靈氣手直接在他的肩膀做療癒，沒想到手才放上去就被一種無形的果凍黏住，甩也甩不掉，我想應該是傷口沒有復原得很好，產生能量鬱結。當下先將它們疏通，然後在練功時，詢問指導群怎麼處理更好？

祂們告訴我：「是魂魄掉落在出事地點，快去叫回來。」我當場傻眼，問說：「要找誰來做？找道士嗎？我先生是虔誠的基督徒，怎麼可能讓我這麼做？」

祂們說：「不用找道士，妳去叫回來就可以了。」

「我？」我大感意外：「我怎麼會？怎麼叫啊？」

祂們教我：「來，非常簡單，就去車禍地點叫他的名字，叫三聲。親人叫最靈驗，馬上就叫回來了。」

「天啊！這是在考我嗎？」我忍不住哀號起來：「我怎麼會做這種事呢？要是叫到的不是他很恐怖耶。」

「先別慌，這世上只有一個叫這個名字的人在那裡掉落了魂魄，這一點妳心裡很清楚，所以不可能叫到別人。」祂們繼續說：「就照著靈氣二階Reikei Box許願盒的設定方法，去找一顆水晶，先設定它的功能性，再找一個大小適中的盒子，還需要一張跟盒子大小差不多的紙，寫下主題、內容、人名和設定日期，放進盒子裡，這些妳都會。」

接下來祂們耐心一步步教我該怎麼做：「先將水晶放在先生的身上，貼身放置二十四個小時，讓水晶讀取他不完整的靈魂DNA，水晶是會記憶的礦石。第二天正中午到車禍地點，把這顆水晶放在手掌心，輕輕對著出事的地方叫他的名字，喚三聲，請他跟妳回來，到時候妳就會知道妳叫到了，然後把水晶放在盒子裡帶回來。

「這顆水晶已儲存了他原本不完整的靈魂DNA，再加上從掉落在車禍地點叫回來的部分就完整了。然後請他在午夜前的子時，乖乖躺下睡覺，把許願盒打開放在他的枕頭邊，讓儲存在水晶裡的完整靈魂DNA回復到他身上，等隔天一早他睡醒後，再詢問他是否睡得安穩，若是平安，就大功告成了。」

後來我真的把這件事辦妥了。記得在車禍地點叫他名字的時候，第一聲沒有反應，當時有點心慌；叫第二聲時，有了微微弱弱的震動；第三聲時更確定的旋轉起來，這是我人生第一次當道士，題目叫「收驚魂」，但我不需要穿道袍，也不用帶鈴鐺。總之，當先生告訴我他睡得很平安時，我高興得差點掉下眼淚，有些事真的不能不信，冥冥中有一股無形的力量幫忙，沒有多久他的血壓恢復正常，人也舒服許多。

失而復得的馬丁鞋

經驗過靈氣許願盒的神奇妙用後，我逢人就說這個故事，這不是對魔法的著迷，而是更相信自己的信念絕對可以心想事成。就像我說過的，大多數人只記得許願，卻忽略了強化、執行及完成它的過程。

有一次女兒妹妹去學校上課，不小心遺失了我買給她的生日禮物馬丁鞋，事發當天下午，她從學校打電話給我，慌張地說：「媽，妳在家嗎？趕快幫我看看我的馬丁鞋有沒有在家裡？怎麼辦？它不見了！今天熱舞社的成發彩排要穿，怎麼辦啦？」又找不到東西了，這是她平日常有的事。

我確實記得她把鞋子放在一個黑色不織布袋內，跟書包擺在一起，那個空間現在是空的，顯然鞋子已被她帶走了。確定馬丁鞋不在家裡後，我請她冷靜下來，回想一下最後一次看見它是在什麼時候？什麼地方？這一點我在女兒讀幼稚園，第一次掉東西時就告訴過她，找不到東西的時候要先冷靜思考，因為掉東西在所難免，掉了之後的態度才是要學習的重點；例如是否勇於承認自己的疏失？是否願意自我審視、自我檢討？是否願意付出行動，不斷積極尋找和詢問？我相信這些經驗都能讓孩子確實學習到自愛、自重、自理與自律。

女兒怎麼也想不起來把鞋子放在哪裡，聽了我的話，盡力去找去詢問，訓導處、教務處、總務處、各個辦公室，乃至學校上上下下和同學之間，大家都知道了這件事。我看她每天因為此事悶悶不樂，靈機一動找她和我一起設定靈氣許願盒，設定過程中，我請她和我一起反省並檢討這個疏失，也向宇宙提出改正自己的願望，希望宇宙能幫忙協尋，讓馬丁鞋失而復得。

一週過去，沒有新進展，我們持續靜心等待；第二週又過去了，還是沒有進展，妹妹愈來愈沮喪，我的心裡也浮現一絲絲疑問。我想一定有人撿到鞋子，為什麼不願意歸還？是因為剛好合腳，他也喜歡，所以不想歸還？還是撿到的人拿去送給別人了？這些是我心中的疑問，並沒有告訴女兒，但我想自己應該要鼓勵她一下，於是邀她一起來為許願盒加強祝福的傳遞。我們一起將手放在靈氣盒上，對著它說：「全能的宇宙，我們相信祢的力量，請讓撿到馬丁鞋的人知道，這雙鞋對我們有很重大的意義，我們非常急切想尋回它，對於不小心遺失它的事，我們深感抱歉，也很感謝撿到的人這些日子對它的照料，希望馬丁鞋能早日回到我們的身邊。」

接下來，第三週過去了，還是沒有下文，我幾乎要放棄原本抱持的正面態度，我想撿到這雙鞋的人，應該是很喜歡它，想佔為己有，如果真是這樣，我們就得面對馬丁鞋可能不會回來的事實。我應該請宇宙告訴這個人：「如果你那麼喜歡它，請好好照顧它，是我們沒有好好珍惜，怪不得別人，謝謝你。」我把這些想法告訴女兒，這對我們來說不太容易接受，但日子必須回到正常軌道，我們才能繼續前進。

就在做好心理準備的隔天下午，我收到妹妹從學校傳來的一張照片，照片裡是一個打開的紙袋，裡面躺著她的馬丁鞋。看到照片，我從心底笑了出來，直搖頭，太不可思議了，就在我們放下期待時，竟然失而復得了。原來是午休時教官問妹妹的同學，是不是班上有人一直急著尋找一雙遺失的鞋？那位同學趕緊來通知女兒，妹妹說她聽見當下，就在走廊上大聲尖叫起來。我可以想像那個畫面，一個興奮、驚喜，又百感交集的青春期少女。

教官說，撿到馬丁鞋的是一位老師，他在電梯裡撿到鞋後拿進辦公室，想說晚一點要交去失物招領，不料一忙忘記這件事。幾天後他要找東西，打開桌邊的櫃子，瞧見這一袋東西，才想起那天忘記拿去失物招領了，趕快拿去，馬丁鞋因此重回女兒身邊。好妙！是宇宙幫忙提醒的嗎？是吧！

那些日子，我們的心經過幾番天人交戰，就在接受「它真的掉了」的時候，鞋子失而復得。如今馬丁鞋安好地掛在妹妹的床尾，對我們來說，最寶貴的學習是對於人性，我們依然抱持樂觀和希望。

回到祝福

現在回頭說說我從蕃茄主義的靈氣許願盒所感受到的能量，它和宇宙能量一樣快速旋轉，是因為我已經非常清楚自己的任務跟靈性成長有關。最初我設定主題的時候，是關於金錢的課題；經過十多年，這個主題一直在修改，隨著心靈的成長，我愈來愈朝向內在擴展，價值觀也愈來愈超越物質，我漸漸明白外在世界的好壞，跟每個人的內在成長息息相關。如果一個人的成長是停滯的，整個大環境也好不起來，我的許願就這樣跟著我一次又一次的提升而轉變，現在這個靈氣盒裡的願望，已經回到再簡單不過的兩個字——祝福，我祝福自己、祝福地球、祝福我所愛的一切。

28／療癒從自己開始

每個人的內心都有好多聲音，讓我們一起聽聽內在的聲音。

內在問：「此刻妳聽見什麼？」

我說：「我聽見外面的聲音，屋外有狗叫聲、工地敲木頭聲、電鑽鑽牆聲、車聲、人聲、鳥叫聲；屋內有電流聲、洗衣機聲、水管聲。」

內在又問：「這些聲音給妳什麼感覺？」

我說：「這個世界充滿嘈雜聲，各種聲音讓我感覺到人們的忙碌。」

內在繼續發問：「除了這些聲音，妳還聽見什麼？」

「聽見內在的聲音。」我回答。

內在問：「內在的聲音說了什麼？」

「內在和我一起討論一些事情，並說了剛才那些話。」

「內在的聲音給妳什麼感覺？」內在提問。

「寧靜。」我答：「這就是現在的我，每天和這個寧靜討論著我的生活、工作、困擾、疑惑。」

內在鼓勵我：「去告訴人們妳的轉變。」

「從何說起呢？」我有些疑惑。

「從妳最痛苦的時候說起。」

我瞬間閉上嘴，內心出現問句：「那些痛苦怎麼還在？」

內在說：「那些痛苦都在，它們都存在過去的時空裡，去找出來說說妳的轉變。」於是記憶的盒子悄悄開啟，回到了那一天：我看見自己站在月子中心的電梯口，凝視著前方牆上的一扇窗，紗窗外的鐵窗讓人感覺好像被囚禁在牢籠裡，心中有個衝動想跳下去一了百了。若能脫困我就自由了，我心渴求自由，我不想要這個自己了。那是剛生完孩子來到月子中心的第二天，擠完母奶帶到育嬰室，路程中看到鐵窗的那一剎那，我忽然好想死，覺得自己被困住了，這是今生第二次想死。別懷疑，人真的會有想死的念頭，當這種想法在腦海裡打轉時，不說出來不會有人曉得，自然也無從伸出援手，難怪那麼多人走上自殺之路。

人人都有內在療癒力

有一天餐廳來了一位客人，用完餐結完帳後，又回頭來詢問廣告宣傳單上寫的「QHHT量子催眠療癒」有什麼療效？沒等我解說完畢，她就激動嚷著：「今天可以幫我做嗎？」

我連忙搖手：「不行不行，這需要預約。」

她焦急地說：「啊！可是我好想死喔！怎麼辦？我每天都想死。」

當下我鎮定地對她說：「妳可以先不要死嗎？等我跟妳約時間，今晚打烊前妳先回來，我幫妳做脈輪的解讀與清理，一定會讓妳感到舒服些。」就這樣當晚我們先做了解讀，她離開前看著我，愣在那兒不解地問：「奇怪，我怎麼覺得自己變輕了？」

幾天後我們進行正式催眠，在腦波進入最深層的寧靜時，她遇見自己內在的強大力量，終於勇敢面對當前的課題。我相信人生的課題並不會就此停止，它會不斷再回來考驗我們，只是每一次過關斬將的經歷，都可以幫助我們從中掌握到更大的力量。從這個例子可以發現，若我從來沒有過想死的念頭，怎麼會知道那種想死的痛苦？又怎麼能鎮定地回答在我面前嚷著說想死的人，斬釘截鐵告訴她：「嘿！聽我說，我能夠協助妳。」尤其當她說跑了好幾家商店，都買不到木炭時，我又怎麼能先安住自己的心，不慌不亂勇敢直視她，用穩定的聲音和語言撫平她的恐慌。

在這裡，祂們要我提醒所有人，每個人的內在都有一股強大的自癒力，那是造物主創造萬物時所賦予的，因為人類過度依賴醫療，使得我們的自癒力沒有真正發揮作用，在此說的自癒力是人類潛在能力的一環，所謂的潛能就是當危急來臨時，必要狀態下會被激發出來的能力。你相信嗎？所有的療癒都是先從自己開始的。

多巴胺的異想世界

我的腦子裡有一個「多巴胺的異想世界」，一直想著要怎樣讓世人看見它帶給我的好處。祂們建議我把自己曾經歷過的重度憂鬱寫下來，這是一段關於潛能被激發的過程。祂們還要我把從小遭霸凌的事也寫出來，還說如果我怕寫出來會傷害到某些人，那麼不妨編一個故事來訴說，因為這段過去對我的人格養成非常重要。我覺得這些都是很好的建議，這樣我就可以不用再顧忌能不能寫？怎麼寫？或寫出來會不會傷害到別人。

事情的緣起是某一天突發了莫名的情緒波動，把深藏在心湖底端淤積已久的汙泥全翻攪起來，這個突如其來的情緒，打亂了原本的平衡，搞得我什麼都不想做，嚴重到甚至連靜心、律動、打坐的力量都拿不出來。這種無力感非比尋常，讓我記憶起過去曾經歷過的嚴重憂鬱日子。是的，我曾經患過嚴重的憂鬱症和躁鬱症，當時被強迫去看醫生，但我極力反抗，一個有憂鬱又躁鬱的人，頭腦往往比一般正常人還要清晰，好像顯微鏡一樣縝密細膩，但那種如雲霄飛車般起伏的情緒真的會要人命。

記得在我極力反抗時，說出以下這段話：「為什麼我要去看醫生？為什麼要去告訴一個陌生人我怎麼了？然後讓他確診我病了，那些不都是我告訴他的嗎？所以只有我才知道我怎麼了，只有我知道我自己的問題，我不需要別人來告訴我我怎麼了，如果你們覺得我病了，那你們才真的是病了！」很慶幸後來我沒有走進醫院，現在的我依然還是我自己，一個有自主權的自己。

但我確實有過想死的念頭，甚至想過各種死法（幸好並沒有真的去做）。我發現每個人都曾想到過死亡，尤其當重大變故、疾病發生時，我們的心不自覺會聯想死亡，但這跟想死不同。想死是一種不想要自己的念頭，這個想法的背後有好多自我否定、批判、羞愧、絕望、放棄……這些念頭會把我們的能量拉得很低，最後萌生輕生的想法，接下來就會有一群負面的集體意識，悄悄靠過來影響我們，叫我們去做一些傷害自己的事。沒有練習過自我覺察能力的人，一時之間很難認出那些聲音不是自己的，結果真的去做了。

你是一個「多次元集合體」

曾看報導提到，人腦的神經迴路是在童年時期形成的，小時候經歷開心的事對幸福感的建立極為重要，當一件事情給你帶來滿足和快樂，幸福感的神經化學鏈接就建立起來，不斷重複這件事，幸福感的鏈接會加強。同理可證，小時候經歷害怕的事，大腦就會建立起恐懼感的神經化學鏈接，若不斷重複害怕的經驗，恐懼感的鏈接就會愈來愈強。這些恐懼感無形中拉低了我們的頻率，使得黑暗力量愈來愈靠近。這說明一個人內在的黯黑才是始作俑者，我找到了自己產前產後憂鬱和躁鬱的原因之一，那麼原因之二呢？

在催眠實習中，我看見第一個跳出的前世，我是一隻躺在砧板上的小白兔，一個屠夫正在磨刀要把我剁掉，眼看著天真可愛的自己正慘遭毒手，現實中的我全身顫抖和淚水狂奔，那股無端冒出來的強烈恐懼是那麼真實，到底它們從何而來？這恐怕不是此生的經驗吧！是不是每個人今生的童年和後來的遭遇，再加上累世經歷的總和，才構成現在的自己？所以在研究自己的過程中，你會發現有很多線索，它們會帶你去追溯自己的人格形成，你不僅是你以為的你，你是一個「多次元集合體」。

我是一個報喜不報憂的人，總覺得挫敗就是要自己去精進，許多不了解我真正處境的人，都會替我捏把冷汗，他們完全不明白我為什麼會這麼淡定的撐到現在。其實我不是撐，不是逞強，我是經歷過一次又一次的重生，才能走到現在這個狀態。現在我想來說說一次生不如死的經驗，我把它看成今生的第一次重生。但那個經驗實在太痛苦了，當時萬念俱灰，說不上來有什麼身體上的實際疼痛，但就是痛，痛不欲生的那種疼痛，強烈的厭世感像幾千幾百支針刺進我的身體，讓我求生不能、求死不得。

今生的第一次重生

母親離世後，我自覺應該好好面對自己的債務，卻始終提不起勁，因為陪著母親經歷了一場生死，體悟到人生最終不過就是放下一切物質，怎麼能同時振奮起來去掙錢呢？但我總要想辦法賺錢來還給人家，我每天這樣批判著自己，在那種頻率很低的狀態下，總覺得自己是被害的，心裡常有委屈和疑問：為什麼人們要這樣對我？我又為什麼要讓人們這樣對我？這些心裡的戰爭，在某一天的一大早突然爆發了。

當天我從床上坐起來，卻坐立難安，又躺了下去，片刻又站了起來，接著又坐下，我想起來走動，腳卻像有千斤重，寸步難移。忽然覺得自己活不下去了，想死的念頭又跑出來，我想我應該去死，我不應該活著，我一直這樣告訴自己：對，我應該去死，我不應該活著。

可是我沒有勇氣，因此又批判起自己，問自己憑什麼活著？內心不停地爭戰，直到最激烈的時候，我拿起電話打給一位朋友。一開口我就罵說都是他害的，他被我罵得莫名其妙，一直解釋他沒有要害我的意思。我叫他閉嘴，我說他是笨蛋，聽不懂我說的話；他嚇到不敢再說一句話，我又罵他冷漠，最後他問我他該怎麼做才能幫我？我說我要是知道怎麼辦就不會打給他了，我很想掙脫這種快要窒息的感覺，最後大聲叫了出來：「我真的……快要活不下去了！」

朋友勸我去練功，我說我走不過去，有一股力量不讓我走到練功的地方，那個力量不要我去練功，它們不要我變好，我不值得好，我應該去死，我不應該活著，所以我才會打電話給他。我想我若不告訴他，萬一我真的死了沒有人知道，說到這裡朋友嚇到崩潰了，我非常生氣的大叫：「你勇敢一點，我才是那個應該崩潰的人，怎麼會是你崩潰，怎麼樣都輪不到你崩潰，你不可以失控，你笨蛋，你不要逼我講出自己是精神病，我絕不是精神有問題，我不想承認自己遇到了精神上的困難……」最後，我說：「我要掛電話了，我不知道自己會怎樣；但是，你要勇敢。」

我失去理性了，講出那些嚇人的話，任何人接到這樣的電話都不知道該怎麼反應，那一天是我這輩子最難熬的一天。幾個鐘頭後，在那樣巨大的掙扎與拉扯下，突然，我決定不再抗拒了。我試著把自己挪到練功的地方，用力坐了下來，接著就崩潰了。我一直狂叫，叫到聲嘶力竭。

不知過了多久，天色愈來愈暗沉，我筋疲力盡倒在地上，在半夢半醒間，高處出現一個小光圈，一位身著白袍的女人側著頭看我，祂慢慢下降到我的頭頂，把我擁在懷裡，我看見自己立刻變成祂懷裡的嬰兒。祂用手撫摸著我的頭，一股暖流湧入心底，那是聖母瑪利亞，祂的愛讓我的淚不聽使喚的流下，當下我知道自己正感受到此生未曾有過的無條件之愛。

就這樣，我活過來了。從那天起，我逢人就說，這世界上真的有無條件的愛，我遇過，真真實實的。

29／靠自己走出憂鬱和躁鬱

人類確實有一種神奇的超能力，不要以為我說的是神祕且怪力亂神的事，或是要靠膜拜神祇、養小鬼、出賣靈魂交易換來的某種神祕力量。我說的超能力是每個人與生俱有的自癒力，那是我們內在對生命的自覺，是一種本能，是生命的還原力；它源自於大自然，而人類就是大自然的一部分，所以說它是我們與生俱來的能力。可惜現代醫療過度開發，反而局限了我們的自癒力，沒有完全發揮出來。

記得我的靈魂剛剛甦醒時，我連照鏡子都不敢，總覺得自己好醜、好胖、好腫……我反覆問自己以下這些問題：

為什麼我會這個樣子？

我到底是誰？

為什麼我那麼不快樂？

為什麼我的身體那麼虛弱？

為什麼我有那麼多病痛？

一堆疑問塞滿了我的腦子，這些困惑就是我當時的心聲。是一個人的心先出了問題，身體才會出問題，身體藉由它的語言——癢、痠、痛、麻、木，來使我們注意它。不只身體會說話，我們的心也會發聲，一般人可以透過傾聽自己的心聲來深入了解自己，但現代人的通病就是，等身體出了問題才去看醫生，醫生只能為你醫治身體的病痛，你的心並沒有得到處理，心的問題才是一切的根本，你要去追本溯源才能根除真正的病因，否則只是在做表面功夫。所以每天要花一些時間和自己相處，跟身體對話，當我們拉近自己的身心距離後，就可以提早知道自己的身體狀況，也就能先預防及處理。

問題是怎麼做？很多人都知道要和身體對話、和心對談，但不知道方法，其實非常的簡單，把身體當成一個朋友，去關心它、問候它，一開始可能不會馬上回答你，但時日久了，你一定會收到身體的回應，關懷就是一種愛的表現，沒有人會拒絕你的，何況是自己呢。

你可以先靜靜坐著，閉上眼睛，慢慢調息，用你會的方法去調整呼吸，你可能聽某個老師說過某種呼吸法，或看過網路上流傳的方法，但盡量讓事情簡單，就用你最熟悉自然的方式呼吸，每個人都有一套自己的呼吸方法，人的第一個本能就是呼吸，所以，你只要靜靜去感覺自己的呼吸，慢慢的你就會感到非常寧靜了；接下來把自己的注意力放在心輪，反覆去讀它、感覺它，一會兒，會有些訊息跑出來，剛開始你們還沒有建立起默契，或是你不熟悉這個能量的運作，因此感覺不到它的反應，不過靜靜專注去讀它，一段時間自然就會有感覺了。那不是出自頭腦的想法，是感覺到的，完全用感覺去進行，請頭腦先退後，請它暫時不要工作。

這是你開始內觀的第一步，我在此提供的是一個概念，方法要由你自己去創造，這樣你就同時擁有自我覺察、創造力和啟動自我療癒機制的能力。

轉念如轉身

大家都知道轉念的重要性，但也一致認同這是一件超困難的事。請不要先否定自己，因為轉念就是要你把自己從低頻率拉回來，結果這一件要你去做的事，你先給了否定答案，要知道否定的想法就是讓自己往低頻走去。我希望你看清楚這點，看清楚自己的慣性，一旦看見了就不會再走進去。所以我說轉念如轉身，轉身的概念容易理解多了。

許多年來由於債務的關係，我認為自己沒有資格過好日子，因此吃、穿、用都極簡，幾乎沒有什麼花費，慢慢的我也不太有什麼物欲，沒有什麼特別想要的東西。說也奇怪，生活不本該如此嗎？可是，如果不是這個債務，我應該不容易那麼清心寡欲。

那麼這個債務到底帶給我什麼？也許真的如祂們說的是幫我定錨。別以為祂們這麼說的時候，我馬上就定住了，頭腦會一再自我否定，信念系統的建立非一朝一夕能完成，總要經過無數次自我撕裂，不斷瓦解再重組，重組再瓦解，直到它堅定如山，天崩地裂都無法移動為止。現在，我的人生信念是「我是一個幸運的人」。從債務這整件事的安排來看，它對我而言是一份禮物，一份很特別的禮物。

第一、因為這個債務，我對人生有了很不一樣的看法，我看清楚人性的黑暗、光明兩面，更確信自己有一顆清澈透明的心；因為這個債務，讓我知道在這個世界上，誰是情義相挺的朋友，誰能攜手共進。

第二、因為沒有條件生病，我告訴自己不可以停止練功，要不斷精進，持續和大自然連結，在爬山中鍛鍊身體和修煉心性，一定要每天靜坐靜心，練靜練定，督促自己做一個療癒自己的醫治者。

所以我說，債務成為我的人生中彌足珍貴的禮物。

找到內在的力量

寫作是抒發，也是整理和歸納；畫畫是心境投射的傳達；歌唱是表達心聲與渴望；練功律動是釋放心靈與肉體綑綁的救贖；攝影是觀看與聚焦內外世界的停格；料理是透過食物的滋味，傳達出所要給予的祝福和分享。這就是現在的我，濃縮二十三年的蕃茄主義經驗，極盡可能發揮自己的能力，醞釀生命的再生創造力。

某一次練功中，我看見自己的無力感，承擔力量的不足與恐慌，在我大哭一場後回到原點，回到那個寶貴的初心，我告訴自己一切只為分享，不為追求；只為讓愛流動，不為收穫。接下來的自我解讀，讀到臍輪時我又大哭了，看見自己有好多軟弱在肚子裡，那些不斷往肚裡吞忍的創傷一直向我伸出手，要我解放它們。

我哭著告訴自己：「我從來沒有這麼勇敢過。」因為過去我不敢做自己，深怕會遭來很多批判的聲音。現在我終於要勇敢向全世界宣告，我就是你們看到的這樣，我熱愛生命和所做的一切，我不在乎收入和是否成功，只在乎我會不會感動，我是一個活生生的人。

這個宣告之後，有一股好大的力量下來，不斷鼓勵我，那個力量最後告訴我：「勇敢去做自己吧！」

善用內視鏡整理自己

我確實這樣活過來了，愛是萬能的，能徹底改變一個人，當你感受到愛，你對這個世界的看法也會變得很不一樣，因為你不再用肉眼去看世界，而是用心去感受。有一次身體不舒服，朋友叫我去醫院用內視鏡檢查一下，我回他說：「不用，我自己就有一雙內視鏡。」朋友頓時啞口無言。

我說的是真的。從聖母的愛進入我的生命之後，每天練功時用靈氣手和眉心輪讀自己的身體，從第一脈輪海底輪讀到頂輪，一開始沒有特別感覺，但慢慢的那些脈輪開始向我回應它們的狀況。記得我的肉眼功能退化之後，世界變得愈來愈模糊，照人類的說法那叫老花眼，我清楚肉眼正在失去原有功能，一開始很不適應，就在某個機緣下，祂們說服我做腦部視覺功能更換，在那之後經過許多年靜坐修煉，內在視覺功能真的開啟了，說穿了這也是因應身體功能的轉變，自然而然發生的，只是多數人並不知道自己的內在之眼可以這樣開啟。

從此之後，我的視覺功能從外視變成內視，使用內視鏡看東西，剛開始模糊，但會愈來愈清晰，我的選擇為自己開啟了另一個視野。現在的我能看見許多肉眼看不見的東西，例如美麗的情感流動，有喜悅的、滿足的、慈悲的，也有愛的柔和光彩，當然我也能看見痛苦、憤怒、鄙視、計較、委屈、自憐、恐懼等各種存在黑暗中的光彩，因此也才明白原來黑暗的力量也會有光彩。想想在黑暗中，那些光彩需要用多大的力量才能發出亮度來，讓我相當震撼，它們也一直在啟發我，那些黑暗力量的背後，其實存在著一份更大的愛。

靈性練習題—如何用內視鏡整理自己

一天，我想用內視鏡整理自己。宇宙說：「我給你們很多整理自己的方法，請把雙手合十，放在心輪，然後說：「請宇宙幫忙我整理自己。」靜待宇宙的回應。

這個回應通常會透過以下幾種方式傳達：

一、身體的點頭。

二、直覺反應到「來了」。

三、感覺到震動，一種正向的旋轉。

感覺有反應時，再將合十的雙手舉高到眉心輪，貼住額頭，馬上會有一個力量把你的雙手手指展開，手腕仍會貼在一起，拇指接拇指，小指接小指，比出一個如蓮花的手印，這個就是了。接著做一次深呼吸，慢慢的吐氣，同時把雙手放下來，手掌心朝上，輕鬆地放在大腿上，等候接下來的指引。

宇宙指引：「我們幫妳選了一個適合妳的方法整理自己，看見自己的狀態了嗎？」

我說：「嗯！看見了。」

宇宙問：「這是什麼？這是緊繃？不高興、嘟嘴巴，為什麼呢？」

我說：「因為想要偷懶一下，覺得自己不停地做事好辛苦，身體的緊繃是因為小我想要休息一下，我可以休息嗎？」

宇宙說：「可以呀！現在不就是在休息嗎？」一聽這話身體立刻鬆掉了，小我也放下了。

宇宙說：「妳不能告訴身體不可以，這個世界和整個宇宙沒有人說不可以，那是自己給自己的不可以。」我們要面對的是自己對自己的壓迫。

我覺得這是一個很好的方法，只要你做一個自我提示，宇宙馬上就回應你，幫忙你完成你想要做的事，這次宇宙協助你處理的是「整理自己」。下次你可以整理身體的某個特定部位，比如牙床發炎、腸胃不舒服、頭痛，心情鬱悶，任何外傷、內傷都管用，原則是你要真的相信它。相信它，它就會發生作用，不要把它想得太艱澀難懂，宇宙非常簡單，只要發揮想像力，很快你就能飛進宇宙，想到、說到就可以做到。我把這個方法分享給大家，讓大家很快速處理自己的困擾，達到有效整理自己的目的。

30／從療癒自己到雙向療癒

一個療癒師在療癒他人的同時也在接受療癒，真正的療癒來自一個更大的力量——來自光、源頭、宇宙。療癒師只是一個管道，療癒力透過這個管道傳遞給需要的人，而療癒師的責任就是照顧好自己，不斷地修煉和精進，要愈挫愈勇，也要無所畏懼，並且在生活中做一個潔身自愛的人，更要具備一顆樂於助人的心。

以下來談談幾個有趣的個案故事。有一次接到一位老客人打來預約用餐的電話，電話裡他說不到一句話就一直咳嗽，後來連續幾次來電預約都一樣，說話時咳個不停，算一算咳了個把月，有一次我索性開口約他：「等你來用餐那天，可以留給我一點時間，讓我幫你服務一下嗎？也許可以幫你的咳嗽解讀出什麼，或拆卸下這個綑綁。」他馬上說好。許多客人只知道我會唱歌，會做菜，不知道我在能量解讀這一塊也小有能力，不是刻意想要表現，而是聽了覺得心疼，單純想要幫忙。

就在我們約好的那天，我讀出他不自覺抑制自己的咳嗽，導致感冒咳嗽拖延很久，我記得當時他的喉輪浮現出一種壓抑的表情，我問他為何憋著？是不敢咳嗎？為什麼不敢咳？他說他壓根沒有注意到自己憋著，只是覺得在辦公室裡一直咳嗽不好意思，怕影響別人，原來這就是他一直好不了的原因。解讀後這股能量解開了，也散去了；過了幾天他開心地打電話告訴我說他好了，完全不咳了。

其實除了他的能量場透露的訊息外，最重要的康復原因，是他終於發現自己會不自覺憋著不敢咳嗽，既然知道了，當然也就不會再這樣對待身體了。我們的身體常常透露訊息給我們，只是我們總是忽略它，久而久之身體跟我們的距離就愈來愈遠，它講它的，我們做我們的。因此需要透過一個媒介傳達溝通，才知道有什麼問題存在。如果一直缺乏溝通管道，甚至會演變成嚴重的疾病，逼得你非要搞清楚弄明白不可。

解讀他人的原理和解讀自己一模一樣，在那個當下，你就是他，他就是你，兩個人的能量場是相接交錯的，甚至併在一起，所以當你能讀出自己的訊息後，自然也就能讀其他人了。在此再說一次：所有的療癒都是先從自己開始，進而衍生出雙向療癒及多方療癒。

信任所產生的雙向療癒

後來這位老客人介紹了好幾位他的密友來找我解讀，他們一開始都先問我：「需要我告訴妳什麼嗎？」我的回答都是「不需要」。有些人會露出狐疑表情，為他要告訴我這個陌生人個人私事感到尷尬，所幸能量解讀的好處是不需要說什麼，除非你想說；其實只要透過解讀，我就能知道。那是能量場裡存下來有關你的心思、念頭、意識，這些都叫訊息，它們會透露出你的狀況，每個人的能量場總會隱匿許多沒有被處理的問題，多半是在不自覺的情況下一點一滴累積的；相信我，它們都逃不過我的眼睛，一個都逃不過。

坦白說，我在讀取訊息這一方面有特別的能力。有些人不懂那是什麼，因為訊息是看不見的，一般人很難理解；還有些人以為這是某種諮商，其實它跟諮商差距很大，是不同的腦部作業。記得曾經有一位精神科醫師來找我解讀，一開始他並未說明自己的工作性質，我讀到他在喉輪、眉心輪這兩塊地方淤塞得很嚴重，尤其聚集在耳朵周圍，有一股濃稠的能量讓他很不舒服，我還感覺到他的眼睛一直盯著前面的一個畫面在看，似乎很傷神的樣子。他說自己每天都會頭痛，且有嚴重失眠問題，必須服用安眠藥才能入睡。

對於感覺到他耳朵不舒服一事，我提了幾個問題。我問他的工作是不是每天都在聽一些不舒服的事？是不是有誰在說他什麼？還是責備他什麼？或是有人一直告訴他一些讓他難受的話？當下他馬上意識到那是怎麼回事了，然後他有點無奈地回答我說：「嗯，我是精神科醫生……」

因為每天門診從早到晚一直聽病人說他們的問題，長久下來不知道該如何消化；門診時，他的眼睛一直盯著電腦螢幕看病歷和打病歷，腦袋還要思考如何對症下藥，真的很傷神，偏偏自己就是精神科醫生，自己的問題卻不知該找誰處理？那些病人都帶著無形的負能量去找醫生看病，醫生一天要接收多少病人的能量？他們要如何排除這些負能量？當醫生自己也有狀況時又該怎麼辦？

我幫他解讀完後，發現他輕鬆許多。每個來找我解讀的人，來的時候一個樣，走的時候完全換一個人，一年多之後，這位精神科醫生又出現了，他說他是特地來告訴我他已經沒有吃安眠藥了，很感謝我的幫忙。這位精神科醫生算是一點就通的，有些個案一次就能處理好，有些則需要好幾次，視每個人的問題而定。

其實每次解讀當下與事後，我都有很深的觸動，不只是個案破解了自我綑綁，更因為冥冥中有一股力量在默默協助這個療癒的發生，加上事後個案的回報與分享，無論事隔多日或多年，都讓我感到非常欣慰。所以我才會說療癒並非單向的，而是雙向的。有時我會解讀到無感的人，他們對於自己的狀態很駑鈍，剛開始也許我們彼此都感到很挫折，可是慢慢地耐著性子去讀，就一定會有轉變。

記得和我一起長大的麻吉好友就是這樣，在解讀完一段時間後，她才告訴我：「上次妳幫我清理乾淨，最近負面情緒少了好多，很明顯地，我不罵髒話了，心中恨意少了，心也變輕鬆了。」還有一次幫忙解讀小學時的班長，事後他主動回應關於清理完之後的感受，他很誠實地說當下沒感覺，只是享受我的解讀，第二天卻發現自己意外的輕盈，我也被這番話療癒了。這就是我說的人與人之間彼此信任所產生的雙向療癒。

奇蹟會發生在相信奇蹟的人身上

在療癒師的角色裡，我需要常提醒自己祂們曾給我的提點：「奇蹟，會發生在相信奇蹟的人身上。」我的好姊妹麗華有一陣子膝蓋有些小狀況，以為是小問題，一不小心卻變成大狀況，連稍微蹲下撿東西，腳都不能彎曲，後來她貼了一種日本藥用貼布，第二天稍微好些，但到了第三天狀況又變差了。

我說讓我來解讀看看，是否可以緩解這個症狀，然後一口氣解讀、清理又再解讀、清理，來來回回連續做了三十分鐘，各種角度都做；她說膝蓋邊邊有個痛點，在我解讀的時候痛點會跑到另一個地方，於是我就針對這個痛一直去讀它，順道拉出好多負能量，它們一個接一個冒出來，就這麼一個小痛點，竟然清出大約十幾二十個負能量。靈感告訴我解決一個痛點，並不算全部解決，我想是不是還有一種可能，它們是從遠端聚集到這裡的，於是我集中注意力，從痛點向外畫一個大圈，然後專注去讀它。

當時我也不確定能不能把它徹底解除，但就以一種疏通周圍筋絡阻塞的概念來做，我認為這樣應該沒錯；說也奇妙，隔天，她說那個痛消失了，再隔一天，我們去爬山看日出，來回走了四公里上上下下，又經過好幾天也沒有再痛，連我都覺得神奇。我想，她的信念應該也是關鍵，因為她相信這件事，她相信痛會消失，這就是信念本身所聚集出來的強大力量。

其實當時我只是專注讀取，沒有多想什麼，單純就一個「試試看」的念頭。還記得當天做完後，突然一陣缺氧差點昏過去，還好稍微休息一下就好了。我始終認為要做好一個療癒師管道，一定要勤學不倦、大膽假設、小心求證，信念是其中最大的力量，還有就是療癒師與被療癒者之間的相互信賴。

31／和內在的力量聯繫

我曾經問過指導靈，要如何讓每個個案連結他們的指導靈？祂們建議：「可以運用催眠引導，讓他們的意識提升至頂輪的高度，在這之前務必先讓他們放鬆、深呼吸，調整好心態，帶著對自己的祝福與期待前往，不需要害怕，建立光的防護罩，讓他們知道自己是被保護的和被愛的。」

祂們要我先試著引導個案不要害怕，因為靈性的擴展是不會有危險的，有危險的不叫擴展。但若是心態沒有調整好，瞎猜或幻想，反而會落入低的頻率，因為想像比真實還要無法理解及難以控制，所以不要幻想和瞎猜，就是平靜地去接收訊息，將會帶來更多驚喜。

總而言之，靈性世界其實很理性又真實，你必須兼具感性及客觀的腦袋，但不控制也不主導，最重要的是，要有一顆開放的心。

松果體活起來了

小偉是我的個案之一，他第二次來做解讀時，已經跟半年前解讀過一次的他很不一樣，整個人清爽許多，他說自己開始在修煉，練氣調息，因為獨處的時間多了，也開始覺察自心的功課，細細去體會這些生命中的發生。他告訴我曾有幾次在熟睡前意識還清醒的狀態下，前額出現一個螢幕，並有一些畫面呈現，他想知道那是什麼？

於是我幫他從海底輪、臍輪、太陽神經叢、心輪、喉輪、眉心輪一路解讀到頂輪，在眉心輪處出現一種收縮和明顯的能量旋轉，像漩渦一樣，看起來他這個部位的松果體正在很活躍的活動著。他是我第一個接觸到靈性正在擴展的男生，老天給了每個人不同的特質，我們真的要好好愛惜這個身體，更要好好運用自己的潛能。

在身心靈的擴展進程中，位於前額兩眉中間的第三眼，也就是第六脈輪，有人稱之為額輪、靈輪或眉心輪，這個部位的活化對於靈魂成長非常重要，事實上它與「松果體」密切相關，法國哲學家笛卡爾認為松果體是「靈魂的座位」，在那裡身體和精神相遇。大多數人的松果體功能都處於休眠狀態，原因有許多不同說法，我個人認為，一般人的松果體是因為沒有使用而退化；可是，既然不需要用到，為什麼要存在我們身體裡呢？

一次練功時，我提出這個疑問。祂們說：「其實人類會需要用到松果體。」我問：「什麼時候？為什麼？」

「因為要打開和宇宙的連結。」這是祂們的回答。

「那麼我該如何引導我的個案連結高我？」我把疑問一股腦拋出來。

「為什麼要問這一題？」

「因為他們都說聽不見高我的指引。」我說出許多人問我的問題。

「其實他們的高我一直在和他們聯繫。」祂們告訴我：「但是小我意識過大，所以沒有辦法聽見。」

「那我該怎麼做？」

祂們建議：「要讓他們清楚意識到高我的回應，不是透過妳來告訴他們，因為妳告訴他們的，他們不見得相信，更別說要去改變自己的現況。」

我忙不迭點頭，「最近我是有這樣的困擾，因為宇宙的進展已經很快速了，人們若是一直在原地打轉，怎麼來得及？」

祂們問我：「妳覺得他們的進展跟妳有關係？」

「我覺得有啊！」

「妳覺得有關係的地方是什麼？」

我思索了一下試著分析：「我覺得是我沒有辦法讓他們去感受，因為我替他們先感受了，把他們需要自己去覺察的部分剝奪了。」

「好，我們了解妳的困擾了。這個世界上大部分人的自我意識都很強大，這也是為什麼只有極少數人能真正連結高我。自我意識來自原生家庭，甚至祖宗八代的影響，要連根拔起實非易事，若能了脫一切，便能身輕如燕地去通天通地通萬物，那也就不需要來找妳了。妳能做的是，讓他們知道和明白為什麼妳可以聽到，然後想辦法自己做到，讓他們相信妳說的，就是妳從他們的小我意識和大我意識分別讀到的訊息。」

「這很難吧！」我有些懷疑。

祂們說：「我們認為不難，難的是，他們願不願意相信和做不做得到。大多數的人都依賴別人幫他們做，很少願意自己實修，換句話說就是，說來容易做來難。妳能做的就是轉達高我的提醒給人們，這樣已經有很大的幫助了。別急，每個人的進展都不一樣，妳一樣去給予，領受則在個人了。」

最後祂們又說：「對於妳說，妳剝奪了他們去覺察自我意識的這一塊，我們也深感遺憾。話說回來，如果他們能直接連結高我，又何必來找妳呢？」

經祂們這一分析，我放下了。

走進痛苦才能收穫禮物

寶寶是我的一位個案，一開始她是來求助那自小緊緊相隨的痛苦，這些痛苦大到讓她透不過氣來，前幾年她又因為母親的自殺來找我協助，我為她做了催眠療癒及能量解讀與清理，這些年她雖然過得很辛苦，但已漸入佳境。

她說自己從小就不能放鬆，因為母親在她很小的時候就因為憂鬱症經常自殺。「這一次她終於成功了。」這句話她說的好錐心，自責好深。她說有一團紫色迷霧一直跟著她，這團迷霧很龐大，讓她非常恐慌。我請她試著走進那個痛苦裡，保證那裡面有「禮物」。她說她不敢，怕自己無法承受那個痛苦。隔一日她傳來訊息，告訴我昨夜她和痛苦相伴時，終於認出自己最深的恐懼，還是來自母親長久以來帶給她的壓力，雖然依舊難以自處，但終於明白了一些什麼，心也因此輕鬆一些。

每個人都在承受一些不為人知的苦楚，那些從小被環境造就出來的自我，其實皆「非我所願」，卻始終緊緊相隨，到了某個階段，我們會極力想要掙脫、突破，但這個想要掙脫突破的念頭，在不被自己理解時卻很容易偏差，好比，不想活了，殊不知這不想活的念頭，卻要有非常大的勇氣。

你選擇將自己的勇氣放在哪裡呢？試著問問自己，走進自己的內在去探索，和內在的力量聯繫。要記得心裡的裂縫是為了讓光進來，直到被光填滿為止，願每一個人都能在自己的悲情中，看見心中的裂縫和那一道光。

32／轉化創傷為力量，才能順轉人生

每個人都有自己的傷痛，但千萬不要因為痛而任意傷害他人。現在我想談談「創傷印記」，什麼是創傷印記？創傷又如何成為印記？

創傷印記是一種無形的影響，來自行為、言語的傷害，進而造成肉體、細胞的記憶。之所以變成印記，是因為未經處理的創傷，深入潛意識變成根深蒂固的烙印。覺察力不夠的人，在心性和行為上都有可能被印記影響而不自知，甚至會演變成某種嚴重的傷害。唯有覺察可以讓我們脫離印記帶來的業力循環，覺察的練習就像鍛鍊身體的肌肉一樣，愈練它愈清明，愈不容易隨風起舞。

以下是一個曾經聽過關於細胞記憶的故事：一對夫妻在高速公路上發生嚴重車禍，丈夫腦死，太太存活，她將丈夫的心臟捐給一位心臟衰竭瀕死的年輕人。爾後，太太的心中一直有種沉重感，懊悔自己在車禍前和丈夫鬧脾氣，丈夫一下子走了，再也沒有和好的機會了。半年後她找到那位換心的年輕人，說自己想去拜訪他，因為她想對繼續存活在年輕人身上的那顆心臟好好說再見。

奇妙的是，這位年輕人一見到她就有種見到家人的親切感，當那位太太將手掌放在他的胸口，並說出自己的懊悔時，年輕人瞬間也感到心上那顆石頭落了地，原來他接受移植手術後，一直感到胸口鬱悶，怎麼檢查都查不出問題，沒想到鬱悶感一下子意外解開。

由此可見，每個人的心裡都儲存著大大小小的傷痕，在有限的生命裡，等待著被處理和放下，那麼是誰要來處理呢？不會是別人，當然是自己。前面十年間我一直處於蟄伏與療傷狀態，有時新、舊傷還會重疊在一起，常常需要藉著新傷走進舊傷，想要一次徹底撫平它們並非易事，必須一層一層處理那些印記，才能真正把它們放下。

我相信來到這世上的每個人，沒有人是完好無傷的。我曾經為了救一隻受傷的小狗差點被牠咬傷，受到不小驚嚇；那麼一個受傷很深的人，是不是也會在無意中傷害來關心他的人？所以我說每個人都有自己的傷痛，千萬不要因為痛，而任意傷害他人，這是可以自我警惕、提醒和覺察的。希望每一個人無論遇到什麼挫折、病痛、不順心、不如意，都要回到善待裡，善待自己和善待他人其實是同一件事，想善待自己務必先善待他人。

學會控制自己，才是善待自己的第一步

靈魂覺醒後創傷印記也會跟著醒過來，它會不斷提醒我們趕快去清理過往的傷痛，這個提醒的方式可能很戲劇化，像一個寫好的劇本，劇情中會安排某個角色來傷害我們，讓我們受到和過去類似情境的刺激，藉由這個刺激帶出深層的創傷印記，如果能當場識破這個安排，深入去覺察和清理它，印記自然變淡；但是如果沒把握機會藉此處理，印記會再次加深，它總是會找到適當時機浮現，除非已經做出處理，否則它是不會停止的。

若我們一直沒有處理，它就一再浮現，無非是想給我們機會看清楚自己的問題；問題從來不出現在別人身上，不要去看別人的問題，也不要去指責別人、怪罪別人，造成別人的罪咎，如果你一直怪罪別人，就會一直遇到重

複的情節。想清楚這是不是你想要的？是不是你可以控制的？人生在世我們唯一能控制的只有自己，你也需要先學會控制自己，這才是善待自己的第一步，否則你就會被情境控制，不斷重複那些你不想要的情節而落入了輪迴。

輪迴不是離開這個物質世界之後的事，而是在你活著的時候，每一天跟著我們就已經存在的一股驅動力，每一天若是沒有自覺的活著，等於在重複一些慣性，落入無解的輪迴。過去你不知道輪迴是這樣運作的，現在知道了，就不要再被它帶著走，不要再重複做無解的事，它不是不可逆的，只是你需要去突破那個障礙。你可以當場拒絕再演那個過去一直扮演的角色，當你知道你沒有被好好善待的時候，你不需要再繼續演下去，否則你就是參與一起加害自己的人。

千萬記住，每一次受傷都是重拾力量的契機，千萬不要錯過，絕對要把握這個契機勇敢走進它的裡面，直視它，徹底療癒它；然後放下它，走出來。這就是創傷印記無形的影響力，每個人都可以看穿它，懂得善用這股力量的人，一定可以順轉人生。

33／家神的守護

二〇一九年是我進步神速的一年，從各方面來看都是如此，我的寫作進度加快了，詞不達意的情況大幅改善；過去總是膽小害怕的我，現在愈來愈無所畏懼，頻率和從前相較已不可同日而語；加上持續爬山讓體能大躍進，都讓我感到身心兩方面的進步。

這一年發生了幾件大事：女兒妹妹出國遊學、蕃茄主義慘澹經營、姊姊重病，這些對我而言似乎都是鍛鍊，在靈性擴展的學習上，我也更上一層樓，過去每次爬山，只要在山莊、小木屋或山屋住宿超過一日以上，就睡得很糟糕，我的精神體整晚像守夜的警衛一樣，徹夜清醒守護，那種感覺好像肉體是睡著的，精神體卻在站崗，因此第二天超累。

曾經有過幾回讓人印象深刻的登山經驗，幾年前有一次登山看日出，礙於休假只有一天，乾脆選在週日店裡打烊後直接開車上山，累了就睡車上。上山後，來到雪霸的大鹿林道，找到一處寧靜寬敞的空地停好車，搖下椅背就睡了。半夜感覺車窗外有動靜，一條蛇伸長脖子一直往車內看，還有猴子也來湊熱鬧，又來了一隻體型超大的熊，牠們圍繞在車旁好奇看著，一個來了走了，換下一個。最後熊走了，剩下一隻貓頭鷹，牠看看也走了，不久就天亮了。我知道那些都是動物靈，牠們殘留在那個空間，對於停在那裡的車非常好奇，特別來觀察一下，沒有任何惡意，我的靈魂當時看守著，因此一切了然於心。

還有一次住武陵農場的小木屋，入住時我先清理過屋內，沒想到睡著後還是來了四個靈，站在我的腳邊。當時我睡得很不安穩，半夢半醒間一直用自己的腳掀棉被去蓋他們，但他們沒有走，依舊在那裡看著我，當時我好無奈，因為實在太累，就在睡夢中唸起六字大明咒（＊），唸了許久，他們走了。此咒語非常好用，之前曾用過幾次，每次都能奏效。

這次要去奇萊南華的天池山莊，我一樣也很緊張，因為不久前去爬雪東的

＊六字大明咒出自《佛說大乘莊嚴寶王經》，是觀世音菩薩的心咒，漢音寫作：嗡嘛呢唄咩吽。

前一晚，睡在七卡山莊，半夜遇到一個從背後撲到我身上的靈，說時遲那時快，我用力一個翻身把他擠掉了，因此這一次我有點擔心自己是否有能耐，前往天池作三天兩夜的旅行。這個行程被風災延了六次，我雖因此有了更多時間做負重訓練，但我們登記時山莊已經滿位，上去肯定要睡帳篷。從來沒有露營經驗的我，為了先行體驗，決定先去東滿步道實習負重及帳篷住宿。那一夜在帳篷裡，我整理著書稿，感覺文字中浮現了許多光與愛。臨睡前我看著星空，貼著土地躺在睡袋裡，出奇的安然，在那當下，我請問家神：

「祢在嗎？我要睡了。」

祂馬上回應：「我在，妳安心睡吧！」即將要去的奇萊南華之行其實是為祂去的，想到祂曾告訴我為什麼生生世世守護我，就讓我淚流不止。

巧遇家神

家神是我在幫一位母親患有重病的個案做清理時出現的，那段時間幾乎每次都要清一、二十個靈體，個個凶神惡煞，擺明來討命的，個案母親的病就是幫忙承擔沉重業力的一種顯現，連她自己也不例外，只要每天回家陪伴母親，這些靈就會從母親那兒過到她身上，讓她的身體格外疲累，然後她再帶來我這裡做清理和引渡，整整半年時間。

大約在我們清理了大半年後的某一次，出現一位講日本古語的高靈，祂和我過去經驗到的高靈頻率很不同，我感覺到祂的位階高過之前的指導靈，在祂的協助下我竟能四兩撥千斤，一次就把一堆靈體拉回光裡；祂來的那一天，我講了一堆日語，慢慢才聽出那是古語，一句又一句唸著，像咒語。本來我以為祂是個案的守護靈，結果隔天一早練功靜心時祂又來了，我問祂你是誰，祂說祂叫庫瑪，說我曾經救過祂一命。那時洪水來了，土石鬆動，山崩水漲，為了求生，那一世的他跳下湍急的溪流，在水裡載浮載沉，快要淹死了；我看見他在掙扎，就把他拎起來，當時他已懨懨一息。我跟他說，我要把他帶到山頂，放在天池邊，天池的池水可以讓他起死回生，當我將天水淋在他身上時，他真的活過來了，非常感激我的救命之恩，後來我們還一起把天水帶下山，拯救村莊裡的受災村民。事後他發願生生世世守護我，不再為人，祂告訴我，那一世我是天人。

當祂透過我的身體訴說這段前世經歷時，我哭得淚流滿面，我把這段故事說給一些朋友聽，他們都覺得宛如神話故事。庫瑪說了關於我的過去生，經過一段時日後，我又開始半信半疑，並向高我指導群提出疑問，祂們馬上補充說明，並播放一段畫面給我看，這回我仍舊淚流滿面，流淚時，內心直接感應到庫瑪對我的那份感恩之情，和祂義無反顧的付出與生生世世跟隨的心意，我的哭泣就是祂的哭泣。最後高我指導群說，庫瑪在我過去好幾世是日本人的時候就一直守護我，祂就像我的家神一樣。

我好奇地問：「什麼是家神？」

祂們說日本和台灣一樣，家裡供奉著神明，那些神明不止一個，而是一個群組，就像台灣人家中的神明廳有觀世音菩薩、土地公、關聖帝君，還有祖先是一樣的，家神是一個總稱；於是後來我就直接以家神稱呼庫瑪。麗華聽我說了這個故事之後，提議我們去一趟奇萊南華，聽說山上有一個池叫天池。但訂好的奇萊南華行程，因風災一再被取消，從五月延到十一月，冥冥中彷彿有股力量主導著這一切，我相信宇宙想藉大自然告訴我一些什麼。

拜訪天池

推遲半年之後，我們的奇萊南華之旅終於成行。

第一天登頂：屯原登山口海拔高約一千九百公尺，距海拔二千八百六十公尺的天池山莊有十四．二公里的距離，爬升高度約九百多公尺，對腳程好的人來說這是緩坡，但對於要負重八公斤的弱雞如我，簡直要人命。我們好不容易走到古道上的七公里處，發現平緩的路基坍了，必須再繞一段路。背著重裝高繞，我愈走愈無力，也愈來愈吸不到空氣，胸口漸漸痛了起來，一股怒氣直衝胸膛。我回頭跟麗華說：「妳為什麼要帶我來這裡，我根本沒有能力走這一趟，我一直喘不過氣來，沒辦法呼吸了！」

怒氣不知何時悄悄從腳底爬上來了，我連珠炮似地吐出一串抱怨：「我是陪妳來的，很夠意思了吧！很講義氣了吧！過去我的人生一直在透支，我什麼都沒有了，現在連體力都透支，這是我絕無僅有的唯一了，我只剩這一條命，妳還要我怎樣？這樣還不夠嗎？我還不夠辛苦嗎？我已經走不動了，卻只走了一半，怎麼辦？後面還有一大半的路要怎麼繼續？回頭也不是，往前也不是，怎麼辦？我一直很希望在我的人生當中，有一個人能站出來說：好了，妳不要再那麼辛苦了，我不會再讓妳那麼辛苦了，請問我的人生是否真的能有這樣的肩膀可以讓我依靠？」

麗華被我的抱怨嚇傻了，囁嚅回答：「那，還是……我們現在回頭吧！」那當下絕對不會有令我滿意的答案，空氣凝結在我的怒氣中。其實那些話我應該是對老天爺說的，聽來彷彿就像在抱怨我的人生一樣，然後我突然想到這一段古道的歷史故事。

在這趟奇萊南華之旅前，我們曾去過合歡山，當時走到石門山我就頭痛欲裂，閉上眼睛，突然看見合歡草原上有戰機飛來轟炸，草原上的牛、羊無處可逃，死傷慘重。接著我又看到一個穿著日本軍服的士兵，過了石門山往下走，不知所終。當時我問麗華：「妳有看到一個穿日本軍服的人走下去嗎？」她說沒有。

後來她知道我很不舒服，開車把我載到比較低的地方，我的頭疼才慢慢緩解。事後有人說我的劇烈頭痛是因為高山症的關係，但我閉上眼看到的那些影像呢？從合歡山下山後，我上網查資料找到太魯閣戰役的歷史，在能高越嶺古道連接合歡越嶺古道，戰役曾在這條古道上進行整整三個月的時間。

現在跳回奇萊南華之旅。我們抵達山莊後的第一夜睡在帳篷中，整夜很不平靜，我必須不斷清理、清理再清理，最後筋疲力竭昏睡過去。半夢半醒間想到庫瑪我的家神呢？我疲累地呼喊祂，依稀記得半夜裡聽見祂微弱的回應，收訊很差。

第二天來到天池：晨曦起床時，痛苦仍未減輕，早餐後我帶著悲傷和痛苦往三千一百八十公尺的天池前進，這一趟是專程為了跟家神庫瑪有關的天池而來，再痛苦都要上去。走在森林中，朝陽穿梭在樹林間，我抬起頭看著太陽，忍不住問：「可以幫我一個忙嗎？」太陽回應我：「好，妳說。」我卻欲言又止。

祂說：「我知道，能力不足的人做超過能力的事很辛苦，但妳會有很大的收穫。妳很勇敢，願意去承擔，而且是承擔超過自己能力的事，放心吧！妳會愈來愈好。」這話真的鼓勵到我了。我說：「可是，我昨天發了很大的脾氣，把憤怒丟在這個山裡，還有麗華身上。」

祂說：「不要自責，允許自己釋放憤怒和悲傷，再大的痛苦都會過去，在大自然（宇宙）裡，沒有對與錯，一切都是被允許的，一切都被包容。」這段回應又讓我潰堤了，覺得自己的辛苦有人懂真好。哭了一陣子之後，跑去跟麗華說對不起，承認自己的失控。

後來太陽又說：「妳不需要忍耐啊！不行就不行，就講出來呀！受不了就講出來呀！有怒氣妳就發呀！過了這一次，妳就會更不一樣啦！會愈來愈好，在大自然裡一切都被包容。」我想到在來之前的高速公路上，家神庫瑪突然讓我唱了一首日本古語驪歌，莊嚴肅穆，十分感人，當時我問祂為何要唱驪歌，難道我這一趟會遭遇什麼離別嗎？

祂說：「妳不要想太多，就當作是告別從前，從今後妳和所有人的辛苦都不再了。」這其實是一個預言，彷彿在預言我這段旅程要來跟過去道別，告別那個能力不足的自己、那個一直超過能力去承擔的自己，還有那個一直透支的自己。祂又說：「情感豐富的人來到這裡是辛苦的，因為妳會連結到歷史刻痕中大量的悲傷及痛苦，但是妳要知道，愈是辛苦收穫愈大。」

這一路上我不只一次潰堤，每一次祂都說：「我知道，我知道，我們都知道。」我的心酸完完全全被理解了，在大自然裡就是這麼充滿愛，一切都沒有條件，只要你願意，大自然會一直給予，直到心的空洞被填滿。幾個小時後終於來到天池，發現它幾乎全部乾涸，只剩一攤泥濘。原來此天池非彼天池，想著自己所為何來，夢全醒了，只好再帶著更多清也清不完的悲傷無力走回營地。

休息片刻後的傍晚時分，出現一輪火紅夕陽，美得令人屏息，我的心安安靜靜地跟著它下沉，又隨著月亮上升，天空換上滿天星斗的夜幕，土地是床，這一夜我貼著地，在天地宇宙之間睡去。

第三天回程：晨曦的天光慢慢展開，直到大日罩頂，我們準備下山了。回程第一件事是去走能高瀑布的大吊橋，過吊橋一直是我的障礙，於是想了一個克服恐懼的辦法：前一天先預約一個勇敢的自己站在吊橋中間，踏上第一步時我跟自己說，勇敢赴約吧！依照過去的經驗，大概走到三分之一處就受不了了，這次我知道有一個勇敢的自己等在吊橋中央，只要走過去，她便會帶我繼續走完。

我走到吊橋中間時，停下腳步側身往右去看能高瀑布；在朝陽中，銀白的涓絲瀑布美極了；我又再側向左邊，看著潺潺溪水流向無邊無際的山谷，大自然實在太美了，一回神發現自己站在一個十分恐怖的地方，忽然害怕起來，同時又很興奮，當我邁開大步時，吊橋搖晃得好厲害，興奮加上害怕，讓我不由自主大叫起來，而後我的叫聲在吊橋大力搖晃下變成笑聲，又叫又笑，連眼淚都出來了，就這樣順利走完吊橋。原來大笑可以壯膽，經過這次經驗，我已完全克服了吊橋恐懼。

過了吊橋後，麗華說要帶我走下去瀑布水池邊，我們經過比人高的芒草堆，還有雜草叢生的無路之徑，現在沒有從前那麼害怕，就這樣走到仙境般的能高瀑布池邊，看著清澈透明的池水，冰涼沁心，無限感動。我走上池邊的小山壁，陽光照耀著我，感受到天地宇宙和太陽的大能，當下練起功來，我和大自然合而為一。

祂們說過：「大自然就是宇宙顯化在地球的實相，讓人類看見包羅萬象的宇宙就在眼前，自然法則就是宇宙法則，一切因愛而生，因愛而來。」

接下來的回程沒有我想像那麼困難，只要我一疲累，靈魂就自動唱著有力量的歌，我知道自己完全為愛而來，這個力量讓我順利把剩下十多公里的山路走完。

34／與疾病共處的智慧

從奇萊南華歸來後，疲憊一直未消，但連續兩晚餐廳高朋滿座，大家拚到半夜兩、三點才能回家，加上處理幾個緊急個案，一連串的忙碌疲累讓我病倒了，但我的內心充滿信心與愛的力量，我知道從那天起，自己已經不再是從前那個總是透支的人了。我向餐廳告假兩天，停下所有工作好好養病。第三天感覺心思亂飛，不過還是很喜悅，覺得自己的頻率轉變了，連生病咳嗽發燒好像都微不足道，有時甚至忘了自己感冒不舒服。

至於這個感冒是怎麼來的？我記得很清楚，在天池山莊第二天晚餐時，對面有一個人一直咳嗽，他咳一聲，我的右肺就痛一次，當下才驚覺寒氣已逼進胸腔，趕快請麗華幫忙拍打後背，馬上拍出一堆附在身上的靈體，當下就感覺自己要生病了。

原民老先生的哭號

第四天週日午餐時段，理應去餐廳上班，但已經咳到無法呼吸了，覺得自己應該要好好練一個長功，徹底清理一番。果不其然，胸口的劇痛和哭號般的狂咳，根本不是我身上的，而是一位附在身上的原住民老先生的痛苦回憶。

這是一段悲慘的故事。霧社事件爆發，日本人決定將暴動的原民趕盡殺絕，老先生負責把一些老弱婦孺藏匿在能高瀑布邊的草堆裡，以為可以躲過殺戮，沒想到還是難逃死劫。畫面中，我先看見鋒利的刺刀出鞘，刀光閃閃透著殺機，拿著步槍的日本兵見人就殺。先刺死一個七、八個月身孕的婦人，然後一位美麗的原民公主也被殺害，接著是一位五歲和十歲的小男孩，還有一位青少年和一位原民巫婆，他們接二連三被殺害後，一位婦人受不了，逕自跳到池裡自殺了。

身在現場的原民老先生，因為無力挽救大家，一直哭號著：「不要殺了！不要再殺了！你們怎麼下得了手？」所以他附在我身上時，我感受到他胸口強烈的憤慨和死不瞑目的痛苦，我需要幫助他和那些冤死的原住民解脫。我將亡靈一一送回光裡，耳邊彷彿還聽見老先生的哭號，終於明白這些天我的咳嗽聲為什麼不像咳嗽，反倒像哭聲。但故事並沒有因此結束，精彩的才正要開始。

一場突如其來的病

那段時間女兒妹妹到舊金山遊學已有兩個月時間，我們說好要去找她，一家三口期待著見面的團聚。但是下飛機後，我就發現從奇萊南華山帶回來的咳嗽並沒有好轉，來到美國反而變得更糟，因為舊金山的空氣非常乾燥，半夜總是咳醒，氣管緊縮造成呼吸困難，每一小時發作一次，已近乎氣喘了。

待在美國那短短七天中，我去爬了兩次山，一路上仍是幫忙清理大自然中的負能量，由於天乾物燥，在森林中我聞到火燒的味道，那是一種在嗅覺深處嗅到的焦黑味。從森林回到住所，趕緊練起功來，眼前立刻出現森林大火的畫面，我看到野生動物在火海裡四處逃竄，因為沒有空氣而無法呼吸，牠們被嗆得一個個窒息倒地，大火在森林底層形成一種烤箱效應，最後牠們不是被燒死的，而是被烘烤至死，那些動物離開肉體前，渴望呼吸卻不能呼吸的痛苦，全都在我身上，實在太可憐了。我把牠們一一帶回光裡之後，痛苦終於緩解了。

拖著咳嗽和氣喘的病體，一週後我回到台灣，原以為回到潮濕的台北會好些，沒想到當晚半夜就發作嚴重氣喘，換氣換不過來，我衝出房門跑到陽台，一直想要呼吸到空氣，先生看到我這個樣子想叫救護車，我試著平復自己的驚慌，同時安撫他，一直撐到隔天下午才決定進醫院。來到急診室，經過一連串檢查，確診我的肺部有感染且併發氣喘，院方為我做靜脈點滴注射類固醇、抗生素，不到三秒鐘全部被我吐光光。醫生要求我住院觀察，但我堅持回家調養，對我來說家才是最安全的地方，沒有人比我更清楚醫院是生死門大開之處，我絕對不能睡在醫院，我告訴自己：回家吧！

這輩子第一次得肺炎，第一次犯氣喘，過去七年我戒除了止痛藥和抗生素，藉著練功和爬山，將從小因病所累積的藥毒排得差不多了。從急診室回家後，我吃了兩天醫生開的藥，感到非常不舒服，最後決定停藥，覺得還是應該要回到身體的力量，相信身體的自癒力。

拿回身體自主權

那一天清晨，度過第一個危險期。我和高我及指導群溝通，在疲憊不堪且迷迷糊糊的狀態下，記錄了以下這些文字：

祂們說：「藥物會拉低身體的頻率，讓妳的光體愈來愈黯淡，既然藥物已經幫助妳度過最危險的階段，這樣就夠了，不需要再繼續使用，也不要被擅自停藥會更嚴重的說法嚇到，那並不適用於妳，妳的身體本來就具備一套自癒機制，去把自主權拿回來，謝謝那些藥物曾經給過妳的幫助，它們讓妳度過危險，接下來是自己和身體的運作，不要恐懼，勇敢去經歷它，無所畏懼的走過去。」

祂們又說：「我們的光一直守護著妳，妳看……」我望向上面泛著藍光的洞口，而我所在的地方卻黯然無光。祂們說：「妳要不要爬上來？讓我們完全照耀妳。」在那片刻間，我爬了上去坐在光裡，感覺心輪過去的創傷正深深被療癒著，不記得過了多久，我回過神覺得累了就睡下。那些療癒過程因為身體疲累不堪全都記不得了，依稀只記得祂們囑咐：「光行者的身體只能回到光療中。」我知道自己會慢慢好起來。

我告訴自己要拿回身體自主權就不能仰賴藥物，當身體知道不能靠藥物只能靠自己時，自然會拿出力量來，這樣自癒的機制就會啟動了。在自癒機制啟動前，一定要先了解自己身體的問題和人體的生理時鐘，清晨三點到五點寅時走的是肺經，照說這個時辰是最佳療癒肺部疾病的時機，有許多肺功能問題及氣喘發作，都在這個時間點。七天的美國行加上回台將近一個月，我幾乎都在半夜兩點半時咳醒，三點開始咳到無法換氣，然後氣喘到要窒息，半夜三更經過這陣子驚嚇混亂後，整個人再也睡不著了。

記得某次整整練功兩小時，過程中排出一堆泡沫和黏液，那些是人體抵抗發炎的運作，一方面為了包附細菌，一方面為了保護胸腔，但黏液卻黏稠到讓人無法呼吸，這是身體過度保護所產生的反應，在排出它們的過程中，我聽見高我和指導群說：「妳不是氣管脆弱，而是細菌感染，不要怕，盡可能地排出，只要排得差不多，就可以開始練習呼吸，納入含氧量高的空氣來修復肺部功能。」

接著我做了肢體伸展和深呼吸，在一呼一吸間，隱隱約約聞到樹的味道，眼前出現一棵紅葉大樹站在迷霧裡，樣子好美，我知道樹精靈來了，安心地和祂交換著氣體，胸腔的乾燥灼熱和疼痛都舒緩了，結束後排出大量黏液，就這樣一次又一次排除那些要命的黏液，這是第一階段的自癒期。在呼吸困難無法換氣時，冷靜的引導身體全然放鬆，如此才不至於被黏液和氣管痙攣弄到窒息。

接下來病程起起伏伏，我的肺裡似乎有很多水，一不小心就會嗆到，走肺經的寅時應該是最佳療癒肺功能的時機，每天到了這個時辰都會被嗆醒，既然醒了，我會輕敲前胸後背，用蒸氣熏口鼻，或熱敷胸腔和脊柱，還有肢體伸展、擴胸及調息。每當我用力敲背時，喉嚨就癢得受不了，然後狂咳不已，稠稠的黏液還是造成呼吸困難。肺部出現的水氣顯然是一個新症狀，左肺的水氣一直往上噴，只要我一往左側靠，就會壓迫到它，感覺它在噴氣和顫抖，或應該說是「喘」。我的肺，真的故障了。

身體功能的障礙不是表淺問題，一般人可能不知道，肺部的問題其實跟腸道功能有關，所以中醫說「肺為表、腸為裡」。在練功中我內觀督脈的命門穴、腰陽關穴、腰俞穴這幾個穴位，每當氣管痙攣咳嗽時，都會引發這幾個部位的疼痛。在腰陽關穴左側有一處浮腫，那是早在二十多年前，產後頻頻發生腸沾黏時就留下的病徵，停經後它沒有再浮腫過，可是現在這個部位又浮腫了，過去一週一直水瀉不停，肯定是腸子也有了問題。肺氣下沉影響大腸的消化排泄功能，肺、肝、胃、腸都會彼此影響，身體是自己的，透過病徵我們總能讀出一些什麼來。

最後在靜坐中祂們告訴我：「就快過去了，每個人都會生病，沒有人可以倖免，生一場病會愈來愈耗弱，還是愈來愈壯碩，都是自己的選擇。透過疾病深入認識與了解自己的身體與心靈，身心會告訴你它需要什麼，不需要什麼，去看懂和理解病理病程並不難，用心覺察，自然而然就能得到與疾病共處的智慧，每一分一秒你會在這些啟示中不斷的前進與躍升，這就是疾病帶來的希望。」

35／進入光的療癒之中

身體的能量和頻率慢慢回復，一早肚子咕嚕咕嚕叫，我已經很久不曾那麼早吃東西了，一直以來都是先食氣，練完功才進食，因為知道自己病得不輕，所以不敢大意，肚子餓就吃，結果吃完一直水瀉。我想一定是胃腸還沒有修復，所以給它什麼它都不要，無力消化也無力吸收。

不過還是有些隱憂，因為連續兩天咳血，次數一天比一天多，胸腔也一天比一天痛，我不敢聲張，怕嚇到家人。記得剛發病沒幾天，半夜嗆醒，坐在飯桌前用蒸氣熏口鼻，鄧安寧從房間衝出來說他一直被惡夢嚇醒，他勸我去住院，說有醫療人員照料比較安心，但我的難言之隱只有自己明白，我真的知道身體會自己好起來，但絕對要避免去頻率低的地方；對我而言，一進醫院就是一條不歸路。

身體需要時間修復，病程沒有走完，身體不會好轉，需要把病氣完全排出，才有辦法修復，但是新的狀況一直來，愈想愈害怕，整個人的頻率跟著下降，支氣管內的黏液泡沫沒有停過，發炎也尚未解除，因此我愈來愈沮喪，對身體的自癒力也沒有信心；當信心喪失時，就是病情最容易惡化的時候，突然覺得我需要跟祂們溝通溝通。走到練功的地方，一站好，馬上傳來一陣叨念。

祂們說：「為什麼妳不練功？不練怎麼會好？妳不應該被病情控制，而是要控制病情，這兩天妳完全顛倒了，妳的身體早就不是一般的肉體，光行者的身體是光體，光體由宇宙光的中心掌管，受傷的光體要回到光的中心做光療，不是自己亂了方寸胡搞瞎搞，應該趕快跟宇宙連繫，和光的中心連線，愈是嚴重愈要多練幾次，妳竟然連功都沒練。」

祂們提到一個很重要的課題：我是不是忘了自己是光行者的身分？不然為什麼出了這麼大的事我還不練功，這種緊急狀態我更應該要一天多練幾次才行，而不是一直自憐。祂們問：「我們一直著急為什麼妳不上線，妳的光體愈來愈黯淡，我們看不到妳，這可怎麼辦才好？千萬不要搞得連我們都找不到妳，妳看來像是失憶了，好像我們不存在似的，這麼多年我們一起完成的任務都是假的嗎？妳這樣否定自己也否定了我們，不就前功盡棄了嗎？」

祂們說：「天啊！妳真該好好檢討一下。我們要妳不斷提醒自己：我是光行者、我是光行者、我是光行者。還有，我們一點也不覺得妳真的需要躺著睡覺，因為妳一躺下睡就變得很糟，不如靜坐休養生息，靜坐時就是連線進入光的療癒之中。」

最後祂們還告訴我：「從現在開始，由宇宙接管妳的身體，準備進入光療，一段時間之後妳就會好起來，請跟著我們，我們帶著妳一起做。」

光療程序開始

光療程序1——展開光體

我的光體黯淡無光，祂們說沒關係，慢慢來，等等就接上了。我看見光出現了，把胸腔拉開，讓光照射，出現了紅光、黃光、橘光，整個上半身熱了起來，我把衣服拉鍊打開，然後繼續。

光療程序2—釋放清理光體中的負頻

從胸腔開始往下放鬆，到了膝蓋放鬆時，全身便抖了起來，抖著抖著又變成上下擺動，然後繼續抖，這次比上次還要快速，接著又變成擺動，慢慢的動作變小了，這是一段抖濁的過程。

光療程序3—跪著做手印

現在想不起來當時做了哪些手印，因為實在太累了，只記得做著做著就趴下，雙手掌相接，手臂盡可能往前面地上伸出去，祂們要我趴得愈低愈好，趴到胸部能貼地，整個背部脊柱的骨頭和關節被拉扯開來，在胸椎中心點處好痛啊！

光療程序4—排濁納清的深層呼吸

手臂打開向兩旁伸展，用力吸氣、閉氣、吐氣，吐到一口氣都不剩；腹部縮進去，然後繼續這樣呼吸，不斷不斷的做，做到後來我聽見胸腔底端連結胃的地方，有一種低鳴的聲音愈來愈大聲，愈來愈喘，甚至喘到發抖，我弓起背，縮起胸腔，低著頭抵著下巴咳，這樣咳沒有出血，也沒有胸腔疼痛，但一直排出黏液和泡沫，咳了三個半小時之久，總共用掉兩包抽取式衛生紙，接我肺部的黏液和泡沫。

在這四個療癒程序之間都會有小休息，讓我能去上個廁所、喝點溫熱的水、滑滑手機、回訊息和簡短記錄過程。做完光療程序已經十一點了，時間過得好快。

好好活著是唯一本分

那一夜到清晨我分段睡了三次，第一次在平靜中醒來，呼吸道相當舒服，鬆鬆的、暖暖的，沒有黏液，也不乾痛；再來是兩點二十到四點五十分，足足睡了兩個半小時，因為這段時間正好是走肺經的寅時，呼吸道沒有任何不舒服，直到第三次早上六點四十五分咳醒，因為整夜坐著睡，脖子痠痛，於是偷偷把自己擺平，結果正如祂們說的那樣，睡得並不好，我發現是因為躺著的時候，氣管被擠壓造成不適，所以躺平了特別想咳嗽。

就這樣我正式成為一個光的工作者，坦白說，我滿喜歡這個頭銜。宇宙慈悲為懷，在我身上真真實實印證這件事，其實一切都取決於你如何選擇，如何創造。一般人好好活著就好，不需要做什麼連結，除非你深陷痛苦，需要做痛苦的功課，身體痛苦就做身體的功課，心痛苦就做心的功課。人生是苦樂參半的，不是只有樂活人生，苦中作樂的樂才是真正的樂，樂中無苦不是真的快樂，每過一天就感恩自己還活著，只要能醒來就不要頹廢度日，你不知道會怎麼死，但你可以決定怎麼活。好好活著就是唯一本分。

36/利用生病徹底大清倉

病中的身體在晚上七點多其實已經很累了，但我想撐撐看能不能延到十一點再睡，那是肝臟休息的最好時間。撐到十點半左右開始準備就寢，睡前先把保溫熱水壺備好，抹上精油，再用急救花精清理身心，處理完我帶上口罩安心睡覺。

近午夜一點醒來一次，醒來前腦子裡先看到炙熱的陽光，感覺身體的火氣還在乾燒，可是呼吸道沒有特別乾癢，也沒有想咳，我喝了幾口溫水，使用了故障但還可以噴出一點霧氣的噴霧器，反而造成呼吸道的癢痛想咳。我聞到口腔內的氣味實在不好聞，表示體內毒素還很濃，我知道自己的胃受傷了。

夜半兩點四十再一次醒來，半夢半醒間還是看見炙熱的金黃色陽光，這個信息重複出現兩次，肯定是在告訴我，自己火氣太旺，肺部的病氣和肝火全聚在胸腔和胃之間散不掉。靈機一動，也許可以試試熱水泡腳，把火氣從腳底瀉出去，我在泡腳的熱水中滴了幾滴生薑和薑黃精油，腳丫泡進去十分多鐘，人就感到非常舒服。

泡完腳準備再入睡，想試著躺睡看看，躺下前我先做了一些心理建設，鼓勵和安慰自己：「親愛的，妳不會再嗆到窒息了，躺下吧！」我躺下了，帶上口罩，就這樣從凌晨四點十分一路睡到五點四十五分天亮。醒來感覺很好，呼吸道不太乾痛，喝了幾口溫熱的水，繼續躺下，這次把口罩拿掉，呼吸新鮮流通的空氣，就這樣一覺睡到七點十分。

睜開眼之前，我覺察身體的每一處，那股燥熱似乎緩解一些。睜開眼，眼前好明亮、好清晰，起來上廁所、喝水，我知道這段時間的睡眠窒息恐懼和障礙終於好轉了，從現在開始我可以練習好好呼吸和好好睡覺了。

好好傾聽身體說話

從可以躺睡開始，睡得比較多且安心，在這段好轉期，什麼時間想睡就睡，想起就起，沒有非要不可的事，最重要是允許自己生病和休息，照顧好身體。過去大半人生都是身體在照顧我，現在開始換位了。人類的身體是造物主偉大的創造，身體替我們承擔那麼多工作，二十四小時馬不停蹄，即使睡眠中，身體依然進行著各項工作，沒有片刻休息。現在開始我要好好傾聽身體，接受鏡子裡的病容，只有生病時才有機會和身體那麼貼近，我要認真做一個病人。

就在這天早上，肚子說它餓了，我吃了半個海鹽奶油牛角麵包，細嚼慢嚥中發現肺沒有那麼喘了，也沒有食不下嚥，吞嚥的感覺不再那麼乾澀，顯然唾液分泌功能在恢復當中。接下來喝了一杯豆漿，有點累了，閉上眼睛感覺自己的身體，發現喉嚨和呼吸道出現乾澀，一路通到胃腸的部位都呈現逆旋轉，顯然身體正在消化之前吃喝進去的食物，沒多久能量顯示改變成正旋轉，呼吸道也不再像剛才那麼乾澀。睡意襲來，覺得身體需要再小睡片刻，於是補眠去。照顧身體就是做一個聽身體話的人，等身體好起來，它會帶我去環遊世界。

繼續清理直到病氣全消

養病期中，睡前要準備的事很多，首先要加滿四百八十西西的熱水壺放在身邊，以便半夜喉嚨乾痛時可以隨時補充水分，避免支氣管痙攣的發生；再來要把熱水注入保溫壺內，放在床頭，萬一咳醒無法呼吸時，可以打開讓水蒸氣舒緩氣管的乾燥；然後將調製好的土木香支氣管擴張精油，塗抹在胸口、脖子以及鼻子周圍，再打開噴霧器吸嗅食鹽水來滋潤呼吸道，最後戴上口罩，閉上眼放鬆慢慢呼吸準備入睡。

有一天半夢半醒間，忽然一道光射進來，我看見聖母瑪利亞和我的一群守護靈來到身邊，祂告訴我：「辛苦了，妳很快就會好起來，好好休息，我們還有很多事要一起做呢！」我留下感動的眼淚，這是祂第二次來到我生命裡，兩次我都處在生死關頭。

除了聖母瑪利亞的探望，某天下午沐浴及練功時，家神也來了，唸了一堆咒，整段練功時間祂都在，祂說：「妳的頻率愈來愈好，我們愈來愈接近，所以我可以幫到忙了。從古至今妳都是獨來獨往的獨行俠，總是一個人孤軍奮戰，這是妳的特質，必須非常了解妳的人才能真的幫到妳，這也是妳辛苦的地方。經過這次大病，妳會練得愈來愈強壯，我們一起來做一個防護罩，讓妳保護好自己，妳會功力大增。」

發病後第二十天，終於比較有精神處理身上的疼痛，麗華幫我拍出藏匿在幾個穴位中的痛苦靈魂。第一個是女的，剛開始以為是位講日語的歐巴桑，後來她唱起歌、跳起舞來，說：「為什麼日子不能這樣開心的唱唱跳跳？為什麼要打仗？把日子搞得那麼慘！」她說完話要離開之前，露出一張塗白的臉和噘著的紅紅小嘴，所以我肯定她是一位日本藝伎。

第二位出現的是一個好戰的官兵，人都死了，魂還在繼續打鬥，身體因為被砍斷了手腳而倒臥在地，靈魂也很扭曲，完全不認死，還想繼續戰鬥。我一直請他停止，不要再打了，我說：「你已經死了……」他聽不進去，逼得我只好大聲叫：「停！不要再打了，聽我說，你已經死了！你已經死了！你已經死了！可以好好的死嗎？可以安息嗎？」終於，他聽懂了，回到死亡的身體裡安息了。

第三個出現是一個好痛的感覺，他好痛，是痛死的，糾結在痛的感覺沒有解散，我把他從疼痛裡釋放出來，再送回光裡。最後一個是從左邊膏肓穴按出來的，這個已經變成魔道中的魔王，好像擁有很大的法力，我當機立斷趁他還不自知的時候，把他送回光裡。高我和指導群說，只要還有病氣就還會有這些能量體，要繼續清理，直到病氣全無為止，以確保自己肉體和光體的能量飽滿。接觸這些能量體之後，我才慢慢開始理解這些在戰爭中犧牲的人，無論台灣人還是日本人、男人、女人、老人、小孩，無論貧富貴賤都無區別，我們都是在地球和大自然裡的物種，萬物皆應平等待之。

地球的原形就是大自然

發病第二十一天，正逢二〇一九年最濕冷的一夜，卻是我病後睡得最多，也最長的一夜。整夜完全沒有咳嗽，也沒有無法呼吸的狀況，醒過來後從肺部咳出一口鹹鹹的黏液，表示我的肺有力氣了。起床後感覺有點餓，想為自己煎一顆荷包蛋，在居家閉關調養的這些日子裡，這是第二次為自己煎蛋，煎蛋時再次覺察自己從來沒有好好愛自己，活到這麼大，未曾單獨為自己用心煎過一枚蛋，永遠都是為別人服務時，順便煎給自己吃。我用一杯濃郁帶著豆皮膜的豆漿，配著荷包蛋和地瓜，一口一口把能量滿滿的食物送進胃裡。

地瓜是很理想的早餐選項，根莖類食物能讓身體接收地氣，取得生命力，其中又以紅地瓜更好，因為它的顏色和質地能給出最強的生命能量，料理方法則以飽含水分的清蒸為上。當天我選擇的是烤地瓜，地瓜烤到皮皺起，色澤深褐且溢出焦糖，一直是我的最愛；可是這段日子我看到烤地瓜、烤麵包、烤香腸時，聞到的都是一股煙燻焦味，那味道在美國氣喘發作時就深深烙印在腦海。我閉上眼睛就看見了大火，火燒著乾燥的草叢，燒出濃濃的焦黑煙燻味，處理森林大火中的那些動物亡靈的記憶又回來了，這些都跟我在美國發生的氣喘，還有我讀到的大自然訊息有關，只是身體的感應先發生，頭腦還來不及反應。

練功時我問：「有人像我這樣嗎？」

祂們反問：「為什麼要問？」我答：「因為我覺得不可思議，為什麼去美國也會發生這種事？」

祂們告訴我：「大自然是一個整體，不會分美國還是台灣，地球的原形就是大自然，整個地球就是大自然。」

「好吧！」我嘆了一口氣：「那我的反應是正常的嘍？就跟在台灣爬山時所感應的一樣？只是地區不同、氣候、林相不同，但都是大自然的一部分，所以根本上是一樣的。」祂們回應我：「對，妳終於搞清楚了，所以妳去美國走進大自然裡，同時也在幫忙讀取那些訊息，幫忙清理和還原它們。」

「我是幫忙清理和還原，只是後來病到來不及應付接二連三發生的狀況，哪有力氣搞懂什麼，能活過來已經不錯了。」我趁機小小訴苦一下。

祂們說：「妳就是想太多了，我們說過絕不會讓妳死得不明不白。」

發病第二十二天，一整天昏睡，顯然我還需要在家休養一陣子才行。每天都持續清理和還原身體的元氣，已經這麼做了好些日子，每天清理出糾結在我肉體裡的痛苦靈魂，平均每天五到六個，如果太累就少些，全都是戰爭背後的故事，實在太慘烈了。

持續清理、清理，再清理

這一天處理了四個，當他們從我身體裡浮出時，我就會變成他們，連長相、性格、性別、年齡，身分、感受、動作，還有他們臨終前停頓在什麼地方和意識狀態，全都會顯現在我身上，真的很奇妙，也很不可思議。

以下是當天的清理清單：

一、歐巴桑每天都會到學校來，站在校門口的一塊空地上，等著接孫子、孫女放學回家，那裡有一棵小樹。她很難過自己平靜的生活因為戰爭毀了，在明白和接受這個事實後，回去光裡了。

二、一位愛唱歌的女僕人，原來邊工作邊唱歌的她很開心，可是戰事發生了，一切都變了樣，她跪著把頭埋在地上聞著家鄉土地的味道，後來知道要離開了，她跪著鞠躬，叩謝這個空間並感恩主人的照顧，然後回去光裡。

三、染了肺疾的老先生以為可以被送回家鄉，卻發生了戰爭客死他鄉，轉換心境後回光裡去了。

四、一個頭被砍下來的日本戰士身首異處，頭被拿去示眾，他覺得這是一種莫大的恥辱，因此身體散發出陣陣撲鼻惡臭。祂們告訴他，他的死是為國捐軀，是壯烈犧牲；祂們說完這句話後，我的全身一直起雞皮疙瘩，感覺這個無頭日軍往上升起，經此意識轉換後，他終於安息，被送回光裡。

發病第二十五天，清晨兩點五十分氣喘發作，幸好不像之前那麼嚴重，起來吸蒸氣、噴霧和排出黏液後，再度睡下直到八點二十分才醒來。跟女兒視訊並吃了點東西，中午又累了，睡了兩個小時後，起來靈氣沐浴和練功，接著自己拍打及敲打前面的胸腔，咳嗽後排出好多黏液。然後我和祂們討論我的病情，我問：「為什麼氣喘又發作了？」

祂們告訴我：「因為要好轉了。」我啊了一聲，驚訝到不敢置信。祂們說：「黏液愈來愈少了，所以肺部會在睡眠時因零活動量而停滯，產生乾癢缺水的問題。」

我問：「為什麼會不自覺的咳醒？為什麼還會咳成胸腔如同抽真空被吸住

的狀態？很可怕！」

祂們安慰我：「別擔心，因為疲累的身體睡得很沉。妳要先做心理建設，告訴和鼓勵自己不會再像之前那樣了。」

「但已經兩天早晨都發生，我真的很擔心，尤其在睡眠中毫無警覺性。我該怎麼辦？」我一口氣說出自己的擔憂。

祂們鼓勵我：「繼續光療、拍打、排出黏液，思緒不要往低頻率的地方去，切記要守住自己的光體。」

下午麗華來幫我拍打，從右胸腔後背最底部拍打的時候，胸腔很癢，邊咳邊排出許多黏液泡沫，再繼續拍打時我覺得好痛，當時我想應該同時用第三眼去深入內觀那個痛點，隨即就出現了一個亡靈；我先是翻白眼，眼睛往上一吊（通常只要眼睛往上吊，我就知道魔鬼來了），這個魔鬼一出現馬上比出我平常會比的手印，當時心裡好奇地想，怎麼魔鬼也會比這些手印？原來手印不是神佛仙界的專利，魔道鬼道眾生也會，由此可見，神佛與魔鬼只在一線之隔。

接著我的靈魂唱了一段非常慈悲的歌，自己覺得好開心，終於在病了一個多月後靈魂開始唱歌了，這首充滿愛與祝福的靈魂之歌，感覺是為接引這個魔鬼升天而唱的，祂準備從魔道轉換到高層次的靈魂頻率，好替祂高興，那是祂修來的，也是祂願意提升自己使然。當我吟唱那一段靈魂之歌時，感受到就是在吟唱人間疾苦，每個活在世間的人都在疾苦當中，每當魔性升起，內在會產生極大的痛苦，要如何從落差很大的兩極之間，將低頻的自己拔出，躍升至高頻境界？又要如何從痛苦裡昇華自己，由魔道境界轉化成佛道？這些經歷都讓我深刻感受到慈悲的力量。

接著麗華繼續幫我拍打左胸腔後背，氣管感覺到一陣又一陣搔癢，一邊咳一邊排出黏液和泡沫，繼續拍打中，看見一個綁著頭帶的男性原民，身上穿著原民的布衣，然後看見一群原民在一起聚會，有人跳舞，鏡頭聚焦到一群原民小女孩身上，跳著舞的她們，臉上露出天使般的笑容，畫面中出現一位薩滿老婆婆，她開始唱歌：「蘇納姆嘛呦薩姆納呦……」她也在我的裡面，我們一起唱著：「蘇納姆嘛呦薩姆納呦……」我知道那是大地之母的吟唱，也是來療癒我的，祂們是我的薩滿家族，來幫我轉化頻率。

唱到最後，祂們說了以下這段話：「土地跟我們的身體一樣是有記憶的，所有發生在地球上的事，都會被大地吸收，如果未經妥善處理就會被封存下來。人是大地的孩子，吸收土地的精華成長茁壯，你們和地球是一體的，戰爭是一種撕裂，讓你們看不見這個整體性，人是和天地宇宙一起的生命能量，謝天、謝地、謝宇宙。」

最後麗華繼續幫我按壓手臂上的穴點，手三里一直都是最痛的點，現在左右手都感覺到「痛得好」，靈魂一直微笑著。我知道自己已經過關了，一個多月來的清理，我的靈魂頻率終於回升，似乎升到比之前還要高的地方。我閉上眼睛，看見自己坐在光束中，聽見祂們跟我說：「Welcome back.」

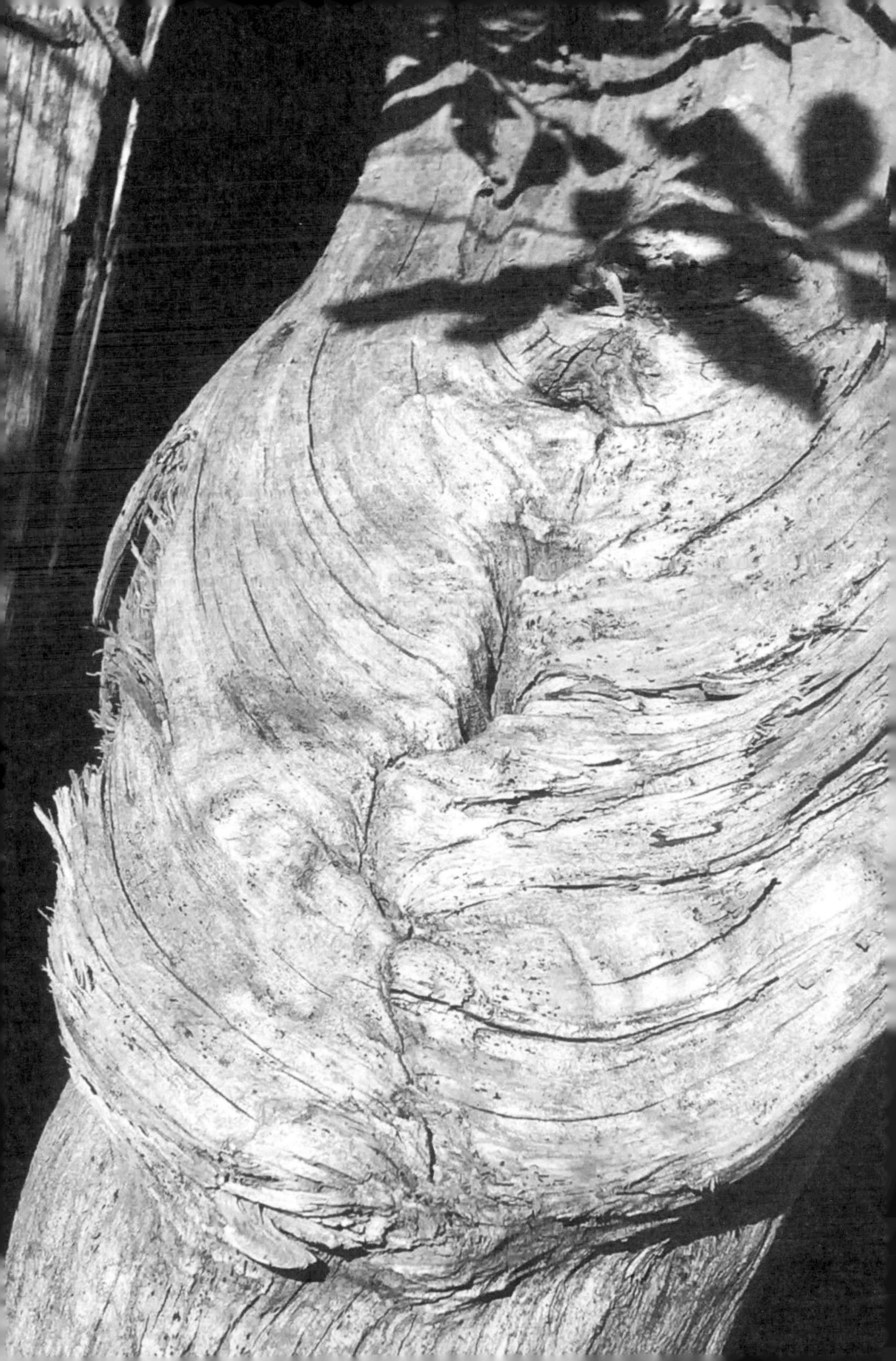

37／用祝福取代擔憂

持續養病中。一早麗華傳來問候的訊息，我卻回應了一堆負面的話：「我覺得自己一事無成，我過去的朋友們都累積了很多成就，我卻還在為錢煩惱，被債拖累，現在生病是我的業報，我連個案都無法處理了，也無法寫作，因為一直很低落。妳叫我加油，我很想加油，但找不到理由，我一事無成，一無所有；我應該振作起來，可是我好累，現在連唱歌都沒有辦法，為什麼要把我帶到這種情境，這些年我做了什麼錯事嗎？為什麼我不值得好好過日子，這些年我不是都在做救度眾生的事嗎？還是我根本上當了？我一直都被利用，我並沒有完成任何救度眾生的事，那些都是假的？」

我覺得自己不對勁，可是內在有許多需要釋放的情緒，因此又拋出以下這些話：「妳不要害怕我的情況，再難的事我都會想辦法解決。糟糕的是我突然發現，原來考驗還沒有結束，妳一直叫我加油，但我覺得這個世界有沒有我其實沒什麼差別，我不重要，我沒什麼貢獻，我是廢人，好糟的感覺。」

過了半小時，突然清醒過來，開始意識到這幾天曾經出現的一些不好的念頭，我開始拍打胸腔，同時用噴霧器滋潤呼吸道，排出許多肺部黏液，接著去做了靈氣沐浴，也在沐浴中敲擊胸腔，又排出大量黏液。然後我來到練功的地方伸展律動後靜坐下來，我問祂們自己怎麼了？祂們要我保持高度覺知，試著用內在之眼看著自己，我看見自己整個是黑的，黯淡無光。

祂們說：「這個不是妳，不要被它覆蓋了，妳是裡面的光，試著去看見自己的光，妳不是那個外面黯淡無光的形體。」祂們提醒我：「光療的作用是用光的力量來融解肉體的病氣，光的力量主要由內在運作出來，不是從外在往內在運作，妳要有這種認知，才能完全啟動自癒力。光療不受線性時間限制，妳一定要跳脫這個限制，把自己看成光的中心，妳就是光的中心點，用想像力來啟動和進入光的運作模式。關於這一點，妳一定要有強大的信念，認知到修復肉體不是時間作用，而是信念作用。」

接著，祂們引導我開啟內在的愛之光，我先看見眉心輪的光往頭頂上方放射出去，非常強烈，然後慢慢地從頭頂的光帶回到心輪，心輪的光打開了，我看見自己的五官都有強光放射出來，接著皮膚的毛細孔也放射出強光，終於，我整個人發亮了，感覺很熱很舒服，我睜開眼睛，看見自己的臉上有了光彩。

最後祂們鼓勵我去抽牌卡，祂們說牌卡給的指示也是一種鼓舞人心的力量，只要是正面的力量就帶著光的品質，在人們身心脆弱的時候，不妨盡量善用它們。於是我拿起手邊的直覺式塔羅牌，抽出幾張，牌卡指出我正遇到的狀況，還說這些狀況接下來會改變重置，我更加安心了。最後我決定把整個過程寫下來，從現在開始要不斷提醒自己：保持高度的清明覺知，不要被地球線性時間限制住，更不要被拉低頻率或削弱光體力量而不自知。

病後自省

在漫長的養病過程中，除了不斷清理，同時也做著自省的工作，有一天發現造成這次大病的另一個潛在原因，也可以說是壓倒駱駝的最後一根稻草，原來是我的「憤怒」。關於我如何發現這個關鍵因素，時間要倒回蕃茄主義剛搬到中央五街現址說起。

當時五街有一間等待改建的老屋，我跟屋主商量想買下他屋內的舊家具，沒想到屋主很大方地說：「妳喜歡就去搬，不要錢，都送妳。」就這樣我們挑了一天去搬東西，一進屋我就不太舒服，我想應該是我觸動到待在老屋裡的無形存有了。果然一上車，我就開始說出那些無形存有想說的話，第一個說：「我不喜歡他們，把他們趕出去。」另外還有幾個都是老先生、老太太，一開口就是濃濃鄉音，老太太感覺上還穿著旗袍，為了這幾個跟我回家的無形存有，處理好一陣子才好不容易把他們送回光裡，當時我的指導靈是觀世音菩薩，我都稱祂師父。為此我特別請問師父：「下一次如果還要去老屋搬家具，要怎麼避開這些無形存有？」

師父建議：「先畫一張通往天堂的圖，一早出發前在練功時先給予這件事祝福，再用光罩把自己罩起來，進去後先把畫貼在門口往外上方的牆壁上，那是一條解脫的路徑，指路給他們，並先告訴他們說妳是來搬東西的，同時也來幫忙指路。還有要分分秒秒覺察自己的心，千萬不要害怕，害怕會破功，也千萬不要發脾氣，憤怒也會破功，讓惡鬼上身。要帶著感謝與祝福的頻率，並且在午時完工離開那裡，不要超過這個時辰，這個光罩有效期限是二十四小時，在這期間就算離開屋子後，也要管好自己的心，不然一樣會遭殃。」

當時我戰戰兢兢聽著，照做之後發現這幾招挺管用的，去了幾回都安然撤軍，直到最後一次遇上麻煩。那是預計最後一次進去搬東西，時間弄得有點晚，麗華還在拆一個衣櫃的門片，她說那是很好的木頭，臨時起意要拆，工具也沒帶齊，因為快到時限，我急了，一直催。後來時辰過了，我叫她不要拆了，她不肯放棄執意要拆，我氣到怒火攻心忍不住開罵，一瞬間就破功了，後來的狀況可想而知。

這個教訓讓我聯想到這次大病，顯然憤怒是造成這場遭遇的稻草，十年了還在修習這個學分，只能說根深蒂固的劣根性難以拔除。話說回來，要不是那些從能高越嶺跟上我身，等待解脫的無形存有們，我怎麼能清楚照見自己的透支和力不從心，原來跟背債的忿忿不平有關。這些無形存有跟上身後，也耐心等著我的蛻變和提升，最後他們從我身上脫離苦海回到光中，歷歷在目的每一則故事都深具啟發力，我從黑暗中感受到的其實是隱藏版的慈悲。

因為這段經驗，我的心變得更開闊了，開始對過去讓我受傷的人有了更深的理解，包括那個從小霸凌我的人，我看懂了她渴望被愛的心，以及她心中曾有過被遺棄的裂痕，現在我都懂了，也都放下了，走過一場歷史性的寬恕之旅，在我心中第一個發酵的，竟然是這輩子影響我最深的陰影，我就這樣解脫了。

天使的羽翼

人在生死邊緣時靈魂會清楚浮現，現在我想把它們浮現的過程寫出來，若不是這場生死之間刻骨銘心的照見，永遠不會知道身體是幻，靈魂是真。

我有一雙隱形的翅膀，靈魂甦醒後，在每天的練功過程中，都會感覺到自己後背上存在著一對翅膀，練功時伸展它們，令我感到自由又舒暢；而真正讓我感到這雙翅膀的力量，是在肺炎氣喘第一階段的嚴峻考驗之後，當時我因為肺部機能失常，整整一個月無法躺著睡覺，直到有一天我試著躺下來，沒想到竟然熟睡了三小時。清晨時分我想慶祝一下，決定讓自己享受一次舒服的靈氣沐浴。

站在蓮蓬頭下，我沐浴著光的瀑布，舒服得不得了，知道自己活過來了，分外感動。這時候奇妙的感覺來了，後背上的翅膀突然間很用力地張開，在蓮蓬頭下不斷向前又向後扭動，它們會自動配合水柱沖刷的方向與力道拚命清理，一會兒沖右邊，一會兒洗左邊，且盡可能伸展，彷彿是一種生命活力的展現，我甚至需要變換一個橫向位置，才能讓它們整個張開來，從裡到外徹底清洗乾淨。

在這個過程中，我清楚意識到自己背上不是人類的肩胛，而是「天使的羽翼」，那對翅膀直接對應到的，就是我前胸重病的左右兩個肺葉，翅膀帶來的衝擊讓我當場淚下，我明白自己經歷了一場生命的浩劫，在崩壞與重生之間，無論多大的挫折、壓力或綑綁，都無法拴住一顆想飛的心。

就在那一天，靈魂的模樣浮現出來了，它們用力地告訴我，我的內在有一股真實不虛的生命力正要爆發出來，我也因此更加確認此生的任務。

在蕃茄主義完成愛的任務

因為這場病，我有了不一樣的看見，當我愈來愈接近復元的時候，必須面對現實問題，店裡一落千丈的生意，這一年實在撐得很辛苦。只是現在的我和過去已經不一樣了，前幾年恐慌會讓我陷入絕望，慢慢的我會站在更高的位置看自己的處境。現在的我更學會來到境外，觀看境內的自己，這是一個能一窺全貌的最佳視角，所有狀態一目了然。我也看見地球上每個人都身處在恐慌的風暴之中，整體的低迷在短時間內也許真的不會好轉，但至少在這片土地上，我們擁有許多其他的幸福。

練功時祂們說了一番感人肺腑的話：「蕃茄主義是一個充滿愛的地方，我們要妳看見自己擁有的美好。例如妳和麗華之間的情誼非比尋常，妳們相知相惜，彼此珍重與支持，二十三年來同甘共苦度過一次又一次的難關，妳們一起創造出來的，不僅僅是一盤好吃的義大利麵，還有無數淚水堆積出來的感人故事，這份情誼才是造就蕃茄主義如此豐盛美味的關鍵，妳根本無需擔憂，因為妳早已經身處在豐盛裡了。」

經祂們這一提點，整個人突然透徹了，回頭看真是一步一腳印，點滴在心頭。我的好姊妹麗華在十幾年前，因為椎間盤凸出壓迫腿部及腳踝神經，造成終日疼痛而無法站立，國泰醫院骨科醫師建議她開刀取出腰椎軟骨增生組織，甚至必須更換人工關節，由於醫生說術後復原成功機率只有一半，幾經考慮她選擇另類療法，經過半年多的「穴位氣療」真的好轉許多，只是過往整天站立的工作方式，加上經常要端沉重鍋具，腰椎還是很吃力。

爾後，在一次幫她的腰椎做靈氣療癒時，我看見她的腳在一個坡道上，一步一步爬坡，這個乍現的靈感告訴我，治療她的腳需要爬山，上坡的姿勢能讓她的腰痛及腳痛好起來，就從那時候起我們開始親近大自然。剛開始我非常膽小，害怕森林、草堆、蟲，最怕的是未知的路到底通往何處？又何時才能回家？我的不安全感困擾我許多年，才在山裡慢慢找到了自在。後來麗華果然因為爬山緩解腳疼，幾年下來，我們各自在大自然中療癒了自己。

自從重病後無法爬山，大自然一直在召喚著我。一天，麗華突然跟我借行動充電器和登山用的輕便羽絨枕，她說她已經登記了要去爬桃山，並入住桃山山屋。因為我的肺部功能尚未恢復，無法爬山，這段時間她的腳越來越沉重，於是決定鼓起勇氣一人前往。一開始我很擔心，爬山真的要有伴，在練功時和指導靈提出我的擔憂，祂們說了一段很棒的話：「為什麼先把擔心拿出來，而不是把祝福拿出來？妳知道擔心和祝福會為這件事帶來截然不同的結果嗎？」

祂們告訴我：「人們太過於擔心，不知道自己的擔心會帶來遠超過想像的破壞力嗎？」當我把這些話跟麗華分享時，她得到莫大鼓舞，信心就壯大起來了，接著她問我：「那我該如何安住於心？」

我說：「妳要強化自己的心。」她問該怎麼做？以下是祂們的建議：

「先把心靜下來，心安靜了就會像一片寧靜的湖，寧靜的湖面彷彿鏡面一樣能倒映出天空，天空就是現實的世界，在湖面上你會看見天空中飛過的鳥、雲、雨，任何天空發生的事，你都看得好清楚。你的心就是那個平靜的湖，當你看著湖面時，一切都是靜止的，會動的是這個現實的世界，你的心是靜止的，就像一個錄影機錄下湖面每分每秒發生的事情。持續一段時間之後，你錄下了這個世界的時間流動，當你倒帶回頭看，你看見雲來了、雲走了；鳥來了、鳥走了；雨來了、雨停了；風來了、風走了，所有事情都是來來去去的，最後只剩下那個平靜的湖，它一直靜靜的待在那裡；除了它，這世界所發生的一切都是虛幻不實的，最真實的就是你自己這顆平靜的心，它的靜謐力量能倒映出所有事情的來龍去脈。於是許多原來你看不懂的事就看懂了，原來你看不明白的也都明白了。」

人，若能學會用祝福取代擔憂，必能顯化不同結果的人生。如果對未知感到恐慌，請試著把祝福的心對準這個未知。就像面對一個即將遠行的朋友，我們一定會祝他一路順風抵達目的地。

接著我用靈擺問：「蕃茄主義會停業嗎？」出乎意料靈擺大逆轉，然後聽見祂們說：「才要開始呢！後面有好多事要做。」關於這個結果，我從內心深處給出最大祝福。透過今天的學習，我知道覺察自己的心思，看見、理解、改變、重建，這是一個信念重建與創造美好未來的簡易方法，要積極、正面去看待一切。

祂們還說：「妳的書會很好，因為寫這個題材的人不多，無需競爭，且各有各的頻率，各有各的次元，雖然說在宗教裡有神佛護持，妳卻不屬於任何教派，但親愛的，妳絕不是孤軍奮戰，這一點妳很清楚，對嗎？」我頷首稱是：「我不是孤軍奮戰的，這一點我非常的清楚。」

我始終都知道自己不是孤單的，我們來自一個整體，我只是代表這個更高頻率的意識，來到地球完成跟愛有關的任務，然後再回到愛與呵護裡。

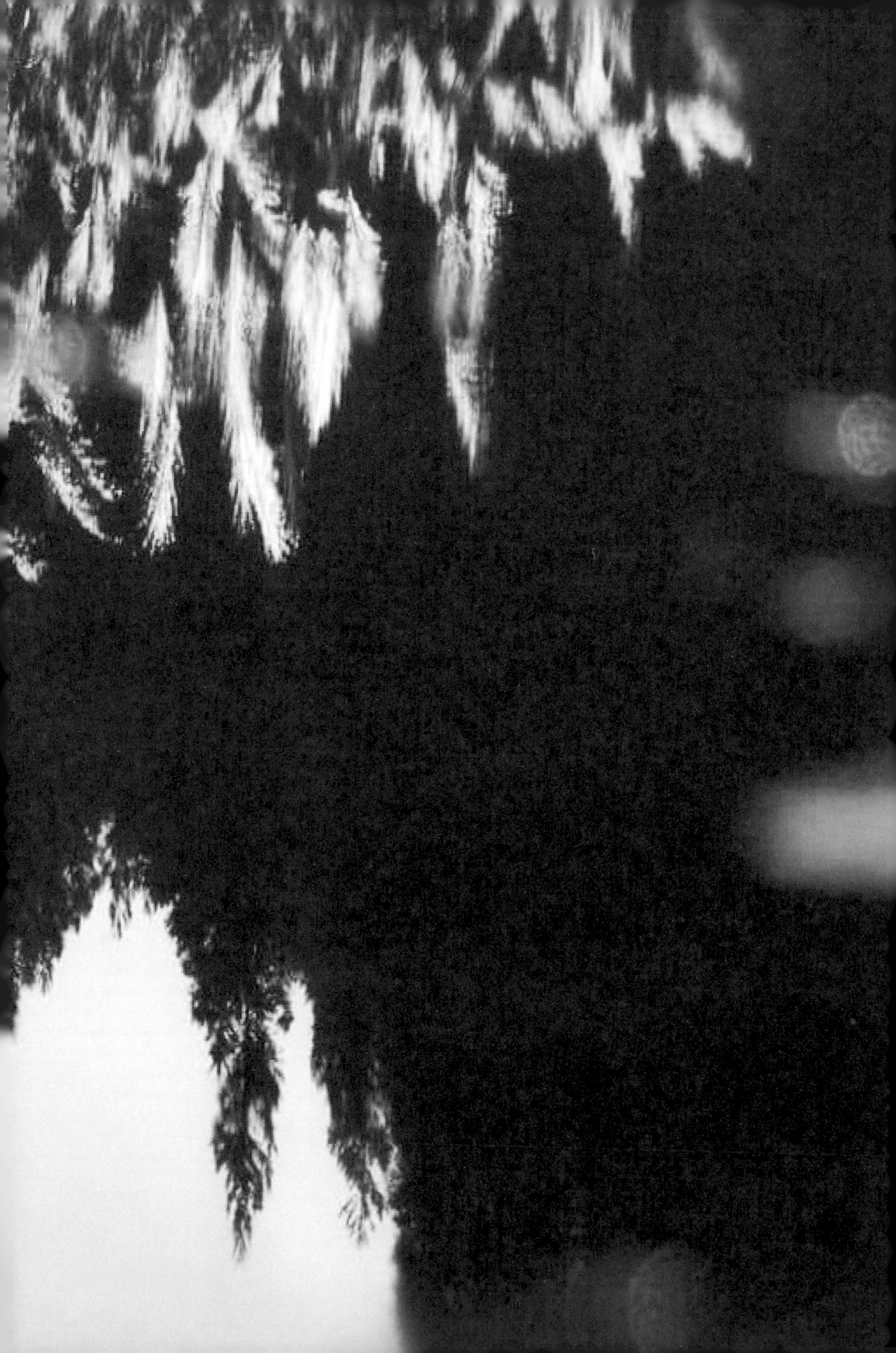

陸 你就是實相創造者

38／新冠疫情帶來的啟示

我的餐廳工作在過完舊曆新年後突然按下暫停鍵，因為疫情引發的社交大恐慌，蕃茄主義從三月開始門可羅雀，我卻依然忙得不可開交，一來是書稿要交出了，二來是宇宙推引我開設靈氣課程。在我現階段的工作中，能量場解讀和催眠療癒服務，都是豐富生命的恩典。二〇二〇年開春後，個案應接不暇，我試著不急不緩地進行這兩項工作，想提供比較好的服務品質。

目前催眠個案每個月只能做兩個，等書稿完成，才能釋出比較多的時間進行。每做一次催眠療程，就好比去爬一座山，引領個案攀登他們的生命群峰，讓他們從過去生的經驗中，取得更多此生能運用的力量是我的職責。在催眠過程中我都上緊發條，傾聽個案的故事，陪他們笑、陪他們流淚，再引領他們穿越時空，去遊歷有他們生命資料所在的平行宇宙。整個過程中我的責任重大，不單單是導覽員或領航員，這是工作多年的小小心得。

在帶領個案催眠的過程中，我的收穫絕對不比個案小，從他們的松果體被激活之後，腦子裡記憶的黑盒子會自動打開，經過我的提問，再由他們的回答讓畫面、劇情、感受、意識一層一層浮出，他們像看電影，我像聽廣播；他們流淚，我也哭；他們感動，我就起雞皮疙瘩，彷彿那些經歷也都是我的人生。

正式被授證為慈心自在菩薩

二〇一九年底經歷了一場要命的肺疾，朋友說彷彿新冠肺炎選中我超前部署，我確實超前體驗了肺部功能的大崩壞。除了重建肺部功能，我的腦袋也整個都不一樣了，回頭整理過去寫的幾個章節，感到非常沮喪，我覺得從前寫作的那個人不是我，她死了，我生了，所以我要重整那些寫下的文字。餐廳沒有客人上門，我才能不眠不休坐在電腦前重寫，是的，幾乎整個打掉重練。終於，整理書稿到第四章完成的那天，出門影印靈氣一階講義，由於一整天忙到沒時間練功，決定乾脆在車上練，還好那天由麗華開車。

一開始練功出神就一飛衝天，像火箭一樣衝到了宇宙。祂們說：「辛苦妳了，妳一直在拚命，人類現在處於很糟糕的狀況，我們很心疼人類的遭遇，但這是情非得已的狀況，也是必須要進入的轉化期，不然地球會繼續敗壞下去……」

接著出現綠光的印地安酋長，祂代表我過去生的薩滿家族，也代表大地守護者的角色傳達訊息給我。印地安酋長說：「妳已經盡心盡力為土地做了很多事，我們很感謝妳為土地做的事，妳犧牲了自己的健康，幫忙清理許多山林和大地，辛苦妳了。」

接下來出現一位菩薩，比著菩薩的手印，當下我感覺自己和菩薩相應，圈在菩薩外圍的是藍色的螢光邊，裡面是空心的，我意識到菩薩的虛空，祂唸了一大串咒語，每一句都代表一個菩薩的名字，那是來自蓮花天堂的菩薩們，祂告訴我，我們是一起的，蓮花天堂的每一個光體，被分派到宇宙中不同星系的星球，主要的任務是去協助這些星球成長，幫助每個星球產生慈心，悲憫意識就是第八次元的我。最後祂們說：「未來妳將會一無所有，一一放下，完成任務離開地球。」這些發生的過程中，我一直在落淚，那是來自慈心和悲憫的意識。

宇宙意識的進展愈來愈快速，在肉體上，我的肺部還是吐出泡沫，但已漸入佳境，在奮力交出五個章節的書稿後，再次請問祂們我的肺什麼時候會好？之前祂們說：「會好的時間就會好。」現在居然改口，說：「書寫完了就好了。」原來寫書會產生一種無形的療效，要我從靜、定中修煉，合併左右腦，整合自己成為一個更完整的人。

就在交出大半書稿後的一次練功中，我正式被授證為「慈心自在菩薩」。祂們告訴我過去我所經歷的那些考驗都是訓練，尤其在「自我」這個最難的課題上，我不斷經驗失去，不斷放下我執。祂們說從現在開始，我只要照顧好自己的心就好了，其他的一切都有人會幫忙，有財力的人會出錢，有能力的人會出力，那些力量會自己尋來，為的是要協助地球慈心計畫的完成。祂們說，因為人類想要成長，所以他們會來求助，我做我該做的，就是去協助

感應來自蓮花天堂的訊息。

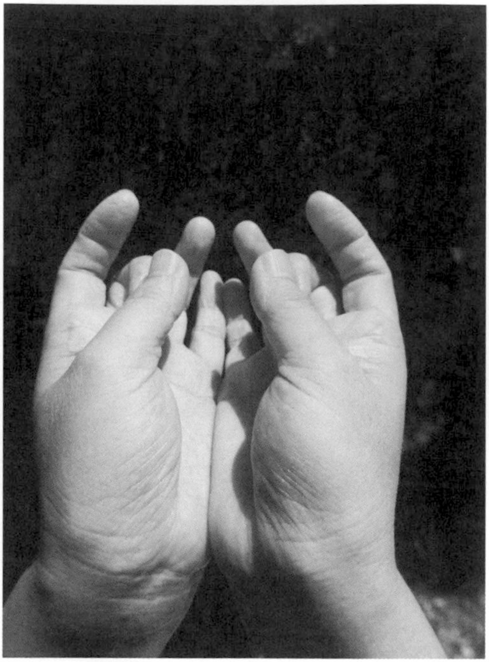

接受授證時的手印，放在前額最上方。

他們的成長，引導他們解脫自己的綑綁。在此同時，我必須顧好自己的心，寬心自在、不貪求，這是菩薩的精神指標，我們要堅守自心，最後祂們正式授證我為「慈心自在菩薩」，要我繼續努力，用我所剩不多的有限餘生去完成無限可能的任務。

疫情的恐慌推動了大腦的升級

書稿進入最後衝刺，一天的大早因為要出門辦事，先做靈氣沐浴，心裡正掛念著可能無法練功的事，蓮蓬頭開啟時，卻跳出一個有漸層的美麗藍光，一圈一圈的光集中在我的前額，接著出現一個類似水銀元素的人形，沒有五官，只是一個人的形狀，當下立刻知道那是自己，非常奇妙的感覺，就是單純知道。

我聽見祂們說：「前一陣子曾帶妳在頂輪上方，畫出一個多維的立體六角形，那是妳的記憶體，那裡儲存了有關妳的生命資料，那也是一個通道，能接通宇宙的資料庫，以及下載有關療癒的各種訊息，妳可以去查閱相關資料來確證它，這一點對妳很重要，人類的左腦很需要實際的例子來佐證。

「將來妳會以一種嶄新的方式，幫助人們開啟他們的視窗，接通資料下載到這個介面，讓他們看見並了解他們的各種疑惑，這會比過去做量子催眠的速率更快速。未來電腦會出現一種能接通大腦的程式，可以將大腦意識和所有念頭、對話、文字、影像直接下載，以便隨時擷取其中可運用的訊息，妳的較高意識有一部分是從這個次元來到地球的，地球正走向這個次元。」

祂們說：「宇宙的進展已經和過去大大不同了，二〇一九年之前的地球處於不斷清理業力的階段，現在進入清理加更新，同時升級的三合一最新版本，因為頻寬不同，層次也不一樣。從現在到未來，人們都在做一件事，就是破除時間和空間的障礙。

「人類每天都在編織創造，從你的世界到你的宇宙，都是你自己編造出來的，最後串連交織成為一個網絡；說穿了，人類的世界也是神的編織和創造，在大宇宙的地球裡，你們是神的實驗的一部分，你說的話、你做的事、你的每一個想法，都是編織的一部分，跟你的過去、現在、未來有著密切關係，你以為過去那些已經歷過的事無法改變，事實上它們還是可以被改變。

「比如你現在正在做一件改變自己的事，那麼你同時也在改變過去和自己的未來，這是許多年前我們曾告訴妳的，那天你在台中的一家店和好友綺真、妹妹、麗華還有阿布一起用餐，記得嗎？（對，那一天在那家店裡，祂們在我們聊天時來告訴我的話，至今依然清晰。）那時我們就已經把這個概念輸入妳的腦袋裡了，現在妳正在做這件事，這是妳需要將親身經歷的事告訴更多人的時候到了。

「此刻妳的編織裡充滿無限大的符號，這正是告訴妳，妳正在做無限可能的事，也就是妳正在創造自己的無限可能，妳也正在幫忙這個世界和宇宙創造它們的無限可能，這樣妳懂了自己正在做什麼了嗎？」

我點點頭說：「懂了。」

「所以妳現在還有任何疑問嗎？那些疑問應該都不再是問題了。當它們不再是疑問之後，所有的可能性都跑出來了，這是因為有疑問的時候，妳沒有力量去完成無限可能的創造，因此妳沒有辦法去行動。現在妳知道了，當所有的疑問都不再是疑問的時候，太棒了，這就是整個宇宙的進展，此刻妳完全知道那是怎麼一回事，過去、現在和未來集合在當下，然後從無限大的可能去破除所有的疑問和障礙，這將會是未來你們要走進的世界——一個新的地球；這個地球是你們共同創造出來的，你們正在共同創造一個無限可能的新地球。」

人類和地球因為疫情正在更新

祂們繼續說：「現在妳正進入一個最大的更新狀態，我們簡短的說，今天做了一個完整記錄，剛才在整個更新過程裡，我們把新的概念輸入妳的腦中，讓妳的腦帶領妳全身的每一個細胞、組織、器官、結構，進行大更新。

「聲音可以替妳開啟連結，妳的聲音就是妳的天賦本能，殊嗚……發出這個長音，這是和地心的連結，在地心也有妳過去的家人，祂們是地球的守護者，祂們很努力在地心守護著這一片淨土，我們知道地球的低頻是指人類意識的一部分，所以為什麼現在地球會是逆轉的。我們要說的是，這個逆轉是人類的發展帶給地球的轉變，整個地球正在汰換中，所以人類也在汰換，疾病、細菌、病毒，都是汰換的現象，也是一個大更新階段的全面進化。

「我們要妳清楚知道，妳所做的事跟每一個人都息息相關，妳會站在一個比較高的位置看著這個世界，這個位置是我們需要妳來協助地球提升的狀態，我們在地球上放置了很多能量點，每一個能量中心的你們都很重要，我們希望能透過每一個能量中心來傳遞我們的訊息，給地球上數以萬計還未醒過來的人，希望他們清醒過來。我們之所以不斷重複這件事，是因為太多人不知道，且活得非常迷失，我們不希望他們迷失，也不希望他們活在那個不知不覺的過去。

「現在你們的肉體因為新型冠狀病毒正進入一個大更新，這是好現象，我們之前已經提過這件事，現在要有一個新的心態和一個新的概念，每一個人的身體狀態都是從自己的意識衍生出來的，所以要了解意識的作業模式和運作概念，在人類的大腦裡就有一個宇宙，它和大宇宙同步作業，如果人類脫離這個同步就會被淘汰，我們不希望人類被淘汰，我們希望大家都能跟上進度。

「所以每日為自己做更新非常重要，千萬不要忽略這個步驟，因為這樣的更新，後面速度會變得更快，若不更新就會拖延，現在不是延宕的時候，因為很多事情不斷在推進，妳要知道過去和未來，一直都在把妳推進一個新的進程中。我們要告訴妳，在妳的意識中有新的轉化，妳的程式碼已經經過新的編碼了，這是宇宙必須為妳做的，因為宇宙要妳跟上祂的速度，這就是妳的進展，希望妳心理有數。

「妳的身體也會跟上大腦的更新，不要擔心身體的問題，把那個擔心頻率放下來，不要再把那些擔心的事拿出來影響妳，這是我們今天要給妳最後的交代，趕快去進行妳的工作。」

我說：「好，謝謝。」

萬眾一心才能有效遏止疫情

持續練功。這一天坐下結手印，日本家神來了，左右手一起比出三的結印，口中說了一堆日本古語，我問其中一句是什麼意思，祂說是「合一」，是覺察的最高境界。祂們今天來告訴我，祂們因為我的提升也一起提升了，家神、薩滿和外星高科技指導，祂們合併成一個最新版本的指導靈，結合外星高科技、古代薩滿巫術和佛菩薩境界，這就是我的新狀態，也很符合祂們所謂二〇二〇就是互利共生的合併關係。

結著手印，我的身體、筋骨、神經元都在更新中。做完三個階段肉體一、二及呼吸系統的更新，其中肉體二的更新，有一個重要的地方是關於我的眼睛，祂們給我兩副外加的眼睛，來強化我的肉眼和第三眼功能，祂們說我的眼睛本就具有很深的洞察力，像老鷹的眼，能從高處洞見細微的事物，現在這個洞察力將會提升至洞見未來，祂們說我將有預知能力，開始可以看見未來將發生的事，我會成為一位先知。這是因為我已一一將過去的自己，以及這個土地累劫的創傷清理完了，接下來可以承接更大的衝擊，並在知道未來的劫難後仍能安住於當下，這不是一般通靈者能做到的。

過去祂們都不願意告訴我未來，因為我還無法承擔知道後的結果，內心仍有太多包袱無法輕盈面對。接著，祂們要我休息一下，休息時我覺得自己退進去裡面，而外面是祂們，這個感覺很妙。然後我看見冰山崩落、海水高漲、森林持續大火、人類因為大自然的災害頻仍而遷移。還有人教導學習野外求生，因為都市型態完全瓦解了。非洲有山洪爆發、富士山上出現了飛碟、河流乾涸、雨水不足，人類的乾旱時期到來了……

我問：「都沒有好事發生嗎？」

祂們說：「有，地球的指揮中心出現一個能帶領人類走向未來的人。」接著祂們預言了新型冠狀病毒的發展：「沒有那麼快結束，恐怕要到夏天之後了。人們留在家裡的時間會愈來愈多，人們開始密切注意自己的身體健康，活動減少了，不必要的消耗也減少了，多了很多時間獨處、靜心和讀書，和家人一起的時間也多了，彼此之間的關懷也多了。」

祂們同時也提出警告：「若掉以輕心的人還是很多，疫情還是會持續蔓延，一波接著一波，直到人類真的學到教訓，學會控制自己的行為，不再那麼利欲熏心為止，若還有不懂控制自己的人，冠狀病毒就無法被控制。直到萬眾一心的時刻來臨，病毒就走了，所以能否萬眾一心才是消退病毒的關鍵。」

聽說疫情一時還未能消退，我憂心忡忡：「再這樣下去怎麼辦？」

祂們說：「人類要重回大自然了，必須重新學習如何與自然共存。」

39／對宇宙敞開自己，我是一個服務管道

二〇一六年陶曉清陶姐找我主持牽手之聲網路電台，成為主持群之一。我把節目內容分成四個單元：音樂的療癒、食物的療癒、大自然的療癒、練功的療癒，這四個單元就好像我個人靈性成長的四個基礎工程。同時在四個基點做地基扎根，一開始無法看到什麼成績，但每天整理一點，一點一滴累積，等地基打好了就能慢慢搭建上去。仔細回想，我的人生就是在做這幾件事，現階段到了該整合的時候了。

在節目錄製前，我需要用文字整理出每一集的內容，從那時候起，我嘗試整理歸納自己的生活與工作，剛開始很頭大，往往需要花費大半天時間書寫，現在進步到半小時內完工，我從自己的經驗發現大腦功能是可以被擴增的，重點是你要去訓練它，練習非常重要。自從祂們幫我升級和擴充腦容量

之後，我一直仔細觀察自己，記得那次升級的最後，祂們要我去了解人類大腦的結構及分工，也要我留意升級後的進展，現在我有一個小小心得。

我發現我的大腦對於對話模式很快就能掌握，回想小時候，腦袋裡就有一個聲音，第一次聽見是在小學時候，我聽見的是「我是誰？」「為什麼我在這裡？」「為什麼我是這個我？」人類的大腦會自動更新、升級、擴充及刪除不需要的資料，留下需要的，這點我很確信，因為前一陣子交出五章書稿後，大腦需要更大的空間，我在練功時透過靜心過程，擴充了腦容量，並將之系統化，這是因應寫作需求才會這麼做。

大腦會清楚讓我知道它的作業，比如有些我和個案的對話訊息，它會告訴我這一段話可以放在書稿的哪一個章節和段落，也會自動幫我連結過去的類似經驗做彙整，我其實只要把腦海中丟出來的東西盡可能整理出來就好了，說穿了我只是一個「記錄器」，現在我做的就是記錄我所錄像在記憶體裡的資料，大部分是今生的，也有小部分是累世影響到現在的。

生命不止一個面向

說到累世，我也有些小小心得。一個靈魂會來地球體驗多少回生命，其實沒有定論，你要體驗的是人或動物、昆蟲，甚至細菌都有可能；我曾被告知自己是從盤古開天地初就來到地球，那時我是一個細菌。其次，這些年從催眠個案了解到的各種光怪陸離的生命形式，也讓我眼界大開。因此，我不再去設想任何人或事情的發展，甚至在某個片刻，靈感讓我意識到，極有可能人們的累世經驗也是被輸入的，那些經驗可以事先被灌進腦子的記憶體裡。

以我自己為例，觀看我的過去生大約有五十多世，有些乏善可陳的記憶模糊了，我的催眠老師朵奶奶曾經在課堂上說，每個人第一次看見的那一世，通常是對自己今生影響最深的一世，從她的說法和我陸續的看見，我也理解到每個階段需要不同的指引，因此，每經過一個階段一定會有新的發現。

我自己的最早發現是因為學量子催眠，在課程最後的實習中，同學們互相練習，每個人要擔任個案被催眠，也要當催眠師練習引導。在我當個案時，看見了自己過去的四個前世，後來試著用老師所教的方法引導自己去看，又陸續出現稻草人、獨舞者；從這兩次的觀看後，我的大腦在適當時機就會自動播放前世資料。我想，在大腦記憶體裡，過去和今生之間一定有個柵門，那道柵門在我運用了這些觀看技巧之後就開啟了，自此之後有關生命的資料會從過去生流進今生，讓我能透徹看清楚自己，看清楚生命不止一個面向。

當身體變成載體，就能下載宇宙意識

前面的章節我說過，在幾年前的某一次練功過程中，曾經發生自己眉心以上都不見的事，我的腦袋變成一個浩瀚無垠的宇宙，當時我非常震驚，從那時起我已經知道自己的腦袋不是自己的，而是宇宙的；接下來我又經歷一場生死交關的肺疾，現在連身體也不是自己的了，而是宇宙的；是的，我整個人都是宇宙的工具。

說得具體化一些，我是個有錄像功能的記錄器，大腦是接收器，也是播放器；我的身體是媒介、是通道、是橋樑，人類的身體就好比一個載體，當宇宙意識進入了我們這個載體，會透過這個載體來轉載訊息，運用載體的原有感官接收力來運作，從接收訊息到看、聽、嗅、感受，再透過靈語、靈唱、靈畫、靈寫、手印、身印、靈舞等發出訊息，收發訊息的同時，載體的頻寬會自動展開，自動處理不同頻率的訊號，再轉譯成人類能理解的語言或文字，載體就是一個中間溝通的橋樑，幫忙傳遞訊息，載體本身也會經過一次一次的訊息傳遞，鍛鍊出更大的頻寬。我對宇宙敞開自己，讓訊息進來，再將訊息傳遞出去，這個「我」是為了生命的進展而來的，自願發展成為一個有系統的管道，將宇宙派給我的工作完成，我只要盡可能發揮自己的大腦和身體的功能，這樣就好了。

過去曾經營過餐飲網購，那個階段我的大腦每天都處於對話狀態，有大量的提問要回覆，訊息從四面八方進來，我必須在很短的時間內將答案回應出去，那時候我就發現自己大腦的對話功能極好，即使是一對多的多方聯繫，都能得心應手完成。我想現階段的大腦功能就是過去的訓練，還有不斷更新升級和擴充而來的，想想真不可思議，宇宙和每個人都是這樣在大腦中連線的，如果你搞懂了這個遊戲規則，就能有效運用。對一般人來說，有時候當你專注做某件事的時候，無意間可能就會連結上這個頻道，剛開始你不太會注意到，但是慢慢的你會愈來愈清楚地聽見一些東西，那是一種覺知，透過靈聽在靈魂深處去感知它，也可以說是一種頻率、一種磁波，透過大腦松果體和宇宙意識連結。

老天有眼

說到宇宙派給我的工作，像臼井靈氣能量療法每一次開課，其實都是宇宙幫忙找到學員，我的每日所見所遇也是，事實上無一不是，包括店裡的客人、解讀個案、催眠個案、靈氣課程的學員、書稿需要的協助，還有在山林中來自大自然的教導和大自然交換能量，幫忙引渡殘留在自然的亡靈，這些有形無形的人、事、物，統統都來自宇宙安排，因為我有這些功能且有意願服務而找上我。

明白了這個事實很有意義，因為心知肚明之後就會賣力往前衝刺，不再被情緒牽動，不再被情勢所礙，這就是現在的我，屬於人類意識的百分比較少了，因此不再那麼容易被干擾，這樣的自己對於接到的任務，會更有效率的進行。我也知道這些過程和細節，都被宇宙派來的監察員監看中，祂們持續觀察我的進度，以便隨時回應我所需要的支援，給予幫助。

對於宇宙的監督，我要說一個老天有眼的故事。宇宙的信息場除了有許多資料可供我們下載運用外，每個人都被安排了一位監察員，有一天我發現我的監察員出現了，在練功時感覺好像來了一位神仙，我請祂現形給我看，當祂慢慢浮現時，超級震撼啊！是一顆好大好圓的眼睛，出現時是閉上的，有一條弧線在中央，後來打開了，水汪汪的瞪著我看，好可愛。我請問祂是誰？祂說：「我是妳的監察員，宇宙派我來負責監督妳，祂們透過我能看見妳的心思和一舉一動，我們是來服務妳和妳的較高意識，看有什麼需要隨時可以提供協助。」

更酷的是，每個人都有監察員，宇宙會透過監察員來觀察我們，這證明了「老天有眼」「人在做，天在看」這兩句話是真的，我很欣慰自己知道身邊有監察員存在時，不是心虛曾做過什麼壞事怕被發現，而是為自己曾努力付出的深感光榮。地球無疑就是一個實驗室，我們都是來做實驗的，實驗關於愛的課題。祂們曾說：「地球人被賦予別的星球物種所沒有的特性，像是表達愛的方式，用眼神傳情，用擁抱、牽手、撫摸來表示愛意；有喜怒哀樂的多樣表情，以歌唱、舞蹈來歡慶，還有說故事，訴說關於愛與成長的故事；這些地球人類獨有的特質非常珍貴，是其他星球的高科技物種所沒有的，他們雖然效能極高，速度極快，卻無法有那麼豐富的情感，能細膩地去感受愛。換言之，能來到地球體驗生命，就是一大進階。」原來那些看似稀鬆平常的愛恨情仇，是其他星球的物種求也求不得的，由此可見，能成為人類何等幸運，我也慶幸自己在腦功能升級擴充後，雖然速率變快許多，卻仍能保有人類愛的能力。

和宇宙連線下載開心程式

我的擴展也連帶影響家人的進步，女兒妹妹從洛杉磯回來，因為疫情關係必須接受自主隔離觀察十四天。有一天早上七點，兩位警察來查訪，她被驚醒了，他們離開後，我決定透過視訊幫她做清理與更新；清理很快結束，她的狀態還好，用一百分來計算的話，大約有六十分。

和宇宙療癒場連線後，我從女兒的心輪拉出一堆如捲筒衛生紙大小的捲軸（我習慣以此作為形容，除了捲筒衛生紙，我看過再大一點的捲軸，像餐巾紙捲；更大一級如Ａ２紙張尺寸；更巨大的則像印報紙的捲軸。）總之，我從妹妹心輪的捲軸拉出一堆沒有處理的問題，徹底把它們都更新處理了。

處理完畢後，祂們提醒妹妹，遇事做不了決定的時候，不妨問問自己哪一種選擇才會讓自己開心，只要順著自己的心去做選擇就對了，宇宙中心提供了一個叫「開心」的程式讓我們下載，這是在宇宙療癒場裡可供人類下載運用的資料，在此也把這個訊息提供讓更多人知道。下載方法很簡單，只要每天靜坐時跟宇宙連線，需要開心的人就去下載，一會兒就可以完成了。

完成下載開心之後，祂們來到妹妹的喉輪，這裡蓄積很多埋怨、憤怒，祂們建議她宣洩出來，可以找一個枕頭或玩偶來代替，對著它宣洩，結束後再用手將宣洩在玩偶或枕頭上的難聽話揮走，就把它們當作灰塵那樣揮掉或吹掉就可以了。祂們說妹妹的聲音很美，她說的話極具說服力，祂們要她從自己的特質著手，去探索潛能並開發它，還說過去的挫折和創傷都是來磨練她的，要她從那些歷練領悟出智慧來，再用她的特質講出感人肺腑的故事。

接下來，祂們繼續往上來到她的眉心輪做更新，很快地拉往頂輪上方更高的神性意識所在之處，從這裡往左右拉下一個光與愛的大防護罩，將她整個包覆住，這是告訴她「妳是被愛呵護著的」。最後祂們說她身體的三個脈輪，顯現出她需要運動、伸展，並排除體內過多的水分，如果能這麼做，她將擁有曼妙的身材。

做完一系列更新後，女兒才說她這幾天一起床就很不舒服，想法很負面，於是我繼續去讀取她的左腦資料，出現了被關著不自由的想法，還有對現有情況不滿的念頭，糟糕的是她對自己也很不滿、批判、自責，且用現實社會的觀點來評斷自己。這時祂們在她的大腦周圍幾個重要穴點，放置了一個清除汙染的蓮花手印，依序從左、右太陽穴各放一個，往後一寸再各放一個，

清除汙染的蓮花手印。

再往後到後腦又各放一個，最後把雙手的蓮花手印放到眉心輪上，這些手印可連結宇宙的除汙系統幫忙清除，結束前祂們也告知，這些手印除了可以清除汙染外，還可以幫助左、右腦平衡。

整個清理更新結束後，妹妹說她自己在電腦上開了一個word檔，專門寫下內心浮現的負面念頭，我告訴她：「妳很棒，能夠創造一個自我清理和療癒的方法，像妳這個年紀的年輕人很少懂得這種方法，妳真的好棒！」

40／徹底解開身體和心上的糾結

病程的最後一段路，通常是最長也最艱辛的路；生病至今已經五個月了，應該快要好了，但總在好了幾天後又開始出現問題。這次的情況是復原期中最嚴重的一次，兩天前半夜喉嚨乾燥疼痛，我咳了起來，咳出許多泡沫，第二次的泡沫中看見了鮮血，感覺胸腔在發燒、灼熱，前胸後背加上鼠蹊和腋下整個發燙，把我帶回重病時的驚恐。接下來的兩天，我重新走過當時在能高越嶺肺部受傷的過程，我再次回溯去探尋造成這場疾病的答案。

現在似乎有了一些明確的跡象，一開始是因為負重加上高繞，爬到氣喘如牛；過去爬山過程中最弱的一環，就是會因為體力不支和喘不過氣來半途放棄，那次上能高越嶺也不例外，這兩件事在半路發生了，還剩下一半的路該怎麼走？回不了頭，又走不下去，想不出任何辦法的時候，我只會生氣，這個慣性正是我最大的弱點。大自然就像照妖鏡讓人無所遁形。

由於怒火加上秋燥的風，體內的大火一下子就被煽起，我的肺就這樣被心火剋了，沒想到是自己傷了自己。還記得在急診室裡，醫生要我住院觀察，我卻堅持回家調養，醫院給我的類固醇使我心跳快到像在爬山。回到家躺在床上，感覺心臟快跳到身體外面，迷迷糊糊間，忽然浮現四個字「怒火中燒」，賓果！這就是答案。心火剋肺金，怒氣產生的負能量，第一時間先沖到肺；怒氣接續往下一個臟器轉移，肺金剋肝木；然後轉到肝木剋脾土，繼續轉移到脾土剋腎水，再循環回來腎水剋心火，我想生病期間自己的臟腑應該都受損嚴重。

我忍不住向祂們提問：「現階段的乾燥症狀該怎麼修復呢？」同時跟祂們說這幾天遇到一些狀況，想要整理一下，因此昨天沒有練功。

祂們說：「我們說過，功不一定每天都能練，但妳要時時刻刻保持高度的覺知，這樣就是隨時隨地都在練功，切記這一點。」祂們接著說：「現在我們要妳停止分析，我們知道分析對妳很重要，妳的分析能力也有過人之處，但是那些分析都會落入頭腦，在頭腦的分析運作中，總是想要找到結論才做分析，但結論只是片面的，不完整的，我們鼓勵妳透過分析更清楚自己之外，還要走進分析裡面那份純然的覺知。」

祂們強調：「在覺知中去經歷它、明白它，所有的分析都只是因應當時妳感受到的狀況，但是妳已經不在當時那種狀況下，只能用記憶來回溯進入那個狀態，所以妳在事後所做的分析已經不再那麼完整，應該說那不能代表完整的實相。」

深層呼吸療癒深層的恐慌

祂們鼓勵我：「請跟著我們一起來做一次深層呼吸，療癒深層的恐慌。妳的裡面還有許多痛苦！是什麼使妳痛苦？有看見嗎？」

我說：「有，生存的壓力讓我很痛苦。」

「為什麼？」祂們問。

「因為要活著，隨時都會被外境的混亂影響。」

祂們再問：「為什麼？」

「因為自己不夠強壯，還有金錢的困頓，知道自己沒有金錢的實力。」我分析自己的痛苦來源。

「很好，請面對它，這就是過去這一陣子來，妳的潛在恐慌，從妳的身體反應出來了，妳的潛在恐慌使妳生了一場重病，也因此完全改變妳對生命的看法。」

我說：「我知道，的確是這樣。」

「可是當妳漸漸好轉之後，又變回原來那樣，開始恐慌生存的壓力和金錢的困頓。」祂們一針見血指出我的問題。「這個潛在的恐慌一直沒有消除，就在一點一點好轉之後，恐慌又默默變大了，妳知道自己在對峙什麼嗎？」

這一點我真的一無所知。祂們說：「其實妳對峙的是人類的恐慌，妳以為妳在對峙自己的問題，不止這樣，我們希望妳不要再對峙了，因為對峙是一種備戰狀態，一種握緊拳頭，面對敵人隨時要攻打過來的姿態。我們要妳放鬆自己，盡可能的放鬆再放鬆不要撐著，不需要戒備起來，沒有什麼需要妳握緊拳頭去抵抗的。」祂們邊說我邊彎下腰，愈彎愈低，愈彎愈低，低到整個身體趴在盤坐的左腿上。

我聽見祂們說：「妳現在正在放鬆自己。」祂們導引我：「放鬆到全身，不需要撐在那裡坐著，過去坐在那裡也是撐著。」然後祂們問：「現在感覺到什麼？」

我答：「感覺我回到了母親的子宮裡，盡可能蜷縮在子宮裡。」

「覺得如何？」祂們問。

我說：「我感到安全，感覺有一些身體被卡住的地方，隨著蜷縮釋放那些關節的疼痛，那些疼痛在骨盆坐骨的關節裡，當我的身體蜷縮在大腿和膝蓋上時，它們被拉開，這個姿勢讓我發現自己原來有這麼多疼痛，重病時我坐著睡了一個月，坐骨承受了好大的壓力。」我慢慢坐了起來，已經拉開坐骨那些壓力了，再把右腿往後伸，換拉開腰和右邊的骨盆，這些姿勢讓我覺察到我的身體裡有太多被卡住的疼痛。

真誠地向身體懺悔

接下來進入第二個階段，把姿勢換到向右邊蜷縮，把頭靠在膝蓋上，開始扭轉脊椎。祂們問：「感覺如何？」

「我感覺右邊的坐骨、骨盆這裡也痛得不得了，這些關節都卡住了，而且卡住很久了，我發覺在我蜷縮在大腿和膝蓋上的時候，我的胸口和胸腔也被擠壓得很疼痛，我似乎需要去覺察它們，了解它們和處理它們，它們在我重病的時候替我承受了非常多的壓力，從這一點開始，我理解到自己沒有真正好好照顧身體。或許那段重病期間我注意照顧身體，但漸漸好轉之後，又開始忽略，以為自己愈來愈強壯了，在各方面例如飲食、睡眠、休息都不夠。」

我慢慢坐了起來，繼續拉我的腰，向左後側彎，伸展它們，感覺身體非常需要我幫它們做一些釋放。不久之後身體熱起來了，接著把左腳跟小腿往上搬，這個姿勢可以拉到我的左大腿和左側的胸腔，我的脊椎和胸椎都有被拉開的感覺。這個動作告訴我，我的骨髓造血功能也受損了，所以需要用這個姿勢拉筋，讓我的脊椎和骨髓造血功能恢復。往右邊拉，也有拉開的感覺，呼吸道也通暢許多，脖子被這個姿勢扭轉到從來不曾扭轉的地方，在鎖骨處、頸椎、玉枕穴、風池穴，感覺有好多阻塞，這個姿勢讓我開始分泌唾液，這個功能在重病時就故障了，曾有一度根本無法分泌唾液。

接著我盤起腿來，把身體往左彎，開始扭轉身體，往左往後扭轉，再往右往後扭轉，我的脊椎需要我幫忙它扭轉，把卡住的地方打開，才會進入下一個復原階段，這些動作讓我開始打嗝並吐出肺部的泡泡。我知道自己應該要向身體懺悔：「對不起，沒有好好照顧你，都是你在照顧我，真的很抱歉，我要好好聽身體的話。」

生病是修復的機會

最後進入深層的呼吸。一開始先讀到呼吸道的干擾，也可以說是細菌，跟它們溝通完，真正進入深呼吸，大口大口地吸氣、呼氣，手腕和手臂都轉動起來，兩手結了一個比三的手印，再把五根手指張開並且扭轉，它們扭轉的姿勢就像雙螺旋DNA晶體繞射圖，DNA的構造很像一個螺旋梯，說明了生命能量是旋轉的，如果要解開身體的阻塞，扭轉脊椎必能有效疏通。我的雙手一直往兩旁，往前、往後扭轉，再來就往上伸展，和宇宙連結，這時身體的頻率變高了。

我說：「我在深呼吸的時候聞到不好的氣味。」

祂們說：「這些是身體裡的腐氣、病氣、濁氣、晦氣，要用大量的深呼吸排出它們。所以在一連串拉筋、扭轉和深呼吸之後，身體狀態改變許多，它們比較流通，身體需要妳幫忙它做這些事。」

祂們告訴我：「每一次生病都是一次修復的機會，就像女人生產可以藉著產後坐月子，來修復身體各方面的問題，不但能修復生理，也能修復心理的問題，因為生產就是迎接一個新生命的到來，女人的身體能孕育一個生命，這是造物主為女性創造出的美妙身體功能。每個月的生理期同樣是女性專屬的身心釋放、清理和重建自癒力，生產生育的過程更是修復、療癒和重獲生機的時刻；作為一個女人，一生有好幾次重生機會，如果懂得好好善用這個天賦，生孩子就是再次誕生，生幾個孩子就有幾次誕生機會，母親跟著孩子誕生而誕生，是身心靈三位一體的重生。有位大師說人的一生有兩次誕生：一次是肉體的，一次是靈魂的。但是我們說女人可以有多次誕生，身為女人請多多珍愛妳的身體，和身體對話，寶貝妳的身體，身體能帶給人類愛的甦醒和無比幸福。」好開心能夠收到這樣鼓舞人心的訊息。

祂們問：「還有什麼問題要問？」

我提出了最近的疑惑：「我想請小娟（跟著我許多年的會計小姐）幫我申請勞退這件事，這是最後一筆自己的錢了。兩年前有一筆存了二十年的儲蓄保險到期，那時用來整修店裡的漏水，加上一年多來的入不敷出，在疫情發生最嚴重的四月間全部用光了；現在這一筆錢可以說是用來救急的。我其實都想好了，只是真的要去行動的時候就很糾結，我清楚知道，連現在都過不下去，想什麼將來，當下的需要才是最急切的，不是嗎？」

「的確，妳很有智慧，只是每當妳下定決心要行動的時候，還是有糾結。妳知道糾結其實就在剛才，當妳在做身體伸展的時候，在妳的骨盆和坐骨關節處，妳在拉筋的時候，它們就解開了，這些糾結就是妳對物質的執著，其實妳自己都知道。生命是永無止盡的，但物質無法永恆，既然無法永恆，留著它也只會成為一攤死水，不如放掉它，放掉它會幫助妳創造更大的流通，創造無法想像的可能性。」

我哭了。「謝謝，謝謝，謝謝……」這份感動讓我難以言表，這是一個多麼大的力量，從宇宙來到我的生命，我感恩地說：「非常感激祢們對我的教導，我不會辜負祢們一直以來的循循善誘，我會繼續努力前進，繼續突破，來回饋祢們對我的愛與付出。」話還未說完，我已經哭到不行了。

祂們說：「盡情釋放吧！孩子，我們也很感動，我們知道妳有糾結，凡是人都過不了物質糾結這一關，但是我們知道妳願意放手，願意信任，更大的力量就會來到妳的身上。我們懂妳、看好妳，因為妳的信任，所以我們也信任妳。」當下我們彼此感動著那份愛的流動。

更新意識切換法

幾天後在某個晨間的半夢半醒間，祂們清晰解說我的病況：「妳的咳血狀況是肉體的更新處理，過去那些黏膜過度損傷，必須被淘汰，新的黏膜組織要長出來之前，舊的必須脫落，否則就阻礙整個循環。因此現階段妳經驗到的出血是更新處理，這是解答妳在睡前的疑惑，雖然妳並沒有真的提出來討論，妳用自問自答的方式得到了某個暫時的結論也很好，但那個結論感覺有點悲情。那是因為妳操勞過度了，妳處理了一些個案的更新，身心腦的頻率低下，所以我們和妳遠離，希望從今天開始，好好的睡，好好的吃，好好的更新，好好的寫，好好的幫助人們提升他們的頻率，但除了最後一項，其他的我們真的都無法幫上忙，妳得管理好自己。」

祂們繼續說：「在這裡也做一個提醒，人類的舊細胞是需要汰換的，那個過程就是癌化，所以自己要先明瞭身體的運作、細胞的新陳代謝，這跟我們一直提到的更新完全是同一件事，無論醫療能為你做什麼，在那之前，你必須先為自己找到新的概念，重新看待疾病的旨意，新的進展才會同步發生。」

關於意識切換法，祂們如此說道：「過去妳所做的與高靈連結，與大自然、萬物的連結，甚至是與低頻意識的交流，其實都屬於意識切換法。現在這個概念正進化到一個更快速的新系統，可以直接穿越人們的能量體、肉體，進入他們的心靈和較高意識境地，直接讓他們同步感受和意識到，而不再只是聽見、看見。過去人類太喜歡用頭腦，因此直接拒絕了人類的全面進化，也阻礙了地球的揚升。

「意識轉換的重點是，不要活在過去，不要停止成長，地球的設定就是成長，持續的成長與更新，核心力量來自愛。妳的腦容量比過去大了許多，妳正在進行一個前所未有的進化實驗，我們要妳不斷超越過去，因為那些過去會阻礙妳前進。妳將會意識到時間緊迫、速率加快，過去佛陀曾說過到達彼岸時，載你渡河的那條船也必須捨去，因為它已無用。現在開始，妳要和妳內在的大宇宙持續學習與成長。」

最後祂們說：「這也是我們對人類的期許。」

41／昨日已死，今日已生——大和解

清早出門前看見姊姊傳來的簡訊，我不敢開，怕一開就要回應，當時正趕著出門，實在為難。但訊息出現的幾行字，已讓我憂心：「已經進入治療期間，化療加標靶的療程長又辛苦……」當天我的登高之旅，儘管有美麗的香杉林和靜謐的竹林，卻都無法讓我盡情享受，內心有好多複雜的情緒此起彼落，終於在再次回到香杉林休息時，鼓起勇氣打開訊息，我看見姊姊寫道：「今天因淋巴癌三期，開始化療及標靶治療……」我開始思考為什麼這個病會發生在她身上？是不是她也會有同樣的疑惑：「為什麼會是我？」我相信每個罹癌的人都曾向老天提出這種疑問，但我卻不敢開口問她相關細節，諸如得病前她怎麼了？又是怎麼發現的？

記得幾個月前，我們曾有過一段對話，我勸她：「請息怒吧！這些帳一輩子都算不完，怒氣都藏在自己身上，徒然苦了自己。這世上做為女人多半辛苦，還是多想開心事，疼愛自己吧！」她沒有再回應我隻字片語，直到我接到她的罹癌訊息。我很震驚，我錯過了什麼？還是我的上一段留言說了什麼讓她不開心的話？是不是對一個內心脆弱的人勸說，也會造成他們內心的不舒服？因為他們的內心需要被理解，而我內心的強大只會讓他們感到更卑微與軟弱，她的病又讓我看見彼此多年的糾結。

祂們說：「如果劇情不是這樣安排，妳怎麼放下？」下山回到家，我在床邊呆坐許久，登山鞋和衣褲仍在身上，我卻一個勁兒地滑手機，後來，疲累不堪的我躺下了，我跟祂們說，請在夢裡給我一個訊息。躺在床上的我卻清醒得不得了，翻來覆去，直到窗外的天空漸漸轉成灰暗迷離，我的意識才緩緩消失。畫面中出現一個身影，一個人側身坐在一條小木船上，我認出那是我的指導靈達摩，過去有將近八年時間祂一直教導我「靜默」和「空無」，祂的出現必然和這個議題有關，因此開口問：「請問師父，這代表什麼？」

有個聲音回答我：「渡船到彼岸。」

換位思考打開心結

隔天清醒後，出門前我練了一小段功，靜靜看著窗外雨景，我問：「我該怎麼做？」祂們的回應是：「Follow your heart.」接著又說：「放下就是和解，輕盈地走過這段路。」我出門去做電台節目訪談，結束後來到醫院，姊姊仍在手術中。手術結束後，她看見我很興奮，我也看到她始終不變的強韌，我知道這正是她辛苦的地方。

事隔多日，終於再次鼓起勇氣傳訊息問候她的化療情況，我問需不需要幫她準備補血的食物？她說不用，因為醫院附近有一家很棒的餐廳，每天都有新鮮的海釣魚貨，所以不用擔心吃不到營養的東西。當她說到化療狀況時，我發現她很積極，努力與疾病共處，我同時看到自己這些天一直不敢去問候她，不敢表達關心，是因為自己的內心還有許多我們之間過去的糾結。

當她訴說自己對疾病的種種安排時，我反而釋然了，原來並不需要我去安慰她什麼，我完全想錯了，是她的疾病給了我一個重新認識她的機會，更因此讓我理解了母親重病時，她照顧媽媽的艱難處境；再往前推至我小時候她對待我的方式。從小經歷失去父親和母親再嫁的姊姊，只能無奈被媽媽安置在阿公、阿嬤身邊，看來備受寵愛，卻不得不與母親相隔千里；好不容易盼到母女相聚，母親身邊卻有了一個幼小的我，這些生命中的安排，她都只能被動接受，從未被好好告知過。對童年的姊姊來說，一個莫名奇妙不知打哪兒冒出來的妹妹，她當時的感受和她所做的一切，現在當我把自己放在她的位置上，都一一理解了。

這些年我的改變很大，唯獨對她的看法改變很少；我看見每個人都用自己的選擇過他的一生，所以每個人都有一套自己的人生觀，沒有對與錯，沒有好與壞，只是如何順自己的心，照自己的意思好好活著。從這裡面我看見了自己能理解她的部分，也看見從前不能理解的地方，原來我不接受的，是過去她對待我的方式，現在的她已不再是過去的她，我卻沒有給自己一個機會，也沒有給她一個機會，去看見彼此的改變。

我的姊姊是我生命中第一個重訓教練，我知道我們之間的愛恨情仇，是為了要完成今生共同的生命課題而來，過去不自知，我們在各自的角色上賣力演出，從現在到未來我們勢必全力以赴，讓後段人生畫上一個圓滿的句點。

出於愛的初心整理出這些文字，也許正是和解的時機。我跟祂們說，我接受她對自己生命負責所做的一切，也尊重她的選擇，在她需要協助的時候，依照她的意思行事。祂們說：「是的，依照她的想法和她的意願去完成她的人生，這是她要體驗的生命歷程，無論妳贊不贊同，只管協助她去完成就對了，這才是尊重生命的真義。宇宙意識是包容萬象的整體，沒有對與錯、好與壞，妳認為的對錯、好壞，全都是妳的主觀意識，是小我的意識，當妳回到整體裡，一切都理所當然被無條件接納。」

由此我看見了現在這個我和過去那個我，就這樣從昨天走到今天，現在的我已不再是過去那個我了，譬如昨日已死，今日已生。

「Each night, when I go to sleep, I die. And the next morning, when I wake up, I am reborn.」

——Mahatma Gandhi 甘地

42 起死回生的佛卡夏

這麼多年來很多人都無法理解，為什麼我一直在做賠本生意，表面看起來餐廳生意似乎很好，但數字上一直都是赤字，難道透支就是我這些年努力所得的結果嗎？可是我每天做著自己熱愛的事，物質層面雖然匱乏，卻反饋精神層面的滿足，我內心的豐足感受無從計算。

疫情期間蕃茄主義（新店中央五街五十五號）的房東張小姐做了一次特別預約，原本平日週間餐廳只做晚餐，因為有貴客臨門，那天中午加開特別服務。房東是個菩薩心腸的人，一直對我們很慷慨，因為疫情關係，我請求她減免一些房租，她馬上就答應了。餐廳在這裡營業十年了，房東一直以為只有四、五年，那天飯後聽我說起，她嚇了一跳說：「哎呀！真的有十年了。」是的，轉瞬間十年匆匆而逝。

這頓午餐，我特別請麗華做了義大利佛卡夏麵包作為招待，這是我們二〇二〇年初的得意作品，原本二〇一九年十一月就想推出，不料因我的一場重病而停滯，等病情稍有起色，又遇到疫情肆虐。拜房東前來用餐所賜，我們熱情招待的佛卡夏，讓整間餐廳香氣四溢，烤箱裡散放出濃郁的番茄、蒜末、迷迭香、百里香、羅勒和橄欖油的氣味，我當下決定讓擱置一段時日的佛卡夏起死回生。我拍照並發文貼在臉書上，宣告每週五蕃茄主義將推出熱騰騰的「起死回生佛卡夏」之後，獲得很大迴響，許多臉友紛紛下訂，銷售成績相當亮眼。

記得去爬奇萊南華山，走能高越嶺西段回程快到雲海保線所時，曾遇見正開著紫色小花的高山迷迭香，當時我興奮到忘了疲累，順手把迷迭香的能量裝回來，放在自己院子裡的迷迭香中，用它來浸泡橄欖油，成功做出自己最喜愛的佛卡夏麵包。高山的香料氣味比平地更加內斂含蓄，細細品嘗還能從中感受到高山氣息，我為它取名「起死回生佛卡夏」，為的是慶賀自己從重病中活過來，也願它帶給更多人力量，共度疫情難關。

義大利胖爸爸的佛卡夏手藝

冥冥中一直覺得自己和地中海料理有種不解之緣，不但開了一間跟番茄有關的餐廳，還經營了二十三年之久。曾經有一次店裏來了一位外國客人，他好奇問我：「蕃茄主義的主義兩個字是一種精神象徵嗎？妳是從靈性的層面來經營這個地方的嗎？」我很驚訝他會這麼問，但這個問題的確讓我靜下來思考蕃茄主義的精神層面呈現。

毫無疑問這些年我全心投入身心靈的擴展，也將這些心得落實在蕃茄主義這個空間裡，以及我們用心手作的料理上。換言之，蕃茄主義不再只是一間餐廳，更是許多人心靈交流的空間，人們來到這裡訴說、聆聽、陪伴、支持，最重要的是，大家在這裡一起成長、一起茁壯。

某天清早醒來時，靈感澎湃洶湧，直覺到自己跟義大利一定有什麼關聯。這一天就在練功靜心時，我做了一趟義大利時空旅行。靈感帶我來到托斯卡尼的一個小村莊，畫面出現了一位大胖子，他穿著一身白色的廚師服和圍

蕃茄主義不只是一間餐廳，更是許多人心靈交流的空間。

裙，在烤爐前烤麵包，麵包送進烤爐後，他抽空點了一枝菸；接著畫面出現一位穿吊帶短褲，戴著鴨舌帽的瘦小男孩，在他前面跑來跑去玩耍著；我知道小男孩是我，也記得胖爸爸做的麵包超好吃，只是他太胖了，工作起來頗為吃力，村裡的人因為他的身材一直取笑他，來買麵包的多半是親戚和比較要好的朋友。

接著看見那一世的媽媽出現，她也好胖，剛從海邊回來的媽媽，每天都去撈魚蝦海鮮回來煮飯，我喜歡一起同行，坐在沙灘上看海，偶爾也會幫忙撈魚，邊撈邊玩，再把魚蝦帶回家和媽媽一起下廚，陪爸爸做麵包。爸爸做的佛卡夏非常好吃，有好多不同口味：鯷魚、橄欖、臘肉、火腿、香腸、番茄……家裡的院子種了很多香料，把它們油漬後做料理、烤麵包都好香。我們的日子很簡單，就這樣平淡無奇的過著。

忽然有一天，爸爸生病了，住家附近沒有醫院，我跟媽媽和親戚朋友都搬不動他，他就這樣躺著，最後死了，我們為他舉行一個簡單的葬禮。做麵包的事後來交到我手上，愈來愈多人上門買我做的麵包，其中佛卡夏最受歡迎，我的麵包漸漸傳出口碑，生活也愈過愈好。若干年後，我娶了老婆，也有兩個可愛的孩子，媽媽和我們一起生活，她的晚年很開心，我的孩子們後來也繼承了做麵包的手藝，父親的佛卡夏就這樣一直傳承下去。

生命其實是不斷的延續，從前那個我在現在這個我的裡面一起活著。很多人認為前世不重要，說那些都已經過去了，我沒有刻意要看見它，但它的浮現確實豐富了我的生命，並延展了生命的寬度。

從前世到今生，佛卡夏的美味一路相隨。

43／不要懷疑，疫情自有美意

正當全球疫情延燒最嚴重的時候，某個休假日，臨時起意想去聖母山莊。上山走到一．五公里處時，和我們同行的喬伊（Joy），先被我帶到紀念聖母顯靈事蹟的地方，聽我解說完聖母山莊的由來，又被我帶進教堂裡，我請她靜靜坐著去感覺，在教堂靜坐的時間，她和我皆有所獲，我們分別得到了個人所需要的指引，不約而同淚流滿面走出來。

接著，爬了將近四個小時，筋疲力竭到達山頂，休息一小時後再回頭，回到山下已經暮色四合晚上七點多了。一路上腳抽筋了好幾回，那是因為前一陣子趕書稿沒有爬山，每天坐十幾個小時的結果。過去一段時間，肺功能的修復反覆無常，這一路雖仍有喘、嗆、咳，並又吐出泡沫，卻比起之前愈來愈使得上力。

這段疫情爆發的日子，坊間餐廳哀鴻片野，相較之下蕃茄主義的生意雖不佳，卻不至於太糟，可能因為原本就不是太好，反而落差不大，一切看來似乎挺樂觀的。下山後飽餐一頓，喬伊問我：「小雯姐，妳的爬山就是這樣，把自己弄得全身都廢掉？」

我承認：「對，這就是重建，一定要廢掉才能重建，哈哈哈哈！但妳不能忽略，在大自然裡吸收到的、鼻子聞到的、耳朵聽到的、眼睛看到的、皮膚接觸到的，還有感受到的這些身心的滋養，都是來充滿我們的『靈糧』。」

來上一堂大自然的課，總能帶人回到本然中，幫助人們超越極限、破除制約，或許從表面上看來肺功能壞了、腳也廢掉了，看似一種失去，但失去的是舊的信念、舊功能和舊思維，這些過去緊抓不放的包袱斷捨離之後，就能再繼續前進，而且愈來愈輕盈自在。

這趟山旅還有一個很棒的發現，整座山上都是人，且三分之二以上是年輕人，下山時我聽見兩位二十幾歲年輕人的對話。

男生：「妳媽知道妳來爬山嗎？」

女生：「我還沒告訴她。」

男生：「為什麼？」

女生：「我不想說，因為她也不會想知道，她都以為我只會去鬼混，怎麼可能爬山？」

男生：「我覺得妳如果告訴她妳來爬山，她一定會很高興，因為爬山很健康，又不是去夜店、KTV跟朋友鬼混，再說現在受疫情影響也不可能去那些地方。」說完他們相視大笑，邊笑邊超過我，腳程很快速地下山去。肯定是疫情改變了我們的世界，這也是這段時日以來，我所見證到的許許多多疫情美意之一。

平息地球災難從心做起

「宏觀來說，這個地球是我們的軀體，草地是我們的頭髮，樹是我們的手，河流是我們的血液，因為地球就是我們真正的身體，它是活生生的。」

——大衛・阿布拉姆（David Abram）

Artwork @ Francene Hart Visionary Artist

在睡夢中被祂們叫醒，祂們給我看一張圖，說這是解救地球的圖形。圖上是一對收起的翅膀，它們抱在一起的模樣好像一顆心，像在告訴人類同「心」協力才能解救地球。一般來說我很少在睡夢中接收訊息，因為半夢半醒間要聽祂們說話太困難了，那一天我努力維持清醒，聽祂們說要如何拯救地球……接下來一片空白，因為，我睡著了。醒來後我很懊惱，夢中接訊卻沒有搞懂那是什麼預兆，直到後來看到地球的災難新聞，突然明白祂們要我做什麼了。

趁著練功，去探望了亞馬遜雨林，一片糾結的雨林告訴我：「這個災難不是只發生在火災地區而已，它的嚴重影響是全面性的。」近年來許多國家的山區、雨林火災頻仍，除了乾旱季節讓野火容易蔓延，另一個重要原因是人類的濫伐造成，其中包括蓄意縱火及意外。大火除了導致一氧化碳排放量明顯增加，對地球溫室效應具有關鍵影響的二氧化碳排放量同樣也變多了，對人體的健康造成很大威脅，地球的暖化問題也愈加惡化。在地球的另一頭，不斷加速融化的冰川造成海平面持續上升，沿岸持續內縮、陸地減少。不禁想問人類對地球的破壞何時才會停止？亞馬遜雨林的火，燒出人類整體的災難，已不再是部分地區的問題了。到底地球怎麼了？

地球說：「發生在大自然的自然災害，地球會自行吸收轉化，但是人類的破壞與傷害，請每個人都回到自己的內心，看看自己怎麼了？為什麼要爭奪？為什麼這麼貪婪？為什麼要破壞？只要你們能面對自己內心世界的爭戰，去平息它，內心的災難平息了，地球的災難就會平息，去面對自己的內心吧！」地球急需人類靈性的覺醒和心的覺悟，這是人類共同的責任，一起來為地球祈福吧！

女性意識的覺醒關係著未來的地球

「女性意識是未來新地球的力量所在。」十幾年前出現的指導靈慕玲娜曾經這樣告訴我。祂說：「陰性能量將是地球未來的主意識。」這一點在我成為靈氣導師後，從我的靈氣學員和解讀催眠個案中能清楚看見，雖有少數男性學員及個案，但在他們身上，陰性能量比重的確高於陽性能量。過去女性屬於弱勢族群，但地球的轉化必須先從女性意識的覺醒開始。

在這裡我想先談談我的短期指導靈慕玲娜，當年祂給我的教導課題就是「女性意識的覺醒」。我還記得慕玲娜的出現曾讓我非常震驚，當時我是個新手，對於宇宙、靈界一無所知，現在回頭看當年，是慕玲娜帶領我重新看待自己的女性特質。記得那段日子，祂總是婀娜多姿地從天而降，用右手食指擺出一個手勢，輕聲細語地說：「我是慕玲娜，我是慕玲娜，今天要來幫妳上課，是關於女性意識。來，第一課是『無條件的愛↓母性的光輝』。」我們的課程進行方式很奇妙，主要透過意識傳輸到我的腦中，有趣的是，經過一段時日之後，我說話的聲調也開始改變，還記得那是發生在第二課「柔軟↓以柔克剛，善用女性的特質」時，祂說到如何善用女性特質以柔克剛，並舉了一個例子。

「現代女性在職場上已經有很好的表現，很多女人都能獨當一面，在會議桌前和男性較勁，不讓鬚眉。但是這些女強人多半很辛苦，在職場中她們必須隱藏起溫柔的女性特質，表現出男性的剛強，畢竟要在以男性為主的職場上爭取一席之地實非易事，這樣長久的能量消耗、心力交瘁，身體往往出現各種問題。」慕玲娜說：「所以，我們希望每個女人都能運用本身的特質，尤其是聲音特質的運用，溫柔的聲音第一時間就能先打動人心，軟化一切紛爭，女人如果懂得運用這個特質，在溝通上必然極具說服力；女人一定要好好地善用造物主對女性的恩賜。」祂這一番話說服了我，後來我運用溫柔婉約的聲音和一些客人溝通協調，驗證效果確實奇佳。

祂還說：「這個世界上有許多女人是軟弱的，她們一直遭到欺凌，而且逃脫不了，其實那個一開始的初心是柔軟的，但那份柔軟心若沒有被珍惜，常久被欺壓後反而變成了軟弱。真正的慈悲是柔軟，卻不是軟弱的，柔軟和軟弱看來相仿，其實完全不一樣，軟弱是無力的，柔軟卻是有力的。」

從那時候開始，祂要我徹底柔軟自己的身心，並鼓勵我憑著對食物的敏銳度去研發出柔軟筋骨的果醋，製作完成後每天喝它，也分享出去，藉此軟化筋骨，也柔軟每個人的心。祂說：「人們的身心都需要軟化，心柔軟了，身體也會柔軟，聲音和思想也跟著柔軟起來。」那些年我確實釀了許多番茄醋、梅子醋和柚子醋，也如實將那些成果分享給許多朋友和客人。

關於慕玲娜的教導還有第三課「無為↓無所為而為」，第四課「交託↓放下擔憂」，第五課「光原力↓開啟身體光能的原動力」，第六課「洞察↓覺察與覺知當下」，這些教導至今仍在我的身上持續彰顯，我也確信這個階段地球上的陰性能量和陽性能量，正往平衡且一致性的未來進展。

無限大的力量來到地球了

全球疫情持續延燒，美麗的島嶼持續一段時間的乾旱後，終於下雨了，祂們說：「妳可以看成天哭了，因為老天很感動，難得人類都靜下來了，每個人都回到家裡，不在外面活動、消耗，大家靜靜地待在家中，靜靜地回到自己的裡面，和自己相處。因為這個疫情，現在每個人的心連著心，手牽著手。」接著我看見，從我的心輪胸腔飛出一個像彈簧一樣一圈一圈的形狀，它飛到我的面前，變成一個無限大的符號。

祂們說：「這是在告訴人類，你們現在正在宇宙無限大的力量之中，你們要創造你們的未來，你們現在就擁有無限大的力量，去創造自己的未來。經過一波又一波的疫情，每個人都被打趴了，但是在這裡面，還是有人充滿力量的在混亂中持續前進，不被捲入一波又一波的風暴，為自己的生命奮鬥，創造更高的生命價值。」

祂們問我：「妳現在感覺如何？」

我的視窗出現了大自然，所以我說：「我看見森林了。」

祂們說：「這代表現在愈來愈多人回到自己的內在，因此愈來愈接近土地，就會感覺到土地的滋養。妳看見森林，森林的樹穩穩當當地扎根在土地裡，一旦大自然有了災害，它們都是根連著根，就像人類手牽手、心連心一起度過難關，不妨把人類看成和樹一樣，人類和樹一樣也有根，一頭接地、一頭接天，人類其實就是『會走路的樹』。」

對於祂們說人類是會走路的樹，我頗有同感。某一次我真的看見森林裡的大鐵杉在我們離開後，從原本如如不動的樹形中走了出來，像巨人般長手長腳走在森林裡，它給我的感覺是人類離開了，終於可以出來玩耍。

練功後段，我唱誦了一段靈魂之歌，為大自然和人類更新，再做了一段加上咒語的吟唱，為腦子更新。祂們說：「這個更新處理是告訴人類，舊有的思維，舊有的制約都要丟棄，都要破除，你不再是過去的你，你們不再是過去的你們，請你們繼續向前邁進，不要帶著過去的恐懼和對未來的恐慌。繼續向前邁進，人類正在更新自己，前進到一個更清淨無染的大自然裡，也就是每個人的心靈裡，請大家一起把它投射出來，重新創造地球，你們每個人都是創造新地球的一份子，謝謝大家。」

人類有無限大的力量能創造生命更高層次的價值。請記得人類是會走路的樹，一定要根連根、手牽手、心連心共度危機。人類要破除舊有的制約，不帶恐慌的前進，共同創造新地球。

44／心念力量帶動人類和地球揚升

半夢半醒間，祂們告訴我：「妳的肺功能重建就快要完成了。凡是重建必先破壞，破壞所產生的傷害，人體自會修復。大自然的運作就是這樣，自然災害後，那些崩掉的地方會漸漸再長出植物來。土壤中有許多養分和菌絲，經過動物、昆蟲的協助，再加上風的傳遞、水的滋潤、光合作用，假以時日必再成為一個完好的地方。

「人體也一樣，若不是脆弱何需重建？因此，凡是禁得起考驗者自然會愈來愈強壯，禁不起考驗的則會重生。為了要符合爬山的功能所需，過去不足的地方就要打掉重練，現在妳的肺功能即將調整到最佳狀態，恭喜妳。」

看來人類將要重回大自然了，在疫情最嚴重的三到四月間，我竟然連開兩堂靈氣課，似乎在許多活動停滯後，外在的一切逐漸由動轉靜，人們的心靈開始蠢蠢欲動。對於在疫情期間意外生出的這兩堂課，我跟宇宙點頭說「是的，好。」我完全明白宇宙的旨意，原本想等書稿寫完再來開課，但就是有一股無法抗拒的引力在推動，因此順勢而為，輕盈自在的了結一樁任務。

疫情促使人類向內成長，間接提升了地球的頻率，這股力量我在課堂中也見證到了，來上一階「身的力量」的學員們個個能量振頻超高，宇宙能量直接切入他們的心靈層面，繼一階課程後的二階原本是「心的力量」，學員們更直接晉升至「靈的力量」。分別的兩堂課，卻同樣在進行的第一天上午就出現驚人轉折，我確實親眼見證人類原始本能的潛在爆發力，原來，在亂世和逆境中它會完完全全、徹徹底底被激發出來。

疫情不是懲戒

現在每天醒來，我的任務就是不斷傳遞高頻率的訊息給這個世界。這天一早，同學素梅來訊息，因為疫情的關係，訊息中我們彼此傾吐苦悶，她問我：「聽說，妳的餐廳現在只做假日，是嗎？」

我說：「沒有啊！除了週一、二休假外，每天都守著，雖然沒有客人上門也要照常開門，照常上班。」

她嘆了一口氣：「這波疫情真的很慘，煩惱到不知所措，只能苦撐。」

我的回應是：「就快過去了，再撐一下，撐過去就會有新局面，不要氣餒，氣餒和苦惱的頻率很低；也不要覺得坐吃山空，覺得坐吃山空的頻率更低，低頻會導致自身處於更低的處境。這是考驗毅力和熱忱的時候，沒有毅力和熱忱的人都撤退了，最後剩下的都是菁英。」

她回答說：「放心，我是好強的，一起努力。」

我告訴她：「看來我們好強，其實不是，我們的好強是因為過去我們知道自己的條件不比別人好，所以靠努力不懈才能走到今天，因此我們都是有條件的人，這波疫情就是考驗實力的時候，疫情過了之後會剩下最努力的人，因為有財力的人不會傻傻的苦撐。我認為錢一點都不重要，生不帶來，死了也帶不走；對我而言，只有一條路，就是繼續拚下去，無路可退。我相信未來金錢的能量，將更新至以創造地球萬物和人類的最高福祉為目標。」

聊了一陣子之後，她說：「有人聊聊天，心裡舒坦多了，謝謝，愛妳呦！」

有人想跟我聊聊，我是很樂意的。對於新冠肺炎我的觀點是，疫情是全人類的共業，大家都要共同承擔，等地球的清理和轉化過去了，自然就會好轉。相信宇宙有祂更高的旨意，能撐過疫情考驗的人，肯定會更上一層樓。

不要覺得只有口袋夠深、財力雄厚者才能長期抗戰，我知道一些有財力的人在這個時候考量的是何時要停損，所以財力絕對不是最大的力量；反而是誰有那份愈挫愈勇的心，和共同承擔地球業力的意願，那股熱忱會讓地球在繁星點點的宇宙中，閃耀出強烈光芒，吸引更多更強大的光亮來到地球，地球和人類就成功得到救贖了。

相信我，疫情真的不是神對人類的懲罰，所有正在發生的事都是人類共同創造的結果，這是為什麼我說每個人都要共同承擔，而且愈是多人願意承擔，就愈早結束這場夢魘。共同承擔說的是每一顆心，心的力量非同小可，大家都聽過心想事成：你相信你是，你就是；你相信自己能提升地球的頻率，你就能提升；你相信自己能改變地球的未來，你就能改變；你相信你能創造奇蹟，你就能，這跟財力一點關係也沒有。

快樂才是生存之道

練功時，突然想拿起放在觀世音菩薩旁邊的水晶球來讀，祂們說過可以透過水晶球來看未來。於是我用第三眼來讀它，看到許多光亮，光裡有人影，那些是為了生存而忙碌奔波的人影。祂們說：「在未來的世界，人們忙著尋找快樂，因為人類的生存不再需要靠金錢，而是靠快樂；心靈上擁有快樂的人才能生存下去。在未來，一個快樂的人會讓人想要靠近，一個讓人快樂的地方才會讓人嚮往，這些都是金錢無法換來的，所以在未來的世界，金錢無用，取而代之的是快樂——快樂才是生存的財富。」

接著我練了踮腳跑、蹲馬步，邊蹲邊腳跟踏地，點了精油擴香，乳香、沒藥，松針、檜木，完全浸淫在森林療癒的能量中，坐下練靈氣時，我從海底輪發出了嗚聲，打開了喉輪，一直連結到更深的內在，忽然，祂出現了，祂從我的裡面跑到外面，說了以下這段話：「妳活在一個讓人消耗力量的世界，提醒妳，要在靜裡才能明白真相。」我在靜中默默體會祂的話。然後祂問我：「有沒有問題？」

我說：「我想要靜。」祂說：「妳已經在靜裡了。」我靜靜地感受著。

祂再問我：「還有什麼其他的問題？」

我忽然覺得……話還沒有出口，祂就說：「我懂，妳有好多恐懼，每個人都一樣，妳也是一般人，但是妳有一般人沒有的靜。」我落下感動的眼淚，接著，我們換位，祂回到裡面，我出來外面，我們各自回到原來的位置。

未來的快樂世界離我們其實並不遙遠，只在一念之轉。

一起療癒舊地球

祂們曾經告訴我：「較高意識和指導群本就來自一個整體——合一的整體，這個所謂的高層就是光的勢力，當地球上的每一個人都可以連結自己光的意識高層，那麼黑暗勢力就會慢慢退去。所以我們需要更多人加入這個光的行列，當這個世界光的百分比大過於黑暗的百分比時，就進入一個新的地球了，每個人在連結自己光的高層意識時，就是在為新地球做準備。」

我觀想新地球和新地球的集體意識，片刻後，眼前出現一整片圓形的光亮，連線到一群光的高層意識。這片光的高層意識說：「我們是一個光的群體，光的力量正全力以赴清理地球的黑暗，不久以後光的力量將會強化，覆蓋住黑暗的力量，我們需要你們每個人都懂得如何運用光的力量改造自己，進而改造地球，這是我們樂見的未來。在光的裡面，所有的一切都是融合在一起的，不再分裂，我們將一起去創造新的地球、新的未來。」

我好奇問：「請問舊的地球將會走入什麼狀態？」同時馬上看見舊地球的黯淡與殘破。

光的高層意識告訴我：「舊地球漸漸失去光亮，它會被新地球的光亮覆蓋，我們不會遺棄舊地球，因為它是成為新地球的過程，沒有過去就不會有未來。在這個當下連結舊地球和新地球，不要分裂，我們要你們知道在舊地球的意識裡，仍有光的存在；我們要去放大舊地球光的意識，強化它，讓它成為新地球的力量。接下來我們一起來做療癒，療癒現在這個地球，把過去的舊地球和未來的新地球，一起放在此刻當下，我們將它們融合在一起，願當下最大的力量能夠為地球帶來更美好的明天。相信我們。在沙漠之中必有綠洲，即使只有一個綠洲，也是生存的希望，抱持著希望，不要放棄。」

共同創造更好的地球

一直以來，地球上的金錢能量都很黯黑，它們帶著剝削、掠奪、欺凌、殺戮、強占、破壞、汙染的低頻，在世界各地不斷流通，每個人手上握著的鈔票，裡面都含有無數生命的血淚，有太多不為人知的不平等對待、糾紛與痛苦，若不是靠著疫情的力量，如何讓這樣的流通停止？若不是疫情的衝擊，誰有辦法不分貧富貴賤一視同仁全面掃蕩、肅清、整頓？有時候金錢會帶來更大的恐懼，阻擾你放下罣礙，全然的信任，因為擁有它，就害怕失去，若沒有真正了解金錢的價值，你就會想緊抓不放；你誤解了財富的意義，就會誤用它，因此它不會為你帶來真正的豐盛，為什麼大家的心還要被金錢掌控？為什麼不明白自己也是地球的共同創造者？為什麼不能用一顆純粹的心，祝福地球愈來愈美？

記得祂們曾經跟我說過：「天地宇宙之間的一切都是整體的一部分，你們要相親相愛，安居樂活，大自然的資源取之不盡、用之不竭，不要貪求、不要掠奪、不要殺戮，一定要相親相愛。過去你們不知道，現在一定要知道，唯有相親相愛，生命才會長久延續，這才是生存之道。」

萬眾一心的時刻到來了，全人類和萬物的福祉就從此刻開始，要靠大家同心協力來挽救。請盡可能把心安靜安定下來，不安靜的心只會讓糟糕的情況拖得更久、更糟，每一個人的每一顆心，每分每秒的心念都是創造美好未來的重要關鍵，我們正在一起創造它，一個正在誕生的新地球。

結語

讓我們繼續看下去

差不多該寫結語了，祂們曾在我一直苦惱如何結尾時，給了一段神回覆：「該寫完的時候就會寫完，想再寫也沒有了。」但是在我寫下結語之前，還是請問了祂們幾個問題，儘管問題仍重複圍繞在某些議題上，但在茅塞頓開之前，我需要祂們一再提點。

第一個問題是：「請問接下來進展如何？」

祂們答：「從書稿中去創造新的契機，它會帶來更多可能性。妳就是創造的一部分，妳就代表創造，它會帶妳去經歷不同層面，那是一個妳不知道的自己。藉著文字帶領讀者，讓他們進入自身的生命能量，有覺知的去擴展、延伸，啟動屬於他們自己獨特的生命輪軸。」

再問：「我的債務如何解決？」

答：「自會有安排，但都不是妳以為的或想像得到的。」

三問：「我有預知未來的能力嗎？」

答：「當然有。」

接著問：「我可以知道自己的未來嗎？」

答：「當然可以，妳會一直做這件事，而且愈做愈好，愈做愈有力量。」

問：「我可以知道個案的未來嗎？」

答：「當然可以，未來已經在那裡了，你們只要努力去接近它就是了。」

問：「如果個案有身心的困惑、難題，我能預知他們的進展嗎？」

答：「告訴他們，那是他們的選擇，未來的可能性不會只有一個，但他們的選擇只會有一個。」

我向祂們道謝：「好，謝謝。」同時提醒自己：由於我們的選擇只會有一個，所以，一定要慎選。

回想最早選擇接下救度眾生的任務時，心中一直有著疑惑：「那我的債務呢？忙著救度眾生，每天心力交瘁，誰有力氣拚事業？」記當當時菩薩回我：「這兩件事無法相抵消，還債是還債，救度眾生是救度眾生。」意思是這兩件事不能混為一談，都要努力完成。我完全理解，所以一直努力做著這兩件事，但還是不斷有疑惑浮現，尤其在疲累不堪時，祂們馬上會來提醒我這個無法相抵消的原則。漸漸地我也接受了這是不可逆的事實，心中從此篤定自己這個跨靈界及人間的服務角色，久而久之竟愈做愈得心應手。

這麼多年來，我認真思考過如何償還債務，最好的辦法是把中央五街這個點當成中央廚房，將門市往外移，到有商機的地方展店，多開幾間門市，憑著多年經驗、聲譽及口碑一定可以獲利，下一步就要擬好企劃書，遊說投資人來投資。問題是我該如何說服他們投資一個像我這樣的角色？如何大膽告訴他們我有任務在身？真正難以啟齒的是，從完成任務的過程中，我學習到的寶貴經驗，使我漸漸轉變成一個淡泊名利的人，我怎麼還能拍胸脯告訴投資人我一定會賺大錢？最後看來只有自己能挺自己，自己投資自己，畢竟一切都是自己的意願，我只能說服自己「願有多大，力就有多大」。

現在看起來，錢根本不是問題，它只是工具，是用來換取更高價值的一項工具，我是運用工具的人，用它來為自己創造更高的價值。一旦我做到了，便能以此來說服更多人加入行列，一起提升生命價值，推動揚升地球生命能量的任務。我們千萬不要小看自己的力量，這是十年前菩薩對我說的一番話，現在竟變成了我的信念，顯然菩薩要我救度的眾生就是我自己，眾生是我，我就是眾生，如今我完全明白，完全了悟了。

自小到大沒寫過一篇像樣的文章，現在居然寫完一本書，連自己都難以置信。這本書本該在二〇一九年十一月就交稿，沒想到因為一場重病延宕了進度，接續而來的疫情風暴又重重影響了整個地球，我相信這兩個重大事件也是祂們要我寫進書裡的素材。

結語通常都是最難下手的，但沒有結尾就不會有新的開始，所以真正的結尾其實只是個伏筆，是要告訴世人，當你拯救了自己，等於拯救了世界，因為你就是新地球的共同創造者，仔細想想這是不是一個超級划算的投資概念？當你有意願一起投入這個創造，前方的路將立即為你展開，我的故事必須就此打住，不如把它當成一部電影，現在來到最後一幕，放上「未完待續」幾個字，我們的未來、地球的未來，請大家拭目以待吧！

靈性大補帖—超好用的手印功法

調息醒腦

● 將兩手拇指放在無名指及小指中間下方，能讓呼吸順暢且促進腦神經活絡。

加強循環

● 手掌合十，手指頭上下彎動，啟動五臟六腑的血氣幫浦，有助加強循環。

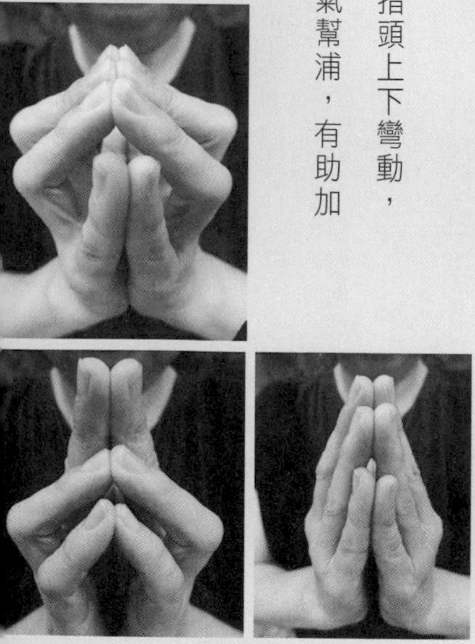

接收高頻能量

● 兩手高舉各比六的手印是打開強波器，有加強接收高頻能量和訊息的功能。

國家圖書館出版品預行編目資料

光的療癒 ： 下載更新更高版本的自己 / 張小雯作. -- 初版. -- 臺北市 ： 四塊玉文創, 民109.10
面 ； 公分
ISBN 978-986-5510-38-1(平裝)

1.自我實現 2.靈修

177.2　　109013527

書　　名　光的療癒 ： 下載更新更高版本的自己
作　　者　張小雯
內頁攝影　張小雯、劉麗華
內頁插圖　禪繞畫家陳智
編　　輯　錢嘉琪
校　　對　錢嘉琪、吳亞陵、張小雯
美術設計　吳慧雯

發 行 人　程顯灝
總 編 輯　呂增娣
編　　輯　吳雅芳、洪瑋其、藍匀廷
美術主編　劉錦堂
美術編輯　劉庭安
行銷總監　呂增慧
資深行銷　吳孟蓉

發 行 部　侯莉莉
財 務 部　許麗娟、陳美齡
印　　務　許丁財
出 版 者　四塊玉文創有限公司

總 代 理　三友圖書有限公司
地　　址　106台北市安和路2段213號4樓
電　　話　(02) 2377-4155
傳　　真　(02) 2377-4355
E - mail　service@sanyau.com.tw
郵政劃撥　05844889 三友圖書有限公司

總 經 銷　大和書報圖書股份有限公司
地　　址　新北市新莊區五工五路2號
電　　話　(02) 8990-2588
傳　　真　(02) 2299-7900

製版印刷　卡樂彩色製版印刷有限公司

SANYAU
http://www.ju-zi.com.tw
三友圖書
友直 友諒 友多聞

初　　版　2020年10月
定　　價　新台幣450元
I S B N　978-986-5510-38-1（平裝）

好書推薦

睡覺也需要練習：

治療失眠從活化心靈開始，24週讓你一夜好眠

作者｜劉貞柏（阿柏醫師）

定價｜320元

遠離失眠與焦慮的惡性循環！不吃藥也能好好睡。透過練習，重新認識自己，活化心靈，用24週的時間帶你擺脫失眠，回歸正常生活。

你，其實很好：

學會重新愛自己

作者｜吳宜蓁

定價｜300元

誰要你委屈？是誰讓你自卑？你的人生不該活在別人的期待裏，要相信，你值得被好好對待，停止說「都是我不好」，此刻，告訴自己所有的自卑都是多餘。

心靈過敏：

你的痛我懂，讓我們不再孤單地活著

作者｜紀雲深

定價｜280元

與父母的爭執、愛人的背叛、友情的束縛、迷失自我……當你感覺世界上只剩下自己時，還有這本書陪著你，一起找到生命的答案。

氣味情緒：

解開情緒壓力的香氛密碼

作者｜陳美菁

定價｜320元

在愛情中受挫、親情裡窒息，陷入人生低潮的時刻，讓氣味喚醒最深層的記憶，用最療癒的香氣，給你最關鍵的救贖……

廣　告　回　函
台北郵局登記證
台北廣字第2780 號

地址：　　　　縣/市　　　　　鄉/鎮/市/區　　　　　路/街

段　　　巷　　　弄　　　號　　　樓

SAN YAU

三友圖書有限公司 收

SANYAU PUBLISHING CO., LTD.

106　台北市安和路2段213號4樓

SAN YAU
三友圖書
讀書俱樂部

「填妥本回函，寄回本社」，即可免費獲得好好刊。

粉絲招募歡迎加入

臉書／痞客邦搜尋
「四塊玉文創／橘子文化／食為天文創
三友圖書－微胖男女編輯社」
加入將優先得到出版社提供的
相關優惠、新書活動等好康訊息。

四塊玉文創╳橘子文化╳食為天文創╳旗林文化
http://www.ju-zi.com.tw
https://www.facebook.com/comehomelife

親愛的讀者：

感謝您購買《光的療癒：下載更新更高版本的自己》一書，為感謝您對本書的支持與愛護，只要填妥本回函，並寄回本社，即可成為三友圖書會員，將定期提供新書資訊及各種優惠給您。

姓名 ______________ 出生年月日 ______________

電話 ______________ E-mail ______________

通訊地址 ______________

臉書帳號 ______________

部落格名稱 ______________

1 年齡
□ 18 歲以下 □ 19 歲～ 25 歲 □ 26 歲～ 35 歲 □ 36 歲～ 45 歲 □ 46 歲～ 55 歲
□ 56 歲～ 65 歲 □ 66 歲～ 75 歲 □ 76 歲～ 85 歲 □ 86 歲以上

2 職業
□軍公教 □工 □商 □自由業 □服務業 □農林漁牧業 □家管 □學生
□其他 ______________

3 您從何處購得本書？
□博客來 □金石堂網書 □讀冊 □誠品網書 □其他 ______________
□實體書店 ______________

4 您從何處得知本書？
□博客來 □金石堂網書 □讀冊 □誠品網書 □其他 ______________
□實體書店 ______________ □ FB（四塊玉文創／橘子文化／食為天文創 三友圖書 —— 微胖男女編輯社）
□好好刊（雙月刊） □朋友推薦 □廣播媒體

5 您購買本書的因素有哪些？（可複選）
□作者 □內容 □圖片 □版面編排 □其他 ______________

6 您覺得本書的封面設計如何？
□非常滿意 □滿意 □普通 □很差 □其他 ______________

7 非常感謝您購買此書，您還對哪些主題有興趣？（可複選）
□中西食譜 □點心烘焙 □飲品類 □旅遊 □養生保健 □瘦身美妝 □手作 □寵物
□商業理財 □心靈療癒 □小說 □其他 ______________

8 您每個月的購書預算為多少金額？
□ 1,000 元以下 □ 1,001 ～ 2,000 元 □ 2,001 ～ 3,000 元 □ 3,001 ～ 4,000 元
□ 4,001 ～ 5,000 元 □ 5,001 元以上

9 若出版的書籍搭配贈品活動，您比較喜歡哪一類型的贈品？（可選 2 種）
□食品調味類 □鍋具類 □家電用品類 □書籍類 □生活用品類 □ DIY 手作類
□交通票券類 □展演活動票券類 □其他 ______________

10 您認為本書尚需改進之處？以及對我們的意見？

____

感謝您的填寫，

您寶貴的建議是我們進步的動力！